Excel
数据可视化之美
商业图表绘制指南

凤凰高新教育◎编著

北京大学出版社
PEKING UNIVERSITY PRESS

内容提要

本书不是讲解基础的 Excel 图表制作，而是立足于"Excel 商业图表"，围绕"数据整理→数据分析→数据呈现"为主线的业务处理逻辑，精心挑选了 Excel 中常用、实用的功能讲解数据可视化的相关知识和操作技巧。

首先，第 1～4 章就作图数据准备、图表类型选择、字体、配色、布局等方面进行解剖，可帮助读者了解数据可视化的全过程和需要注意的事项。其次，第 5～8 章针对常用图表类型的制作技巧进行详细的介绍，读者学到这些技巧后能立马改善制作的图表效果。最后，第 9 章讲解了动态图表和 BI 看板的制作方法，让读者掌握更高级的数据可视化技巧。

本书沉淀了笔者多年使用 Excel 进行图表制作的经验，希望能切切实实地帮助读者精进商业图表制作技能，让枯燥的数据变成可视化的专业图表，提高信息交流的效率。

无论是数据可视化零基础的初学者，还是中、高级数据分析人士，都能从本书中找到值得学习的内容，从而建立系统的数据可视化、数据管理与分析知识体系，并从数据价值内核上提升图表可视化应用水平，最终成为图表高手。本书尤其对市场营销、金融、财务、人力资源管理、产品管理和电商运营等岗位的工作人员提高工作效率有很大的帮助。

图书在版编目(CIP)数据

Excel 数据可视化之美：商业图表绘制指南 / 凤凰高新教育编著. — 北京：北京大学出版社，2021.3

ISBN 978-7-301-31941-3

Ⅰ. ①E… Ⅱ. ①凤… Ⅲ. ①表处理软件 – 应用 – 商务 – 数据处理 Ⅳ. ①F7-39

中国版本图书馆 CIP 数据核字 (2021) 第 015463 号

书 名	Excel数据可视化之美：商业图表绘制指南 EXCEL SHUJU KESHIHUA ZHIMEI : SHANGYE TUBIAO HUIZHI ZHINAN
著作责任者	凤凰高新教育 编著
责 任 编 辑	张云静　王继伟
标 准 书 号	ISBN 978-7-301-31941-3
出 版 发 行	北京大学出版社
地　　　址	北京市海淀区成府路205 号　100871
网　　　址	http://www.pup.cn　新浪微博：@ 北京大学出版社
电 子 邮 箱	编辑部 pup7@pup.cn　总编室 zpup@pup.cn
电　　　话	邮购部 010-62752015　发行部 010-62750672　编辑部 010-62570390
印 刷 者	北京宏伟双华印刷有限公司
经 销 者	新华书店
	787毫米×980毫米　16开本　28.25印张　626千字 2021年3月第1版　2024年5月第3次印刷
印　　　数	6001-8000册
定　　　价	119.00元

未经许可，不得以任何方式复制或抄袭本书之部分或全部内容。

版权所有，侵权必究

举报电话: 010-62752024　电子邮箱: fd@pup.cn

图书如有印装质量问题，请与出版部联系，电话: 010-62756370

Excel

不做普通的数据搬运工,而做数据的可视化设计师
不仅做专业的图表设计师,还要做专业的数据分析师

  当今职场中,如何在宝贵的时间里提高沟通效率变得越来越重要了。在大数据背景下,制作高质量的商务图表,能够让你在用数据说话的同时,提高图表的可视化水平,从而提高信息的传递效率,做到真正地用数据"说话"。让数据的价值最大化,用图表说话,已然成为当代企业的游戏规则。

  我从事计算机教育工作已有十余年,一直专注于计算机教材及教辅资源的研发,为学校提供全套完整的教学方案。我也曾参与企业项目制作,有着丰富的实践经验,得到大部分读者和客户的认可。在使用 Excel 和编写相关的图书时,我对 Excel 许多操作功能有了自己独特的见解,也积累了丰富的数据分析和图表呈现方面的技巧和经验,受到广大网友和高校学员的好评。这次,将 Excel 数据可视化方向的所有内容做一个整理,希望大家在学习之后能掌握数据可视化的整个流程,会使用数据分析的常用理论解决实际问题,更能融会贯通本书中所讲的可视化技巧,最终制作出媲美专业商务图表的效果。

  曾经,我也以为图表想要高大上,就必须得复杂、得五颜六色,而像《华尔街日报》《经济学人》《彭博商业周刊》等商业报刊中的图表,肯定都是用什么高科技软件做出来的。记得当时还上网搜索过,好像需要用到 Illustrator、CorelDRAW、Photoshop、3ds Max 等图形、图像处理

软件。当然,现在也有一些数据可视化领域的优秀图表工具,如 D3.js、Python、R、MATLAB、Mathematica 等。这些看似很难掌握的工具,它们就像图表制作路上的一只只"拦路虎",让我踟蹰不前。因为对于非科班出身的我来说,为了制作出一个相对专业的图表,就去学这么多偶尔才会用到的专业软件,甚至学习编程,总感觉这成本代价是不是太高了点,于是作罢。毕竟对于我们职场人士来说,重在数据分析,使用 Excel 已经能完成日常的数据分析任务,它又具有图表呈现的功能,那就直接用 Excel 中的图表进行呈现,接受它丑点的事实就好。

随着时间的流逝,我发现这样的认知真的是大错特错!其实,在将相关知识整理成本书以前,大多数时候我只是追求比 Excel 中默认的图表效果好看一点,这里做点效果,那里用个技巧。随着经验累积才渐渐发现,原来在 Excel 中也可以制作出媲美专业效果的图表。而且,对于一维和二维数据的可视化需求,使用 Excel 不仅能解决需求,还能比其他图表工具更灵活、出色地完成任务。

反观其他职场人士,还有大部分人与曾经的我有着相同的认识——Excel 的学习门槛低,又搭载了强大的数据分析功能,在制图方面的专业性和便捷度上还具有无可挑剔的优势,而且微软让 Excel 在图表制作领域占据了 80% 的市场。那么,就接受这些粗糙一点的图表吧。

其实,使用 Excel 对数据进行整理、加工、统计、分析及呈现,这就是一件水到渠成的事情,但最终的图表呈现不一定差。为了让有这样错误认识的人制作的图表更精良、更令人赏心悦目,于是本书诞生了。

Excel / 数据用图表说话 让说服力更强大

为什么写这本书？

这是一个数据驱动运营、数据决定对策、数据改变未来的时代。无论是海量数据库，还是一张简单的表格，都能进一步挖掘数据价值，活用数据。然而，这又是一个信息过度传播的时代，被传递的信息太多太多，而能有效传达到目标用户并被他们记住的却很少。

如何才能有效传递信息呢？

在分析数据或展示数据时，如果可以将数据表现得更直观，消除歧义、简化信息，不用查看密密麻麻的文字和数字，那么分析数据或查看数据一定会更轻松。于是，图表就成了我们最常用的数据可视化展现方式。

数据可视化的价值不言而喻，越来越多人想学习专业的图表制作。在众多数据可视化工具中，Excel 就是最常用，也是最容易上手的工具。使用 Excel 对数据进行整理、加工、统计、分析及呈现，这是一件水到渠成的事情。

遗憾的是，默认情况下制作的图表效果很粗糙。能用 Excel 制作出专业商务图表效果的人很少，大部分人只掌握了 Excel 中最基础的图表制作技能，不会善用 Excel 中的其他技能制作出专业的商务图表。我们做教育培训、图书出版十余年，深知 Excel 数据分析的便捷性和图表制作的强大功能。本书的目的不在于大而全地介绍软件，而是深刻剖析专业图表制作的相关功能，结合实例，将可行、实用、接地气的制作方法手把手传授给读者。

这本书的特点是什么？

（1）本书杜绝出现读者难理解的高深理论。数据可视化是一门带点艺术的数据处理学问，但是学了不能用到工作、生活中，不能解决实际问题，等于零。书中将深奥的概念化为直白的语言，有些内容的安排旨在打破你对商业图表制作的局限思维，从思维层面告诉读者，原来图表还可以这样做。本书中的案例大多是结合行业中触手可及的例子进行讲解，力求让读者看得懂、学得会、用得上。

（2）本书既传授心法，又传授技巧，注重"知行合一"。围绕"数据整理→数据分析→数据呈现"为主线的业务处理逻辑，本书梳理了数据可视化呈现的全过程，并提供了一个数据呈现所遵循的数据可视化原理与实用方法的参考指南，以此来帮助读者有效利用 Excel 完成专业的数据可视化应用。

（3）本书内容在精不在多。Excel 图表制作具有很多操作技巧，如果要全面讲解，五六百页都写不完。书中内容遵循"二八定律"，将有关 Excel 数据可视化的所有原理和基本操作技法都传授给读者，又精心挑选了 Excel 中 20% 最常用的图表类型具体实现的、最有价值的功能，可以帮助读者解决工作、生活中 80% 的常见图表制作问题。

（4）根据心理学大师研究出来的学习方法得知，有效的学习需要配合即时的练习。为了检验读者的学习效果，本书提供了 22 个"高手自测"题。

（5）Excel 也有数据可视化呈现短板。为了扩展读者的数据可视化能力和效率，本书介绍了 10 个对数据可视化有帮助的 Excel 插件、第三方软件等工具。

这本书写了些什么？

这是一本专注于 Excel 数据可视化的实战图书。本书分为思维技术篇（第 1～4 章）和实践应用篇（第 5～9 章）两个部分，书中完整详尽地介绍了 Excel 商务图表的技术特点和制作技巧。全书从优秀的商务图表展示开始，然后介绍了专业商务图表的特点，接着从配色、布局、图表类型的选择等多个角度展开讲解，再拓展到各类常见图表的具体制作方法，最后介绍了动态图表、图表看板的应用。

除此以外，书中以图表的呈现为目标，介绍了数据分析的流程和方法，并在全书中围绕"数据整理→数据分析→数据呈现"为主线的业务处理逻辑作为具体案例的解决思路。

另外，书中还穿插讲解了函数与公式、条件格式、开发控件、数据透视表、数据透视图等知识，以及制作图表过程中可能会运用到的各种插件，形成了一套结构清晰、内容丰富的 Excel 图表实战知识体系。

本书知识内容安排如下图所示。

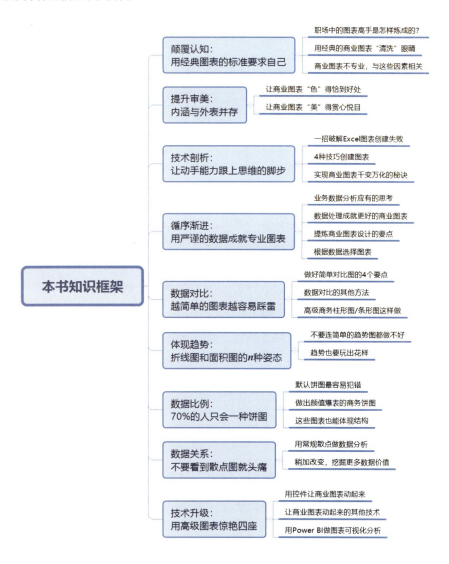

通过这本书能学到什么？

（1）图表高手是怎样炼成的：每一个图表高手都是从小白开始的，那他们使用了哪些技巧才最终变成了高手？

（2）快速制作专业商务图表的技巧：不知道图表模板的存在，就永远不知道一键出图有多爽。

（3）商务图表是否专业如何评判：每天都在接触商务图表，哪些是专业图表，哪些是非专业图表，应该从哪些方面去评判，自己又应该从哪些方面去下功夫改善商业图表的专业度？

（4）掌握商业图表配色原理：掌握商业图表配色的基本知识，懂得不同类型图表的配色技巧，以及相关的注意事项。

（5）合理布局商业图表：为商业图表合理选择字体、图表元素，科学排布图表元素，避免制图雷区，保证图表的简洁和统一度。

（6）5种创建图表的方法：Excel中有5种创建图表的方法，为了实现某些图表效果，必须掌握相应的创建方法。

（7）清楚商业图表制作的全过程：从制图目的的明确，到数据收集、处理、加工、呈现，只有步步为营，才能最终有专业的商务图表呈现。在这个过程中，需要懂得提炼数据重点和商业图表设计要点的方法。

（8）不同数据的图表类型选择方法：根据数据之间的关系，选择合适的图表类型进行呈现，保证不会出错。

（9）常见商务图表类型制作的"避坑"指南：最常见的四大数据关系——对比、趋势、比例、关系，它们对应的图表类型在制作时都需要注意哪些内容，怎样避开那些"坑"？

（10）动态图表制作：学会使用控件、函数、数据验证、定义名称和数据透视图，使商业图表具有交互能力。

（11）BI看板制作：学会使用Power View布局BI看板，对数据可视化能力提升可不是一个小台阶。

有什么阅读技巧或注意事项吗？

（1）适用软件版本。对于Excel的使用，建议读者使用Excel 2013以上的版本，当然更新的版本功能上会更完善，部分操作上也会更便捷。本书讲解的Excel制图操作都是在Excel 2019中完成的。尽管本书中的许多内容也适用于Excel的其他版本（因为Excel 2021、Excel 2016、Excel 2013、Excel 2010、Excel 2007的功能与Excel 2019有不少相同之处），特别是前4章的内容完全不受 Excel 版本的影响,但是为了能顺利学习本书介绍的全部功能,建议读者在中文版 Excel 2019 环境下学习。并且,在 Excel 2019 中已经新增了更多、更优秀的图表类型,在 Excel Power Map 上的表现也更为出色。

当然,如果使用的是其他版本,如 WPS、Mac 版的 Excel 或 Excel 的较低版本,本书中介绍的大多数功能还是能够实现的,只是在部分新增功能和操作路径上略有差异。

(2)菜单命令与键盘指令。本书在写作时,当需要介绍软件界面的菜单命令或键盘按键时,会使用"【】"符号。例如,介绍组合图形时,会描述为:单击【组合】选项。

(3)高手自测。本书每个小节均有一道测试题。建议读者根据题目,回顾小节内容,进行思考后动手写出答案,最后再查看参考答案。

除了书,还能得到什么?

读者购买本书时除本书外,还赠送以下超值的免费学习资源。

(1)本书配套的同步学习文件。

(2)本书"高手自测"题答案。

(3)Excel 完全自学教程教学视频。

(4)10 招精通超级时间整理术教学视频。

(5)5 分钟教你学会番茄工作法教学视频。

如果你是一个新手,不用担心学不会,可以先学习"Excel 完全自学教程教学视频",然后再学习本书内容就能轻松上手;如果你想学会时间管理,提高职场工作效率,可以学习"10 招精通超级时间整理术教学视频""5 分钟教你学会番茄工作法教学视频"。

温馨提示:以上资源,请用手机微信扫描下方二维码关注公众号,输入图书 77 页的资源下载码,获取下载地址及密码。

资源下载

官方微信公众号

看到不明白的地方怎么办?

在学习中若遇到相关疑难问题,可以通过以下方式与我们联系沟通。

(1)发送 E-mail 到读者信箱:2751801073@qq.com。

(2)加入读者学习交流 QQ 群:586527675、218192911。

本书由凤凰高新教育策划并组织编写。在本书的编写过程中,作者竭尽所能地呈现最好、最全的实用功能,但仍难免有疏漏和不妥之处,敬请广大读者不吝指正。

第1篇 思维技术篇

第1章 颠覆认知：用经典图表的标准要求自己 / 2

1.1 职场中的图表高手是怎样炼成的？ / 4

1.2 用经典的商业图表"清洗"眼睛 / 7
- 1.2.1 《华尔街日报》图表 / 8
- 1.2.2 《经济学人》图表 / 11
- 1.2.3 《彭博商业周刊》图表 / 14
- 1.2.4 其他优秀图表 / 17
- 1.2.5 将经典元素快速应用到自己的图表上 / 21

1.3 商业图表不专业，与这些因素相关 / 23
- 1.3.1 与数据是否契合 / 23
- 1.3.2 配色是否专业 / 31
- 1.3.3 布局是否合理 / 33
- 1.3.4 图表术语是否规范 / 37
- 1.3.5 细节是否到位 / 41

高手自测 1 / 52

高手神器 ① 在ECharts中找图表灵感 / 53

第2章　提升审美：内涵与外表并存 / 54

2.1　让商业图表"色"得恰到好处 / 56
- 2.1.1　图表配色必备知识 / 56
- 2.1.2　工作型图表的配色方案 / 67
- 2.1.3　学术型图表的配色方案 / 76
- 2.1.4　海报媒体图表的配色方案 / 81
- 2.1.5　新媒体图表的配色方案 / 87
- 2.1.6　如何实现快速配色 / 93
- 2.1.7　图表配色的注意事项 / 100

高手自测 2 / 105

2.2　让商业图表"美"得赏心悦目 / 105
- 2.2.1　图表字体的选择之道 / 105
- 2.2.2　学会做减法 / 108
- 2.2.3　多 1 厘米少 1 厘米都不行 / 111
- 2.2.4　设计更多的留白空间 / 114
- 2.2.5　检查图表的统一度 / 120

高手自测 3 / 125

高手神器 ②　用ColorPix工具快速拾取优秀图表中的颜色 / 125

第3章　技术剖析：让动手能力跟上思维的脚步 / 127

3.1　一招破解 Excel 图表创建失败 / 129

3.2　4 种技巧创建图表 / 130
- 3.2.1　通过按钮直接创建简单图表 / 131
- 3.2.2　通过对话框创建复杂图表 / 132
- 3.2.3　通过数据删减法创建图表 / 133
- 3.2.4　通过改变部分数据的图表类型制作组合图表 / 136

高手自测 4 / 138

3.3 实现商业图表千变万化的秘诀 / 138

- 3.3.1 14个必知术语 / 139
- 3.3.2 藏在坐标轴里的秘密 / 147
- 3.3.3 用好填充大法 / 153
- 3.3.4 巧用数据标记 / 161
- 3.3.5 制表也要"不择手段" / 170

高手自测 5 / 175

高手神器 ③ 用图表秀实现在线制图 / 175

第4章 循序渐进：用严谨的数据成就专业图表 / 177

4.1 业务数据分析应有的思考 / 179

- 4.1.1 想清楚你要表现什么 / 179
- 4.1.2 想明白读者关心什么 / 182
- 4.1.3 你的图表真的能让人看懂吗 / 184

高手自测 6 / 188

4.2 数据处理成就更好的商业图表 / 189

- 4.2.1 各类图表应避免的数据错误 / 189
- 4.2.2 数据收集、清洗、加工全流程 / 192
- 4.2.3 制作规范的数据表 / 197
- 4.2.4 清洗、加工数据 / 207

高手自测 7 / 219

4.3 提炼商业图表设计的要点 / 220

- 4.3.1 对数据逻辑进行整理 / 220
- 4.3.2 5个数据分析基本工具 / 230

高手自测 8 / 234

4.4 根据数据选择图表 / 234

- 4.4.1 Excel 中的常见图表类型 / 234
- 4.4.2 两种方法摆脱选择困难症 / 240
- 4.4.3 细节决定图表方向 / 241

高手自测 9 / 245

高手神器 ④ 职场中5种常用的数据分析模型 / 245

高手神器 ⑤ 用XMind思维导图软件整理思路 / 252

第 2 篇　实践应用篇

第5章　数据对比：越简单的图表越容易踩雷 / 256

5.1 做好简单对比图的 4 个要点 / 258
- 5.1.1 选柱形图还是条形图 / 258
- 5.1.2 商务柱形图的 6 个雷区 / 260
- 5.1.3 商务条形图的 4 个雷区 / 265
- 5.1.4 完美主义的对比图是这样的 / 267

高手自测 10 / 277

5.2 数据对比的其他方法 / 277
- 5.2.1 堆积图表到底怎么用 / 277
- 5.2.2 百分比堆积图表又是什么 / 279
- 5.2.3 用股价图实现专业数据对比 / 280
- 5.2.4 用漏斗图跟踪流程转化数据 / 282
- 5.2.5 用雷达图表现综合因素 / 283

高手自测 11 / 286

5.3 高级商务柱形图 / 条形图这样做 / 287
- 5.3.1 做重点突出的商业对比图 / 287
- 5.3.2 做带平均线的商业对比图 / 289

- 5.3.3 让商业数据对比更直观 / 290
- 5.3.4 一张图对比两种数据 / 294
- 5.3.5 旋风图不能随便用 / 296
- 5.3.6 有负数的商业图表这样做 / 299
- 5.3.7 可视化对比图 / 301

高手自测 12 / 307

高手神器 ⟨6⟩ 职场人士该知道的那些数据收集途径 / 307

高手神器 ⟨7⟩ 使用Excel易用宝轻松收集几千个文件的数据 / 310

第6章 体现趋势：折线图和面积图的 n 种姿态 / 312

6.1 不要连简单的趋势图都做不好 / 314
- 6.1.1 用这 8 个标准衡量商务折线图 / 314
- 6.1.2 商务级面积图的做法 / 321

高手自测 13 / 325

6.2 趋势也要玩出花样 / 326
- 6.2.1 展示高点/低点数据的商务折线图 / 326
- 6.2.2 制作带垂直线的商务折线图 / 328
- 6.2.3 突出标识特定数据的商务折线图 / 329
- 6.2.4 分段颜色不同的商务折线图 / 332
- 6.2.5 处理有空值的商务折线图 / 334
- 6.2.6 "折线图 + 面积图"，体现趋势又强调量 / 335

高手自测 14 / 337

高手神器 ⟨8⟩ 使用EasyCharts快速改变商业图表风格 / 337

第7章 数据比例：70%的人只会一种饼图 / 340

7.1 默认饼图最容易犯错 / 342
- 7.1.1 将商务饼图修改得具有专业性 / 342

- 7.1.2 子母饼图和复合条饼图有什么区别 / 348
- 7.1.3 圆环图和饼图有什么区别 / 350

高手自测 15 / 351

7.2 做出颜值爆表的商务饼图 / 351
- 7.2.1 在商务饼图中体现两种数据 / 351
- 7.2.2 做出极简化商务饼图 / 354
- 7.2.3 做出趣味商务饼图 / 355

高手自测 16 / 356

7.3 这些图表也能体现结构 / 356
- 7.3.1 用树状图分析销售业绩 / 357
- 7.3.2 用旭日图体现公司组织 / 359

高手自测 17 / 360

高手神器 ⑨ 用WordArt做文字云 / 361

第8章 数据关系：不要看到散点图就头痛 / 366

8.1 用常规散点做数据分析 / 368
- 8.1.1 用散点图分析 2 项数据的关系 / 368
- 8.1.2 用气泡图分析 3 项数据的关系 / 372

高手自测 18 / 374

8.2 稍加改变，挖掘更多数据价值 / 374
- 8.2.1 象限图总览数据情况 / 375
- 8.2.2 添加趋势线，一眼看出发展 / 378
- 8.2.3 科学图表，不要忘记误差线 / 381

高手自测 19 / 383

第9章　技术升级：用高级图表惊艳四座 / 384

9.1　用控件让商业图表动起来 / 386

9.1.1　使用列表框控制图表 / 386
9.1.2　使用组合框控制图表 / 389
9.1.3　使用选项按钮控制图表 / 391
9.1.4　使用复选框控制图表 / 394
9.1.5　使用滚动条控制图表 / 397
9.1.6　使用数值调节钮控制图表 / 399

高手自测 20 / 401

9.2　让商业图表动起来的其他技术 / 401

9.2.1　使用函数控制图表 / 402
9.2.2　使用数据验证控制图表 / 403
9.2.3　使用定义名称控制图表 / 405
9.2.4　透视图动态演示 / 409

高手自测 21 / 414

9.3　用 Power BI 做图表可视化分析 / 415

9.3.1　BI 看板 / 415
9.3.2　精心布局页面 / 416
9.3.3　制作 BI 看板 / 420

高手自测 22 / 430

高手神器 ⑩ 使用简道云制作仪表板 / 431

Excel数据可视化之美 商业图表绘制指南

01.

第 1 篇
思维技术篇

在大数据背景下,工作汇总、方案描述、调研报告……均要求用数据说话。如何让数据"说话",秘诀就在于图表的使用。

俗话说,"文不如表,表不如图"。图表以其直观的形象、放大的数据特征,反映数据内在规律,是数据分析与展现的利器。然而,要制作出一张简洁、美观的图表,却并非易事。

本篇就来学习职场中的商业图表制作必备知识,让你的图表也能轻松提升一个等级。本篇主要包含以下内容。

- 第1章 **颠覆认知:** 用经典图表的标准要求自己
- 第2章 **提升审美:** 内涵与外表并存
- 第3章 **技术剖析:** 让动手能力跟上思维的脚步
- 第4章 **循序渐进:** 用严谨的数据成就专业图表

第 1 章

1

颠覆认知：
用经典图表的标准要求自己

激烈的数据人才争夺形势、以数据为驱动的高效运营策略都显示了数据的重要性。在这个时代，不懂数据的人就是"新文盲"。而一张精美切题的商业图表可以让原本复杂枯燥的数据表格和总结文字立即变得生动起来。用数据说话，用图表说话，已然成为职场的"硬通货"——这不仅是对自己、对工作、对汇报对象的一种职业化、负责任的态度，也是自己辛勤工作的最有效的归结载体。

从现在开始，系统学习图表的制作技法，用严谨的态度提高数据分析效率，用专业、精美的商业图表增加数据报告的可信度与可视度吧。

想让自己的图表制作水平快速提升一个档次，最好用的办法就是向专业的图表看齐，从模仿优秀的商业图表制作开始，反思自己的图表应该如何改进。

请带着下面的问题走进本章

1. 你知道变成专业图表制作人需要哪些技能吗？

2. 图表效果太差，不会美化怎么办？

3. 没见过专业图表效果，去哪里找专业图表？

4. 专业图表之所以专业，主要体现在哪些方面？

5. 需要制图灵感时，应该到哪里去参考优秀作品？

1.1 职场中的图表高手是怎样炼成的？

不管在商业中，还是日常工作汇报中，图表都体现了它的价值。好的图表能用简单的视觉元素，清晰快速地传达复杂的数据信息。

一提到制作图表，有些人就想到要用多么高级的软件，再往深处想，就不自觉"谈图色变"了。这些我们认为比较难掌握的数据图表制作工具，正像专业图表制作路上的一只只"拦路虎"，让人踟蹰不前。而本书只讲如何使用人人皆会的 Excel 来制作出专业图表。虽然 Excel 不一定是最好的作图软件，但肯定可以帮助你在日常工作中快速完成数据图表制作。职场人士要的不就是够快、够美就好。

那你可能要问了，Excel 制作出来的图表不都差不多长得和左图一样，怎么变专业？

将图表界的很多"大神""达人"们总结的经验概括起来，进阶成为专业图表高手的方法主要有以下五点。

1 保持旺盛的热情

和学习任何技能一样，要想学好、学精，达到超出普通人的高度，首先应该有对所学内容的热情。只有真正热爱图表，对图表怀抱浓厚的兴趣，才会甘愿投入宝贵的时间。当然，这种热情也绝不能只是三分钟热度，遇难即止。

2 从模仿开始

在做数据图表时，有自己的想法和风格固然重要，但是博采众长也是非常有必要的，它能帮助你迅速地成长。因此，模仿学习是快速提高学习成果的有效方法。而且，创意通常也是从模仿开始的。

新手不应对模仿有不齿的心理。试想，如果你都没见过漂亮的图表是什么样，你做出软件默认效果的图表是不是觉得理所应当，或者凭自己的审美能力，继续折腾出一些自以为很好的平庸图表，又如何进步呢？

安德斯·艾利克森在《刻意练习》一书中，为所有"有目的的技能"应如何提高提供了方法：（1）需要找到行业或领域中最杰出的从业者，向他们学习；（2）需要找到一位能够布置练习作业的导师，不断去刻意练习，并让导师在我们练习的过程中提供大量的反馈，及时指出我们存在的问题。

所以，第一步仍是模仿，这里说的模仿主要是指参考、借鉴他人优秀的制图思路和方法，而非直接"照搬"。需要从选择图表类型，再到配色、排版，甚至可以根据结果倒推、猜想图表背后的数据是如何安排的……当你不断模仿那些好的设计（不拘于图表）时，能力、技巧、眼界都将不断进阶。而模仿的同时，可以慢慢体会背后的创作逻辑，思考别人为什么这样做，思考自己是否还能在此基础上有所改进等。

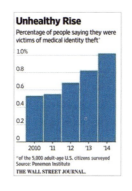
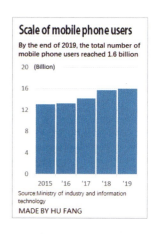

俗话说，熟读唐诗三百首，不会作诗也会吟。如果你见过大量专业的图表，自然也会把自己的图表做得差不多。通过模仿这些专业的图表范例，可以让我们的图表给读者的第一眼就留下专业的印象，将我们的专业与可信任传递给他们。

右上左侧的图表来自《华尔街日报》，右上右侧的图表是在 Excel 中模仿左侧图表绘制出来的效果。这两张图表看起来是不是比前面常见的那张工作图表更专业了呢？

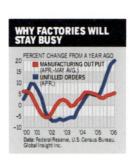
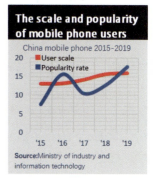

再看两张图表，右下左侧的图表来自《商业周刊》，右下右侧的图表是根据左侧的图表在 Excel 中模仿设计的。

3 养成积累的习惯

要模仿优秀图表的制作，需要我们平时多积累图表资源。毕竟这些优秀图表都不是集中出现的，平时都散落在各处。例如，1.2 节将介绍三大商业报刊（《华尔街日报》《经济学人》《彭博商业周刊》）中的优秀图表，如果平时不积累，用时又如何模仿呢？此外，网络上的资源也很多，大家平时多收藏一些图表介绍、学习的网站，或者在微博上关注一些图表"大神"，就可以发现很多新奇的制图技能了。

ExcelHome 论坛（http://club.excelhome.net）是国内知名的老牌 Excel 网站，如下图所示。百度 Excel 问题时，大部分时候都指向 ExcelHome 论坛的帖子，可见其在 Excel 方面的影响力。在论坛中的图表版块就可以学习到很多关于图表的知识，而且遇到问题也可以在论坛中留言向高手请教。ExcelHome 还有微信公众号，其同名公众账号为"ExcelHome"，每天都会推送实用的 Office 教程。

除 ExcelHome 外，还可以到 Excel 精英培训网、Exce 技巧网等 Excel 学习论坛查看图表学习技巧，论坛内常常是卧虎藏龙之地，说不准你就找到志同道合的学习者了。

除网站外，在微博、微信、知乎中还活跃着很多图表界的"大神"，如"ExcelPro 的图表博客""Excel 大全_方骥""XELPLUS""Chandoo"等。多关注一些"大神"博主、微信公众号、知乎专栏，从他们发布的内容中，你能够学到很多有趣、有效、大多数人不知道、最新的图表知识，迅速提高自己的制图水平。

你还可以通过浏览设计类专业网站培养美感，从微信朋友圈中学习配色，从无聊时随手翻起的杂志中学习排版布局……生活无处不能让你学习图表，点滴累积起来，不仅有助于培养自己的设计感，也能让你在图表"实战"中胸有成竹，游刃有余。

用手机拍下你喜爱的一切，用 QQ 截图收藏网络中对你有用的一切，建立一个用于收藏的云网盘（如 360 云盘），分门别类，定时整理，反复回顾，将收集变成生活的一种习惯。

4　需要一点小纠结

　　成功的模仿需要领会他人方法的精髓，理解其制作原理，透过表面达到实质。万变不离其宗，要善于将这些精华转化为自己的知识，否则只能是"一直在模仿，却从未超越过"。

　　在模仿的过程中，要再带着一点纠结，一点不满足的心态。不满足于差不多，不满足于雷同，不断地追求完美。学图表设计需要一定的纠结精神，微调一下，再微调一下……带着一点纠结和自己较劲，直至作品的各个细节都让自己满意；和解决不了的问题死磕，问他人、求百度，想方设法也要解决。把简单的事情做到完美，就是不简单。不断总结，不断创新，那你的能力就会一直提升。

5　大量地动手做

　　卖油翁的故事里，世人惊叹将油从铜钱眼里倒入瓶中犹如神技，在老翁看来并没有什么特别之处，不过是日复一日倒油倒熟练了而已。生活中，其实很多技能的获得都没有什么神秘的法门，多练、多用，即能成师。

　　图表制作也一样，如果你的工作需要经常用图表，尝试认真地去面对每一次做图表的任务，尝试每一次都做全新的排版布局，尝试在一张图表中或一页纸上通过图表展示出更多关键数据信息……很快你就会发现自己已经将大部分制图人甩在了后面。慢慢地，你也就会制作出具有自己风格的、专业的、让人刮目相看的图表了。

1.2　用经典的商业图表"清洗"眼睛

　　日本管理专家大前研一曾说："人们制作不出美观的图表，是因为他们没有见过美观的图表。"随着时间的流逝，图表发展到现在，一些商业报刊（《华尔街日报》《经济学人》《彭博商业周刊》）

和著名的管理咨询公司（麦肯锡、罗兰·贝格）的图表制作已经达到了非常高的水准，他们的图表常常成为争相学习和模仿的对象，不仅制作精良、令人赏心悦目，还极具专业精神，堪称"报刊级商业图表"。

1.1节中已经强调了模仿的重要性，下面精选了一些商业图表设计的优秀例子，只为能够带给你一场优秀图表的视觉盛宴，培养大家的视觉鉴赏能力，通过浏览、观摩专业的商业报刊图表案例，直接向标杆看齐。请尽情欣赏吧！

1.2.1 《华尔街日报》图表

《华尔街日报》（*The Wall Street Journal*）创刊于1889年，是一家以财经报道为特色的综合性报纸，侧重金融、商业领域的报道，在国际上具有广泛影响力。《华尔街日报》以深度报道见长，对题材的选择也非常谨慎。其报道风格比较严肃，所以在图表制作方面也承袭了这种观念。

《华尔街日报》是一份报纸，所以早期的图表多采用黑白灰的配色方式，但就是这种黑白灰的简单组合，做出的图表仍然可以非常专业，如下图所示。

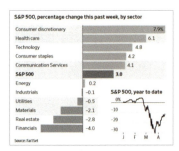
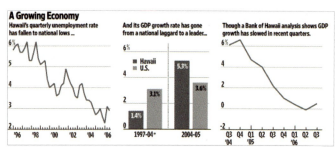

后期，当报纸上也能运用彩色印刷时，《华尔街日报》的图表制作专家也渐渐改变了作图风格。主要是黑色、灰色与很多颜色（如红色、黄绿色、蓝色）搭配使用，如下图所示。可以看出，在黑白灰图表中运用彩色主要是为了让图表中的部分元素显得更醒目。

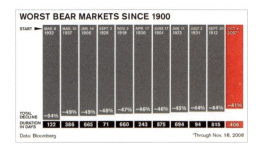
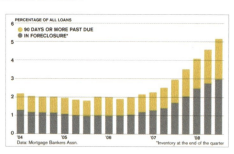

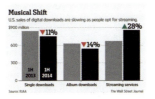 

2005年前后,直接将白色、灰色或淡蓝色设置为背景色,图表效果运用彩色进行突出显示了,如下图所示。

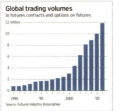 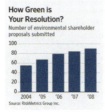 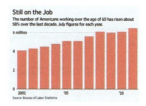

为了更好地展示各项指标数据,有时也会制作一页纸式的报告图表,一般是简单的Dashboard(商业智能仪表盘),排版布局比较统一,可能是为了让图表更适合在iPad、iPhone上展示,如下图所示。

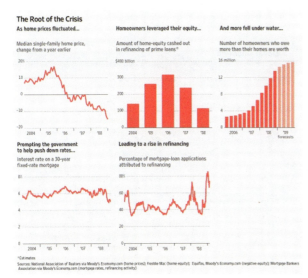 

2007年,《华尔街日报》进行了一次传统变革,至此,这份报纸已经在很大程度上摒弃了传统的长篇分析评论文章,转而成为关注突发新闻和头版冲击力的媒体形态。图表方面的总体发展趋势变得越来越简洁,用色也越来越丰富,如下图所示。

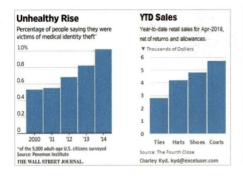
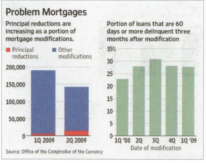
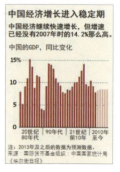
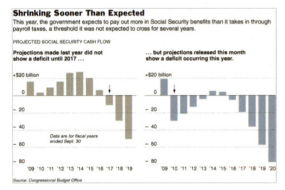
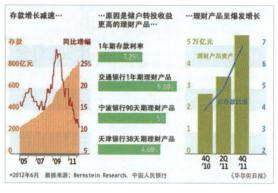
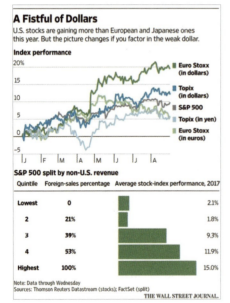
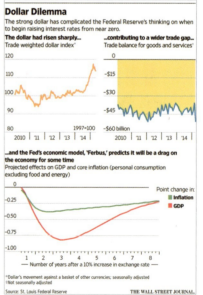

1.2.2 《经济学人》图表

《经济学人》(*The Economist*)是一份由伦敦经济学人报纸有限公司出版的杂志,创刊至今已有近180年历史,它的专业性和权威性享誉全球。《经济学人》杂志并非专门研究经济学,也不是学术期刊,而是一本涉及全球政治、经济、文化、科技等多方面事务的综合性新闻评论刊物。该杂志又以发明巨无霸指数闻名,是社会精英必不可少的读物。

相比《经济学人》杂志中大多数文章写得机智,幽默,有力度,严肃又不失诙谐,图表的展现形式就比较单一了,但也正因如此,才让《经济学人》中的图表有着自己独特的招牌风格:布局上基本是上下形式,方便大家查看;整体风格也比较统一,主标题、副标题等的字体都是分开的;基本只用水蓝色这一种颜色,或者在该颜色的基础上添加一些深浅明暗变化,再就是在左上角往往会添加一个小红块,刚好可以用来突出主标题的位置,非常的醒目,抓人眼球,如下图所示。经济学人图表的Y轴坐标一般放在右侧,也算是其特殊处理的个性化风格。

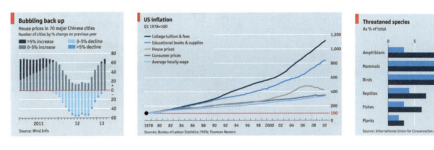
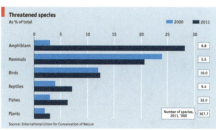
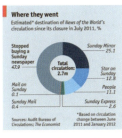
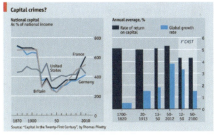
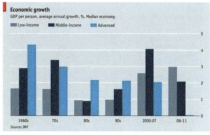

近几年,《经济学人》杂志也渐渐在图表中运用更多更丰富的色彩了,而且会根据图表布局的需要改变左上角小红块的方向,现在大部分图表中的小红块是横向设置的,如下图所示。

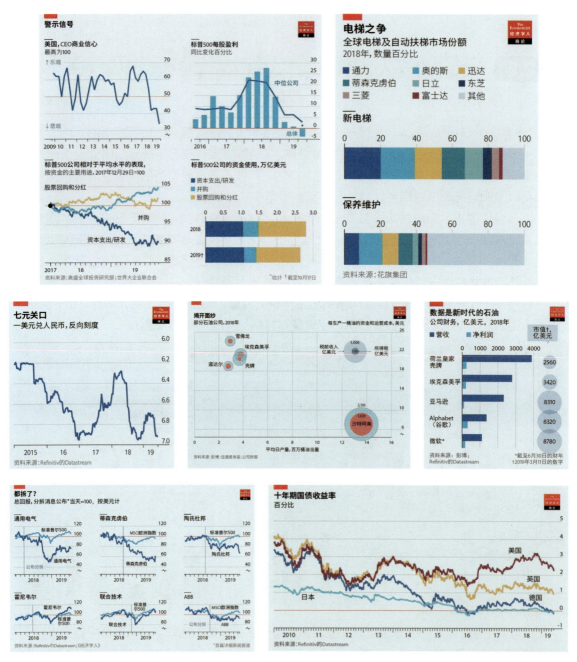

当然，有时为了配合说明数据内容，或者为了配合内容排版需要，也会改变图表的背景颜色，这时一般会选择白色背景，如下图所示。

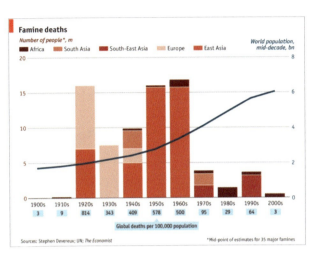
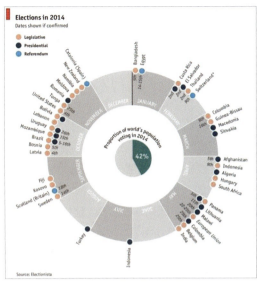
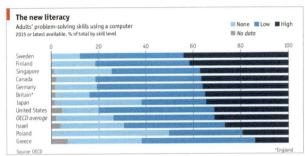
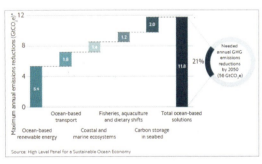
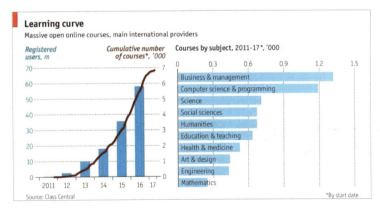
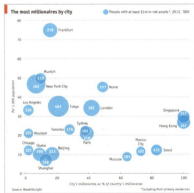

1.2.3 《彭博商业周刊》图表

美国的《商业周刊》(*Bloomberg Businessweek*)是一本有 90 多年历史的老牌杂志,首次出版于 1929 年,在全球 140 个国家拥有几百万的读者,曾是全球发行量最大的财经杂志。2009 年 10 月,《商业周刊》杂志被彭博新闻社成功竞购,从此更名为《彭博商业周刊》,但在收购后依然保持《彭博商业周刊》的独立运作。

《商业周刊》中的图表制作都很精美,堪称商务图表的典范,受到广大图表爱好者的追捧,不少报刊都喜欢仿效它的作图风格。在这几十年时间里,《商业周刊》中的图表风格历经多次变化,以适应不同时代的审美需求。整体来看,风格比较跳跃,但是其中一些风格却一直得以保留,如大量使用鲜艳的颜色。

早期《商业周刊》中的图表用色深沉,却极具商务感,一般绘图区的填充色比图表区要浅,而且大部分图表还有一个比较常用的标识——经常会在绘图区的左下角使用一个三角符号"▲"来指示 Y 轴的指标单位,如下图所示。那时的图表还很朴实,只是简单地加上了一个三角符号"▲",就立即显得专业范十足。

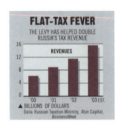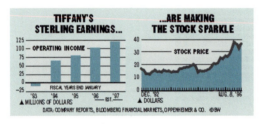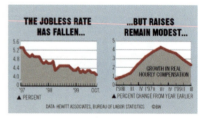

2003 年左右,《商业周刊》中的图表几乎都使用蓝红颜色组合,应该是来源于当时的 VI 系统(视觉识别系统)。虽然图表类型主要以面积图、柱形图、条形图为主,但是其图表布局很统一,从上到下依次排布着"超大标题-图例(根据需要确定要不要)-绘图区-脚注",这样的布局方式让阅读者能从上到下顺序查看内容,符合正常的阅读习惯。这一时期的图表最大的特点就是以黑底白字显示的标题,非常醒目,大部分的图表区还会使用隔行填充背景,如下图所示。

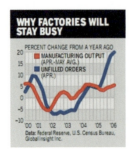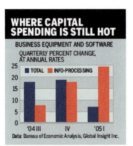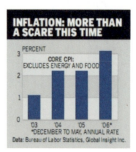

后来，随着时间推移，《商业周刊》中的图表开始慢慢地用色丰富了，逐渐减少了背景色，非数据元素大多使用淡色，如下图所示。

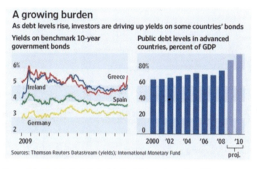
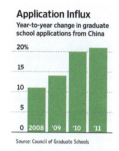

2005年左右，随着越来越多的网站呈现所谓的Web 2.0风格，《商业周刊》中的不少图表也呈现这种风格，配色比较清爽，追求时尚。这时的图表多采用白色背景，用各种亮色填充图表内容，整体非常简洁，基本没有装饰性的元素，黑色的网格线还处于图表的最前面，如下图所示。

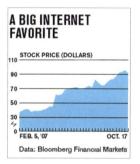
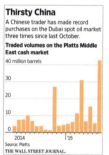
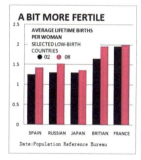
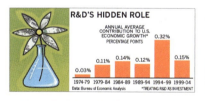
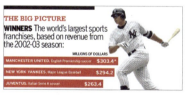

《商业周刊》中也曾出现过黑色背景的图表，特点鲜明，能够凸显图表数据，还显得比较专业、高贵，也十分吸引眼球，如右图所示。

2009年年底，彭博集团购买了《商业周刊》。2010年4月，重新改版的《彭博商业周刊》上市。重新设计的杂志更符合网络阅读的特征，并以用图大胆、可视化呈现方式著称。由于每个页面上排布的内容比较饱和，所以图表基本上也是想尽办法利用好各种空白空间，还会使用到带箭头符号的引线作为注释，如下图所示。

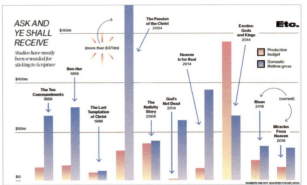
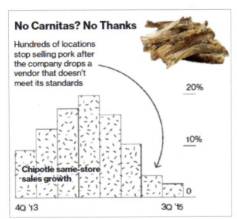
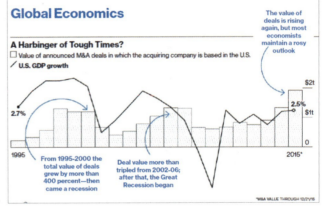

最近这些年，随着大众对"断舍离"的追求，2017年，《彭博商业周刊》又进行了一次改版。改版后抛弃了之前的艺术风格，开始以干净清爽的界面、利落的线条搭配高清图片，积极地顺应当下的极简设计潮流，图表也越来越追求极简风格了。这样的图表具有更清晰、专业化的阅读体验，能确保读者更容易理解数据与内容结论的关系，如下图所示。

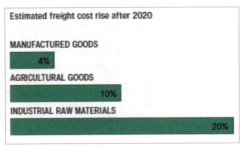
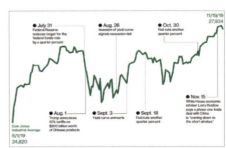

1.2.4 其他优秀图表

互联网时代,我们可以通过网络找到更多更丰富的信息,优秀图表当然也可以在网上找到。下面就介绍几个优秀图表网站。

1 麦肯锡公司官网

图表的使用,在工作与生活中至关重要,合理使用图表能帮助我们化解难题。但往往在实际应用中,我们遇到了难题,也看得懂图表,但就是无法找到两者的连接点,最终也不知道如何解决问题。

到底哪里出了错呢?

分析思路出了错,制图方向出了错!

我们经常看到的很多图表实际上是一些"数据图表",主要像陈述句一样表达事实。而要通过图表解决问题,我们实际需要的是"分析图表",这种图表更像是祈使句,暗含了情绪和观点。

图表实际是对数据分析结果的呈现形式,如果你的作图水平达到了一定境界,就会发现技巧不是最重要的,想法、意识才是决定高度的关键。想积累图表思维,可看大量的图表,开阔眼界,知其然,进而知其所以然,最终也制作出"分析图表"。

作为咨询行业领头羊的麦肯锡公司,在其出版的《麦肯锡季刊》中可以看到很多"分析图表",如下图所示。

麦肯锡制作的图表无论从配色,还是版面设计,都堪称专业。作为国际上著名的咨询公司,其制作的图表更擅长于解决问题,是典型的"分析图表"。市面上大多数的咨询公司都以麦肯锡的报告作为目标，可见其图表的参考价值有多高。查看麦肯锡制作的图表，主要应看看行家是如何分析，进而制作出图表的。

在麦肯锡官网上还发布了很多数据分析报告供用户免费获取。查看这些完整的分析报告，可以更好地理解其中包含的分析思路和方法，经过模仿能拓展自己的数据分析思路，提高图表制作水平。

2 艾瑞网

艾瑞网是一个国内的数据资讯平台，其团队深入互联网等相关领域进行数据分析，为业内人士提供了丰富的产业资讯、数据、报告、观点等内容，如下图所示。在艾瑞网中，可以看到专业的数据分析报告，从这些报告中可以学习他人的分析思路和规范报告的撰写方法。

在艾瑞网中选择【报告】选项卡，可以看到不同行业的不同数据报告。几乎每份报告中都包含了很多图表，这些图表不像商业图表那样追求美观，但都是针对数据分析需求、用于解决实际问题的"分析图表"，我们应主要学习它是选择从什么角度来分析和展现数据信息的，如下图所示。

3　第一财经

《第一财经》是国内最大的财经生活杂志，在其官网上也能看到它的网络版本报道，其中不乏一些设计绝佳的图表，可做商业图表参考，如下图所示。

4　网易数读

网易数读通过深度挖掘数据，为读者提供数据新闻，如下图所示。网易数读的数据新闻不仅

"用数据说话",还借助图表、设计图等形式,让数据变得美观、有趣,其数据呈现方式十分值得借鉴。如果你想通过数据和图表来了解最新的时事热点,那么千万不要错过网易数读。

在网易数读的新闻页面,数据呈现方式十分讲究,效果如下图所示,即使是常见的柱形图也制作得别出心裁,在图形细节、配色上均经过了精心的设计。要想制作出美观的图表,不妨学习一下网易数读的信息图设计,不过你得考量一下,有些效果在 Excel 中是无法实现的。

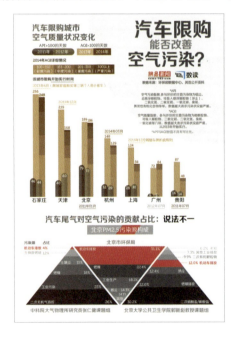

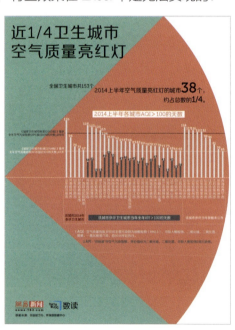

5 花瓣网

除图表制作的专业网站外,逛逛设计师网站也会有不错的收获。花瓣网就是一个收集生活方方面面灵感的网站,其中也不乏搜集图表的达人,你可以在其中看到很多优秀的图表,如下图所示。

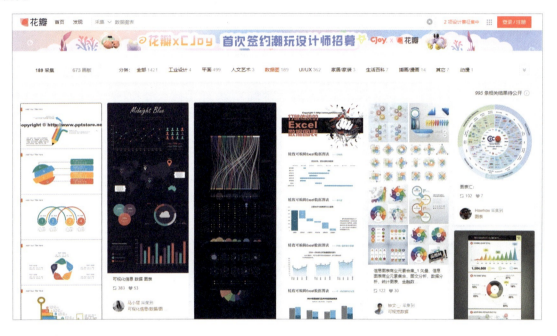

1.2.5 将经典元素快速应用到自己的图表上

之前没见过上面这些专业图表效果,是不是瞬间感觉"错失了一个亿"?为什么之前就没发现自己做的图表土得掉渣,而别人的图表一眼看上去就带着专业的范儿,光摆摆报表就足够让人震撼了。是不是都不敢承认自己会制作图表了?

其实,像《华尔街日报》《经济学人》《彭博商业周刊》这样世界顶级的报刊,或者像麦肯锡、罗兰·贝格这些世界顶尖的咨询公司,一般都有专门的图表制作团队,负责设计和制作图表,或者制定统一的图表规范,自然他们的图表就很优秀。

遇到优秀的图表，我们可以对其进行分析、学习，运用到自己的图表制作中，让自己制作的图表也变得越来越有档次。但并不是每一次制作图表都必须从头开始美化，觉得好的图表可以将它保存起来，当有另外一组数据需要用到该图表时，就可以直接"拿来"使用了。这可谓是"一键出图"，能帮你节省 90% 的绘图时间。下面就来介绍这个"拿来主义"。具体操作步骤如下。

步骤 01 保存图表模板。选择已经制作好的商业图表（打开"同步学习文件\素材文件\第 1 章\仿制图表 .xlsx"），并在其上右击，在弹出的快捷菜单中选择【另存为模板】命令，如左下图所示，然后在打开的对话框中设置保存到适当的位置，即可将其保存为图表模板。

步骤 02 应用图表模板。以后要使用保存的图表模板，在处理好作图数据后，就可以在创建图表的过程中（具体创建方法将在第 3 章中详细讲解），打开【插入图表】对话框，单击【所有图表】选项卡，然后在左侧的列表框中选择【模板】选项，在右侧即可显示出保存的图表模板，根据需要选择相应的图表模板即可快速生成应用了该图表样式的新图表，如右下图所示。

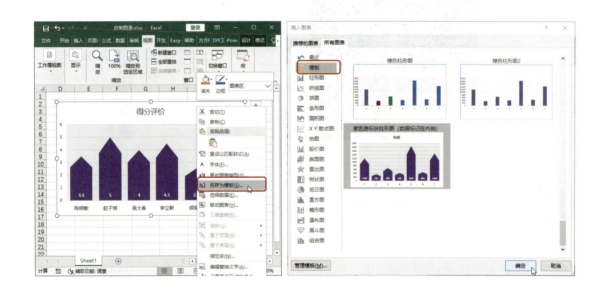

步骤 03 查看生成的图表。插入模板后，就得到图表了。这个图表和之前制作的图表模板一样，只是需要稍微美化一下，如下图所示。

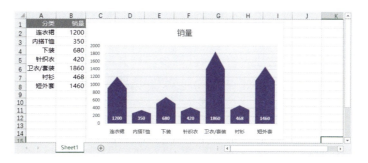

使用这种方法,可以在制作图表时,一分钟就完成具有专业外观的图表,颜色、字体、样式,全部到位,再简单调整即可完成图表。让你不需再做基础烦琐的格式化处理,彻底从简单重复的工作中解放出来,不仅提高了工作效率,节省了时间,还保证了图表的一致性,统一了风格,形成个人的文档辨识度,可谓一举多得。

其实,在我们的日常工作中,并不需要太多的图表类型,柱形图、条形图、折线图、饼图、散点图这五类图表就够用了。所以,基本上按这五大类,每一类提前设置几种喜欢的图表模板,就足以满足日常工作需要了。

1.3 商业图表不专业,与这些因素相关

在欣赏前面那些商业图表时,你被震撼到了吗?你知道自己制作的图表为什么不专业吗?别说是因为 Excel 不行。其实,随着 Excel 版本的升级,利用其功能几乎能制作出与财经杂志相媲美的图表。即使如此,认同这个观点的大多数人制作的图表却依然比较粗糙,这是为什么呢?

为了让读者更好地模仿"专业图表",下面从 5 个方面来做解读,以此来反思你使用 Excel 制作图表时是否都做到了。

1.3.1 与数据是否契合

图表设计诚然是非常好的数据可视化方式,可是,随着信息可视化的提倡,越来越多的图表

追求标新立异，有些人甚至沉迷于设计各种各样花哨的、所谓"高级"的图表，反而忽视了图表最原始的作用 —— 传达数据信息。

如果图表的设计不合理，无法让人看懂，就缺少了"灵魂"，再漂亮的图表也仅仅是"花瓶"而已。如下图所示的图表确实很艺术化，但是读取数据信息非常困难，表意不明确，不是一张合格的图表。

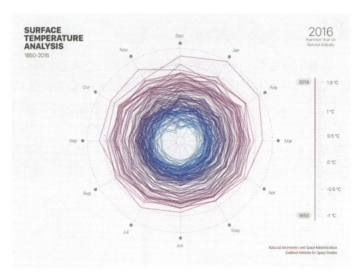

在研究了诸多制作粗糙的图表后，我们发现大部分图表不专业的根本原因，并不是没有掌握制图技术，而是没有想清楚该如何有效地呈现自己的数据。在这个过程中他们往往是为了绘图而绘图，为了美化而美化，得到的结果自然就不尽如人意。

在做具体数据项目时，我们首先要考虑数据与图表的契合度。除对各种图表的分类和适用场景进行明确外，更重要的是跳出具体图表，对运用图表这件事进行一些界定。下面根据先后顺序将制图前需要思考的 3 个问题进行详细讲解。

1 是否真的需要使用图表？

随着"用图表说话"的要求和口号在数据信息领域被传播和强调，数据分析人员渐渐形成了"图表思维"，但这并非完全是好事。当下流行的"没有图表就不能称为数据分析""字数不够，图表来凑"等思维模式，容易让人错误地理解成"图表是万能的，凡数据必用图表，缺少图表就感觉没有分析数据"，这样的想法让他们看见表格就不顺眼，非要整出个图来。为了作图而作图，就会导致做出的图中反而看不出任何有价值的信息和结论。

图表是一种交流语言，运用得当，它能比表格更快、更清晰地传递信息。但有些数据使用表格表达效果更好，这时就没有必要使用图表了。下面举一个在非必须情况下使用图表的例子。左下图所示为各年龄段的男孩和女孩正常身高参照表，从表中可以准确地查看精确到 0.1 厘米的参考身高数据。如果将表格数据转换成图表，如右下图所示，就弱化了具体的数据，失去了参照表的作用。

图表也有其局限性，并不是所有的数据都适合做成图表，要避免制作那些无意义的图表。除这种差异极小的数据尽量别用图表展示外，数据过多时也需要考虑是否使用图表来展现，还有的数据属于单组数据，而且数据之间没有可比性，如下图所示，这种类型的数据即使制作成图表也没有任何意义，只需在表格中将要查看的对象重点标注出来即可。

2020级大学生体测数据记录							
身高/cm	体重/kg	肺活量/ml	50米跑/s	体前屈/cm	立定跳远/cm	仰卧起坐/个	800米跑
165	56	2638	8.8	13.6	169	35	4 min 25 s

图表制作讲究"好钢要用在刀刃上"。总结归纳那些运用得当的图表案例，不难发现，图表常常用于以下 3 种情况。

（1）为了揭示数据规律。

人类对图形信息的接收和处理能力高于对文字和数字的处理能力。图表是图形化的数字内容，将数字转换成恰当的图表，从图表中读取信息，比直接读取纯数字更直观、更形象。当数据量增加，尤其是面对海量数据时，图表是抓取数据特征最有效的工具。

下面第一张图所示为某企业市场部统计的 A 商品 2017—2020 年不同月份的销量数据。那么，从图中能快速发现 A 商品的销售规律吗？这似乎很难。

如果将这些数据转换成折线图表，数据特征就被放大了，如下面第二张图所示。从图中可以快速看出，这款产品在每年的 7 月份会达到销量高峰，也就是说，7 月是该商品的销售旺季。掌握了这个规律后，该企业市场部就知道如何更精确地制定商品销售方案了。

时间	A产品销量（万件）	时间	A产品销量（万件）
2017年1月	1.2	2019年1月	5.2
2017年2月	1.3	2019年2月	5.5
2017年3月	2.5	2019年3月	5.9
2017年4月	2.4	2019年4月	5.4
2017年5月	2.5	2019年5月	5.0
2017年6月	6.2	2019年6月	9.0
2017年7月	6.6	2019年7月	9.6
2017年8月	5.5	2019年8月	8.7
2017年9月	5.4	2019年9月	7.5
2017年10月	5.2	2019年10月	6.4
2017年11月	3.8	2019年11月	5.3
2017年12月	3.0	2019年12月	4.2
2018年1月	2.6	2020年1月	2.2
2018年2月	2.4	2020年2月	2.8
2018年3月	2.8	2020年3月	3.9
2018年4月	2.5	2020年4月	4.8
2018年5月	2.7	2020年5月	3.6
2018年6月	4.2	2020年6月	5.4
2018年7月	8.8	2020年7月	8.9
2018年8月	6.4	2020年8月	8.0
2018年9月	5.6	2020年9月	7.6
2018年10月	3.4	2020年10月	6.8
2018年11月	4.0	2020年11月	8.0
2018年12月	5.6	2020年12月	7.0

2017—2020年A产品销量趋势

（2）为了有说服力、促进沟通。

数据分析工作常常需要团队合作，数据分析的成果也需要向他人展示，这两种情况都离不开高效沟通。数据分析者对正在分析的数据及其底层规律的熟悉程度远高于他人，如何将自己的思路、成果传达给他人，说服他人接受自己的观点，就需要借助图表的表达力。

例如，一份互联网用户行为的调查通过数据收集、数据清洗加工、数据处理和数据分析，最后得出的结论是，白领人群 PC 端使用时长占比远高于移动端，同时高于其他人群。那么，如何让同事和领导领会这个结论，且产生信任呢？

此时，可以将下图所示的数据图表展示出来，从图表中可以一目了然地看到，白领人群在 PC 端的办公时长占比为 66.3%，而移动端为 33.7%，并且与其他职业的人员相比，白领人群使用 PC 端办公的时长占比更大。

（3）为了展示专业素养。

一张制作粗糙的图表会让人怀疑制作者的水平和专业度，甚至怀疑数据的可信度。当数据分析工作完成后，需要制作数据分析报告。此时，搭配上考究、美观的专业图表，既能体现个人职业素养，又能用专业的报告让人眼前一亮。

2 图表主题是否唯一

目的明确是图表必须具备的基本条件。图表设计的过程就是将数据进行可视化表达的过程，主要是对数据信息梳理整合后图形化显示，让数据的内在联系和其意义更清晰高效地得到表达。作为与他人沟通的有效工具，它应该是不需要解释的，它本身就是对文字的集中概括、自我解释，也就是所谓的"一图抵千言"。

事实是，制作一张图表很容易，但是想要制作出一张包含高效信息，能解决实际问题的数据图表却并非一件易事，很多时候制作的图表并没有很好地反映要表达的想法或客观数据，甚至会误导看图者对问题的认识。

例如，同样的数据：某公司4个季度不同产品的销售数据，如下图所示，可以画出多张不同的图表。

时间	销售量/件				
	产品A	产品B	产品C	产品D	产品E
一季度	6500	2040	5200	8600	3250
二季度	4800	6020	3800	5500	2200
三季度	1050	1290	5088	2270	8600
四季度	4050	5500	3650	3700	3400

左下图的图表中展示了各季度每种产品的销售数据，但总销售额是无法直观看到的；右下图的图表中能清楚地看到每一种产品的总销售额。

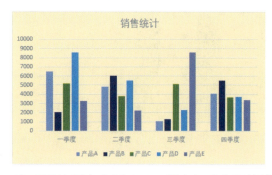
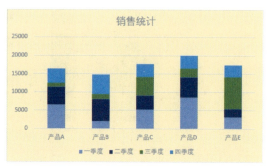

左下图的图表中展示了一季度每种产品的销售占比；右下图的图表中展示了产品 A 四个季度的销售占比。

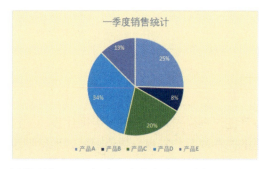
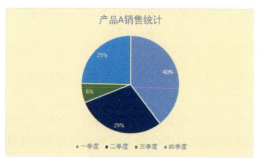

单从数据展示角度，我们如何评判上面的 4 张图表，或者在实际应用中选择哪张图表更合适，首先要考虑的肯定是实际想通过图表传达的信息是什么，图表信息是否与其一致，一致则是好图表。

所以，请记住以下事实：图表呈现的数据或图表形式不在于数据本身，而在于数据要传达的含义。也就是说，"设计图表的展示，必须从需求和目标出发，以数据实用性为主"。简单地说，图表本质上是为了呈现你的观点或业务核心，只要你想清楚了自己想要表达的主要信息，就已经决定了图表的最终效果。

再回顾那些专业的图表，它们无一例外遵循着最重要的一条法则——清晰表达明确的观点。尤其通过图表标题的设计就能一眼洞察图表的主题，下图所示为《华尔街日报》中文版的两张图表，不需要额外的文字说明，只结合图表标题和图表内容就能知道制图者想传达给我们的信息了。

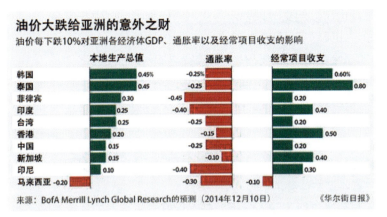
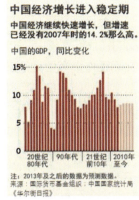

大家在日常工作中制作商务图表必须先梳理"数据呈现需求",对图表主题进行提炼。可以根据你所处的岗位、业务特点、行业情况,梳理出你、你的直接领导、公司老板,甚至你的客户最关心的关键指标,然后围绕这个核心主题,设计图表的呈现方式,把复杂的信息表达清楚,或者对多张图表进行合理的布局与规划。总之,要让你的图表具备体现业务关键数据的属性,并根据制图目的把握好图表的核心观点,调整图表的精度,这样才能事半功倍地制作出高质量的商务图表,也能让读图者更容易理解你想要表达的主要信息,更快地发掘数据的商业价值并做出决策。

例如,在一份综合性的销售业绩图表报告中,首先要向领导汇报的是业绩指标总额、已经完成的业绩、完成率是多少,因为领导最关心的就是销售总额。然后再依次介绍具体的每个产品、月份、销售部门的完成情况。在渐进明细的过程中,还可以具体分析每个销售部门的业绩对比情况,以及改进方案等。但每一个报告内容,精度不宜过细,往往会侧重在趋势、差异点的呈现上。在整体的图表布局上,遵循由整体到局部、先重点后辅助、自上而下、从左到右的数据展示逻辑。这和部门内部做销售业绩汇报是不同的,内部汇报时需要调整图表的精度,更注重细节上的具体完成业绩,应当细化各项业务指标的具体完成情况,精细到每个业务人员身上。

③ 图表类型是否正确

制作图表之前如果已经确定了制作的主题,应该说对数据分析的维度就掌握得比较到位了。维度是观察数据的角度和对数据的描述。前面举的那个例子,同一组数据之所以能绘制出 4 种甚至更多种不同的图表,其实就是因为我们看这组数据的角度不同,对它从不同的维度进行的描述。在 Excel 表格中可以将首行或首列的各字段理解成不同的维度,在该例中,我们可以将不同的产品理解成一种维度,这个维度包含产品 A、产品 B、产品 C 等数据,也可以认为不同的季度是一个维度,里面有各类产品的销售数据。

维度可以用时间、数值表示，也可以用文本来表示，文本常作为类别以进行区分。数据分析的本质是各种维度的组合。例如，如果想了解和分析全年 A 产品的销售额，就需要将时间维度和 A 产品的销售维度结合；如果想知道全年各产品的变化，就需要再加入产品维度。

实际工作中需要处理的数据量一般很庞大，而且解读非常灵活，横竖左右都解释得通，就像在玩数字游戏，有时甚至能得到完全相反的结论。可是，你要从中找到需要的数据结论，并用合理的图表让人信服你得到的结论是正确的。

图表的绘制依赖多个维度的组合。Excel 擅长一维和二维图表的制作，但就是这样简单的二维展示也可以折射出很多不同看数据的角度。这个维度如何确定的？这就是图表制作前期你必须克服的一个难点，这部分内容将在第 4 章中详细讲解。

专业图表在制作之前一定是对数据进行了深入分析，并确定好分析数据的角度，图表类型也是根据要展示的数据不同角度做出的选择。当然，肯定还要了解数据与基本图表类型之间的对应关系，才能正确选择图表类型。

错误的图表类型，图不达意，形同虚设。例如，想知道中国主要城市的 GDP（国内生产总值）增长趋势，总不能画一张饼图吧，如左下图所示，你能告诉我你看得出什么？再如，想知道我国各少数民族人数分布比例，却画一张折线图，如右下图所示，你确定不是在开玩笑？相关内容将在第 3 章中详细讲解。

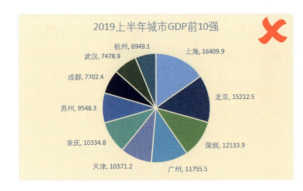 

有些数据可以用好几种图表类型来展示，制图人员必须要保证使用的图表类型能准确、直观地展示数据。如果使用的图表类型能展示出数据，但不直观、不形象时，就需要对图表类型进行更改，不能勉强，一定要选择最能展示当前数据的图表类型，否则将达不到制作图表的目的。例如，HR（人力资源）在使用图表对人力资源数据进行分析时，创建了下面两张图表，虽然左下图使用折线图也能体现出学历的分布情况，但却没有右下图所示的饼图更直观。

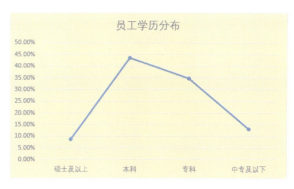 

Excel 中提供的图表类型有十几种大类，每一类下面还包括很多子类型。但其实，专业的图表在展示数据时采用的图表类型并不多，而且绝不复杂。例如，《商业周刊》中的图表所使用的图表类型就很简单，基本只有曲线图（或面积图）、柱形图、条形图和饼图 4 种最基本的图表类型，以及这些基本图表组合排列的多图表，如下图所示。其中，主要以曲线图、柱形图和条形图为主，饼图出现得非常少。

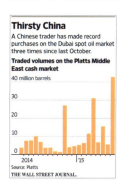 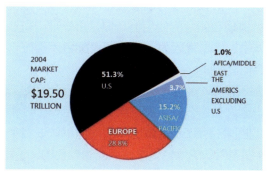 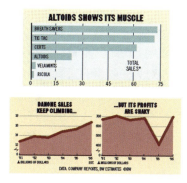

这些基本的图表类型所表示的数据不需要多余的解释，任何人都能轻易看懂图表的意思，真正起到了图表的沟通作用。

1.3.2 配色是否专业

图表是否与数据相契合，在不深入研究数据的情况下可能还没有那么强烈的感受。反而，专业图表给人的第一印象是其专业的外观。而这样专业的外观，很大程度上是由其配色决定的，因为色彩给人的视觉刺激是最直接、最强烈的。因此，进行图表设计时，除图表类型的选择外，还需要搭配好看的颜色。

颜色在美化图表的过程中起着至关重要的作用。相比于对图表进行的其他设计，经过简单的颜色调整，就能让你的图表"会说话"，给人眼前一亮的同时，帮助你达到"一图胜千言"的信息传递效果。可以说，配色是改变图表"颜值"最快捷有效的方式。与"彩色电视比黑白电视更吸引人"是同样的道理，配色符合美学的图表设计更能吸引读者的眼球。通过对比如下两图就会发现，配色合理的右图更有趣，更能引起读者的注意。

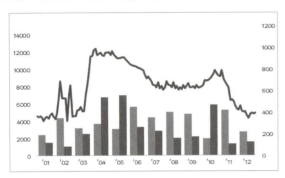 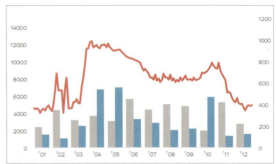

色彩是图表设计中的重要元素，一般都需要对图表区、图表标题、绘图区、数据系列等区域进行配色。图表是否专业，首先就体现在颜色的使用上。你是否发现，有些专业图表的样式，我们使用 Excel 也能做到差不多的样子，但是就因为人家的图表配色用得好，看着是一种享受，读图者对其中内容的接受度自然也会相应提高。

其实，专业图表使用的颜色都不是 Excel 默认的颜色，而是自定义的。这里我们不从用色角度评判 Excel 默认颜色的好坏，毕竟大家这么多年都采用这套颜色作图，都看得审美疲劳了。就因为太熟悉，别人一看就知道你的图表是用 Excel 做出来的，连默认设置都没改，怎么体现出专业精神呢？所以，还是丢弃 Excel 图表默认的颜色，学一点图表配色的知识吧。

虽说配色是设计师的专业范畴，而且对于专业的设计师来说，配色也是一门终生的学问。但是，你也不希望自己做出来的图表弥漫着一股不入流的味道吧。不会用色的人往往会滥用颜色，做出来的图表看起来处处是重点，色彩丰富但并不美观；还有的图表虽然用色不多，但使用了不恰当的色彩搭配，就会出现大红大紫、色彩渐变类"艳丽"的图表，这类图表往往让人感觉很"俗"，如下图所示。

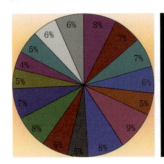 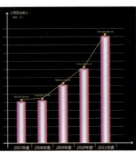 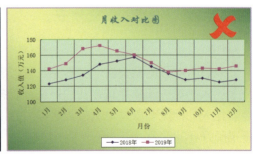

而会用色的人在色彩选择方面则会比较讲究，做出来的图表色彩和谐、统一、简洁大方，赏心悦目的同时，层次鲜明，重点突出，如下图所示。

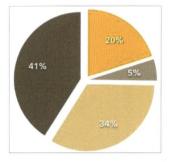 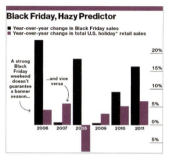 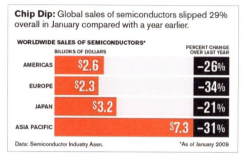

可见，会用色与不会用色在图表设计上的差异不小。所谓"人靠衣装，佛靠金装"，符合美学规律设计的配色方案往往能在很大程度上提高图表带给人的第一印象，想了解配色方面的具体内容，可以参考本书第2章。

1.3.3 布局是否合理

在解决了图表的配色之后，制作者还需要通过图表的布局来使图表说话。图表布局指的是设置图表中的各组成元素，如图表的坐标轴、标题、网格线等。

大部分图表为了达到数据的清晰与美观表达，可以调整与搭配所有的图表元素。也有一些比较专业的图表有固定的布局要求，制作这类图表时按照规定进行图表布局设计即可。例如，科学论文中的图表因为要投稿到对应的杂志或期刊中，所以就要按照它们对图表的要求进行图表元素的相应设置和布局。本小节主要对没有固定布局要求的商业类图表的布局进行介绍。

下面从布局元素选择和布局构图设计两方面进行阐述，并对商业图表布局进行剖析。

1 布局元素选择

Excel提供了较多的图表元素供我们选择使用。根据图表类型的不同，图表的组成元素会略有不同，但每一种图表的绝大部分组成元素是相同的。一张完整的图表主要由图表区、图表标题、坐标轴、绘图区、数据系列、数据标签、网格线和图例等部分组成，如下图所示，具体的内容我们将在第3章中讲解。

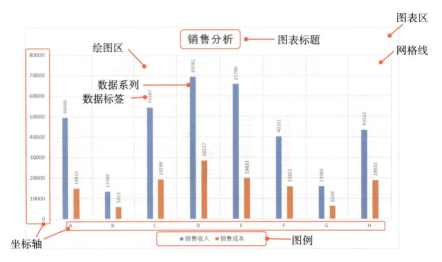

每一种图表中都拥有超过 11 种元素，不同的布局元素有不同的作用，而这些元素其实很多时候都是多余的，我们并不都需要，可以根据实际需求将其去掉或弱化，这就涉及图表元素的选择了。

图表元素的布局并不简单。其实，我们只要改变 Excel 的图表元素，就可以创造出很多不同形式的图表，这也是 Excel 区别于其他可视化编程软件的一大优势。正因为灵活性很大，很多图表由于使用了不恰当的布局，导致制作出来的图表平庸、粗糙。所以，我们仍然需要向专业图表学习，并了解不同领域图表在外观布局风格上的特点，如社会统计、工程技术、公司商务等领域，以便后期能根据不同的场景更改图表的布局。

专业的商务图表形式简洁，重点突出，在布局上一切只为突出图表主题内容。那些坐标轴、副标题、单位、图例、网格线、背景等，一切非必要的元素都被去掉或弱化了。除非必要，也不会使用图例（即使要使用图例，一般都是量身打造的）。因为这些非数据元素只会降低图表的信息量。我们必须保证在不影响表达的情况下，尽量让图表拥有最少的元素，不能减少就使用淡色。

观察下面的两张图表，要展现籍贯为"北京"的学生人数，你会选择哪一个呢？

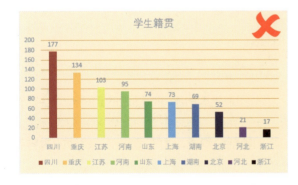
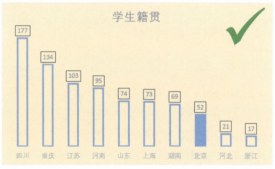

左上图所示的图表中网格线、坐标轴刻度、不同颜色的数据条等信息其实都没有实际的意义，还会干扰图表信息的表达。而右上图所示的图表传递信息就更直接了，一眼就能找到需要关注的数据。

2 布局构图设计

在 Excel 中制作图表，无论选择何种图表类型，无论包含的数据有多少，生成图表的默认布局样式都如右图所示，整张图表主要包括标题区、绘图区、图例区 3 个部分。

关于布局的设计，相信很多人没有这方面的概念。在绝大多数情况下，人们使用 Excel 作图直接就是采用的如右图所示的默认布局样式。他们中的大部分人似乎都认为图表的结构应该如此，很少有人想到去改变它。这样的布局具有逻辑性强，清晰的特点，但是也存在缺陷。例如，标题不够突出，信息量不足；绘图区占据了过大的面积；空间利用率不是很高；特别是图例在绘图区右侧时，阅读视线左右跳跃，需要长距离检索、翻译。

我们对专业的商务图表的布局做分析，很少会发现默认的布局样式，它们的构图基本上分为两种：竖向构图和横向构图，几乎没有 1:1 的正方形构图，过于方正的外形尺寸容易让人感觉呆板。

商业图表更多采用竖向构图方式，通常图表的整个外围长宽比例在 2:1 到 1:1 之间。竖向构图时所有内容采用从上到下的方式布局，图例区一般放在绘图区的上部或融入绘图区里面，效果如下图所示。竖向构图能充分显示图表的高大和深度，常用于柱形图、饼图和圆环图中。

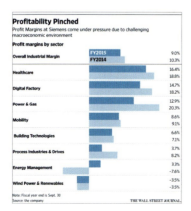
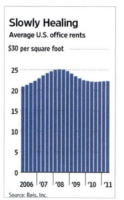
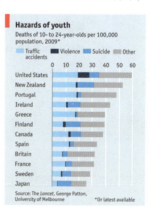

横向构图效果如下图所示。横向构图的图表画面常常被左右划分为1:1、1:2或2:1的两部分，形成左右呼应，其表现空间比较宽阔。画面的其中一部分是主体，另一部分是陪体，这种方式常用于折线图、散点图和条形图中。

 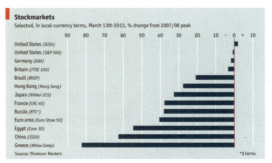

总的来说，商业图表中的竖向构图方式居多，横向构图方式一般是根据需要才偶尔使用。竖向构图方式本身也更符合人眼阅读习惯，结构更紧凑、信息更集中，便于检索。而且，现在智能手机的使用者也越来越习惯竖向显示画面，例如，抖音上的小视频绝大多数都是竖向画面。当然，在需要横向构图的情况下，应该顺其自然，甚至使用类似宽屏的构图。

3　商业图表布局分析

不管是哪种构图布局，商业图表的组成元素基本都是一样的，主要包括主标题、副标题、图例区、绘图区、脚注区这几项，其中图例区是比较灵活的，根据需要可放在图表的上部或内部，也可能不需要。

另外，由于我们更容易接受从上到下、从左到右的阅读模式，所以制作图表时做成标准的一维表（也有一些是需要上下左右查看的二维表）即可。按照这个原则，将所有需要的图表元素添加到图表区，并进行合理布局，就可以制作出规范的图表了。下面以《华尔街日报》中的一张竖向构图的图表为例，如左图所示来详细分析商业图表的布局。

如果我们带着这个框架，再回顾1.2节中所列举的图表案例，你会发现几乎所有的商业图表都符合这一构图原则。可以说，这就是隐藏在专业图表背后的布局指南，其布局特点主要有以下四点。

（1）完整的图表要素。专业的商务图表所包含的元素非常丰富，包括主标题区、副标题区、图例区、绘图区和脚注区。脚注区一般用来说明数据来源或时间。除图例有时会省略外，其他元素，不管构图或形式怎么变，基本上都会出现。

（2）突出的标题区。标题区非常突出，往往占到整张商业图表面积的 1/3，甚至 1/2。特别是位于图表最上部的主标题，通常字体选择大号而且是粗体，有时还会使用强烈对比效果，自然让阅读者在第一时间捕捉到图表要表达的主题。主标题下面是副标题，紧贴着主标题，往往会较为详细地描述图表的信息。

（3）灵活的构图方式。专业的商务图表，其绘图区往往只占到 50% 左右的面积，相比 Excel 默认的图表样式，这样的图表真的很小，但已经足够让阅读者看清图表的趋势和印象，硕大无比的图形反而显得图表粗糙。虽然绘图区的占比面积并不大，但整张图表的布局很大一部分却是由它来决定的。由于图表类型和数据项的多少不同，导致生成的图表会在不同的长宽比例下产生不同的图表视觉印象。专业的商务图表会以"为绘图区选择合适的长宽比例"为基准，再搭配合理的图表整体构图布局。

（4）从上到下的阅读顺序。专业的商务图表会尽量满足阅读者从上到下的阅读顺序，用竖向构图来安排图表元素，从上到下分别是：主标题区、副标题区、（图例区）、绘图区、脚注区。结构紧凑、表意明确，让阅读者的目光从上到下顺序移动而不必左右跳跃，避免了视线长距离检索的问题，阅读自然而舒适。

1.3.4 图表术语是否规范

前面已经介绍了商业图表的主要组成元素，但并不是说包含了这些元素就是一个专业的商务图表了。每一个元素都有不同的作用，也有相应的制作要求。只有充分了解，才能在制作商业图表时利用好这些要素，发挥其作用。

绘图区的制作比较复杂，我们将在第 3 章中详细讲解。这里主要对商业图表中文字类的主标题区、副标题区和脚注区进行介绍。其中副标题区和脚注区原本在 Excel 的默认图表布局样式中并不存在，具体实现方法将在 3.3.5 小节中详细讲解。

1　主标题

专业的商务图表都有超大的主标题，如下图所示。把它设计得如此突出，可以确定它的重要

性。但很多人只是习惯性地制作出大标题,"这里是标题嘛,所以放大一点",他们没有真正深思标题的设计应该如何确定。所以,我们会看到有很多图表的标题总是很神秘。例如,"公司销售情况""资产分配百分比""员工年龄分布"……

这些标题描述的是图表的主题,但是它们没有说出与主题相关的要点是什么。销售业绩怎么了?资产分配到底是怎样的?员工年龄分布情况如何?

不要把它当成一个秘密。图表就是为你的方案观点服务的,因而图表的主标题更要能够呈现出你的核心观点。让你的主要信息成为图表的标题,这样做会减少读者的误解,而且能够使读者关注于你想着重强调的信息。

来看看下面两张图表,左下图所示的图表,仅仅罗列出数据,没有标题,会让读者猜测这是在分析招聘的什么内容;右下图所示的图表,将标题和单位都列出来了,能清楚地知道这张图表的主题了——对招聘费用进行分析。

研究这张图,大多数读者很有可能将注意力放在"媒体招聘"上,认为强调的信息是"媒体招聘"花费的费用最大。读者还可能会有几种印象:"网络招聘"的花费最小;各种途径的招聘费用有多有少……而也许这些都不是制图者想让读者关注的重点,他想强调的也许是"现场招聘"的花费排在所有途径花费的第三位。简单地说,就是只用了主题作为标题,才让读者产生了误会。那么,要明确制图者想让读者了解什么信息,而不产生误会,就要明白无误地把关键信息作为主标题。

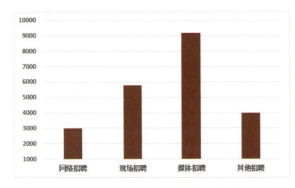
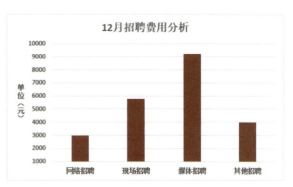

下面举几个将主题作为标题改为将主要信息作为标题的例子,如下图所示,让我们来体会一下这种标题的优越性。

以主题作为标题所传递的信息是比较隐晦的,改为以主要信息作为标题,就能够切中关键,让读者一目了然,确保信息传递的高效率。

当然,作为标题,简洁肯定是必须的,这一点毋庸置疑。主标题是对整张图表信息的提炼,更需要具有高度的概括性,用较少的文字集中、准确、简洁地进行表述。简短的标题阅读起来轻松,有力度。如果主标题太长,尤其在演示场合中,太长的图表标题不宜被读者查看到,往往会降低图表信息的有效传递。此外,太长的图表标题通常比较详细,这样会与图例信息重复,在视觉上给人以累赘的感觉,也会在一定程度上影响他人对图表的查看。

② 副标题

由于主标题需要非常简洁,所以观点中的有些信息没办法在主标题中得到呈现,为商业图表添加副标题的作用就是进一步对观点进行详细的论述。右图所示为在主标题下方添加副标题,以突出图表的中心内容。

右图所示为从《华尔街日报》中选取的一张中文图表,从主标题中只能了解到图表在分析中国经济增长情况,而且结论是进入了稳定期,但具体的结论是什么并不清楚。如果没有副标题进行补充说明,就可能会造成多人观看产生多种意思的结果。因此,添加副标题,并在其中明确地指出了该图表主要强调的是中国经济继续在增长,只是增速没有2007年那么高了。

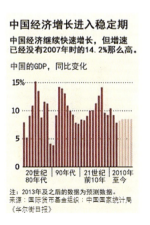

如果主标题能够把图表的主要内容讲清楚，副标题其实也可以没有。但主标题要做到精准、简洁，还要把内容讲全，真的不容易。同时，为了顾及图表的整体作用及关键信息的描述，通常采用"主标题 + 副标题"的结构来精简标题。让主标题的文字信息得到压缩，而具体需要突出的信息采用副标题的形式来补充，这样整个页面层次清晰，主题信息也明确。

因此，图表标题的添加要从视觉效果和主题信息两个方面综合考虑，如果需要表达的主题文本太多，就应该考虑采用副标题的形式辅助说明。在制作单个图表时常常需要添加副标题，如果是制作报告中的图表，或者制作仪表板中的图表，则可以省略。

副标题的作用虽然是对主标题进行补充说明，内容上应该包含图表所要表达的所有信息，但文字还是需要提炼，尽量做到精简，不要使用夸张的说法。

副标题中常常会提到一些时间区间，如果图表显示的是某段时间的数据趋势，一定要在标题中标明这段时间。如果主标题已经有很多文字了，为了节省空间也可以写在副标题里。时间区间通常要用括号括起来。

副标题中还可以包含数据的单位。例如，有一张图表是关于某家公司的年中收入，就可以使用"年中收入（2020）"作为主标题，副标题中包含"百万元"。这样，单位在竖轴中就可以用较小的字体呈现。而且，在标题中提到单位将会看起来更加突出。

3 脚注

一张严谨的图表，会在脚注区标注数据来源和时间，以及一些必要的说明。

（1）标注数据来源和时间。

无论何时何地，请始终记得给图表加上数据来源，这是体现你专业性的最简单、最快捷的方法。判断一张图表是否专业，这是最基础的检验事项。

专业的图表就没有不写明数据来源的。因为它们都经过了严谨的数据分析，为了让图表信息真实可信，就需要在图表中标注数据来源。尤其是数据分析报告中的图表，读者并不知晓数据分析的过程，数据来源的标注就像一块有力筹码，能让他们信任图表信息。

此外，数据具有时效性，只有将数据放在特定的时间下，数据才有意义。如左图所示，不仅在图表标题中对时间进行了说明，图表下方还标注了数据出处和制作时间。图表数据的真实性和有效性才得以充分说明。

（2）添加必要说明。

对于图表中需要特别说明的地方，一定要使用注释进行说明，如指标解释、数据口径、异常数据、预测数据、最后、最低、最高等数据点，数据四舍五入说明，以及使用的资料等。使用上标或 *、†、EST 等符号进行标记，在脚注区进行说明即可。如右图所示，饼图的数据标签设置为一位小数的百分数，导致饼图每部分相加的和不等于100%，如果被动发现错误就会很尴尬。于是，在饼图下方对标签数据进行了四舍五入的说明，避免引起不必要的误会。

麦肯锡的顾问们从来都不吝于提供详细的图表注释，如下图所示。

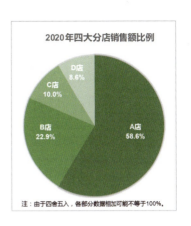

1.3.5 细节是否到位

俗话说，细节决定成败。专业图表的制作除比较重视前面讲解的四大部分外，真正体现其专业性的地方,还在于他们对于图表细节的处理。例如,图表的布局不仅仅要注重前面讲解的图表元素的选择和布局框架,还要注意各元素的排列位置、对齐方式等。每一张专业图表都会根据具体的情况得到最好的设计,通过对颜色、对比、平衡、运动、空白及拓扑的良好运用反映出信息的美,每一个细节都处理到近乎完美的程度。一丝不苟之中透露出百分百的严谨,好像这不是一张图表,而是一件艺术品。

专业图表的细节处理各有妙处,我们在此不能一一道来,下面主要列举几个普通人不太会注意到的地方。

1 层次的细节处理

专业图表最重要的一点是可适用于多层次阅读,一张图表至少适用于两个层次。乍看时你会注意到图表的大体图形轮廓,使人了解图表所要表达的主题和概貌。例如,最重要的趋势、最大的面积区域,或者一个快速的比较。这能够使读者了解到,这张图表是关于哪方面的、主题是什么。之后再对下一个层次进行分析,这就涉及对图表细节的审视与互动。

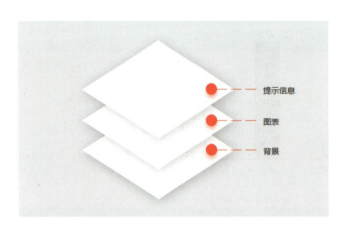

要做好图表层次的处理,就是要让读者的视觉层级符合逻辑层级,利用信息深度引导读者阅读。我们可以把图表分成3个层次:背景、图表和提示信息,如左图所示。

(1)背景:包括标题区、图表区、绘图区和脚注区的背景,以及坐标轴、网络线等,即为图表数据提供整个背景的范围、衡量尺度和参考线等。对图表背景的弱化处理,有助于视觉信息的传达,如下图所示。

(2)图表:各数据系列,即图表真正展示数据的部分,不管是哪种数据类型的图表都必须凸显出数据间的差异,如下图所示。

(3)提示信息:也就是图表中需要强调的内容,应该前置并且标注出来,才能提醒读者这是重要内容。它既可能是某个数据系列、数据点,也可能是从数据中得出的结论,如下图所示。

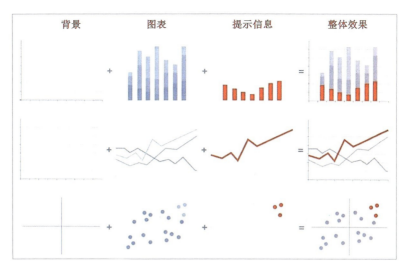

专业图表对每一个图表元素的处理都十分到位，一丝不苟的细节处理只为给读者呈现完美的视觉效果。如下图所示的图表中伴随有文字，但经过处理后的这些文字并不会在读者对画面内容进行初步了解时被注意到，它们是位于最下一层的背景层内容。读者看到这幅图时的第一印象是这根曲线，然后是上方重点标注的各数据点和标题，空间上的 3 个层次划分非常明显，成功将观众的注意力集中到要强调的信息点上了。

2 数据精准、不失真

展现数据时，没有什么比"可信度"更为重要了，要保证所展示的数据都有据可查。如果我们过分地优化数据，读者可能会认为有捏造之嫌，是"有水分"的数据。为了避免此"嫌疑"，应该尽量使用原始、未经修饰的数据，否则会适得其反，降低数据的可信度。这也是为什么我们一再强调应该养成在图表中标注数据来源习惯的原因。

可是，数据的解读会因为每个人的观点和视角不同，而呈现出诸多的结果。这也是我们常说统计学会撒谎的原因。再加上，有时巧妙微调图表也能造成理解偏差，成功误导读者。

优秀的图表，应该是设计和数据并存。这就要求图表制作者，不仅要会设计图表，还要会分析数据、理解数据，最终选择以合适的方式展示数据、给读者表达清楚数据，正确引导分析的结果。

下面从图表制作方面讲一讲如何保证数据的精准性，有哪些细节需要注意。

（1）错误呈现数据。

Excel 图表中图形部分的主要功能是直观、形象地传达信息。因此，图表中的各类要素代表着数量，需要准确的尺度和比例。如果一根柱状图形比另一根长一倍，读者会假定其数量上也多一倍。尽管这是一个简单的概念，但做到精确却并不容易，尤其在使用面状符号表示数量时特别明显。

如下图所示，气泡图中各气泡的大小应该与数值大小一致，不要随便标注。

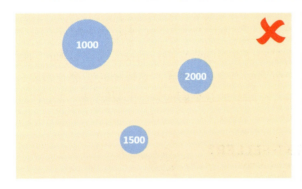
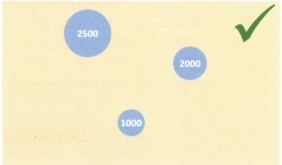

（2）夸张的压缩比例。

有时，可能会遇到水平轴标签比较长，或者图表比较窄，需要改变图表大小以适应文档或 PPT 等情况，有一些人就会强行压缩图表比例，使劲地把图表拉宽。但过犹不及，这样就会从视觉上给人一种误导。如果出现下图所示的情况，就会让读者判断错误。

本来正常情况下的尺寸，如下图所示，是能明显看出整体趋势向下的折线图，但在高度压缩后，波动趋势变得平缓，给人"虽然有所下降，但前后基本持平"的错觉，无法准确地展现图表要传递的信息。所以，一般的 Excel 图表的正常长宽比例是 1:2 或 2:1。

（3）选择适当的刻度单位。

有些人制作图表时，总是忘记标注单位，这完全是让数字"裸奔"，图表也失去了意义。因为数字必须搭配单位，才会产生相应的语境，读者才能大致理解你要传递的信息。

例如，在制作客服管理数据分析图表时，绘制了每个客服的平均响应时长，但是没有标注单位，这样就无法知道是按小时、分钟，还是按秒记录的。所以，请记住：如果想让图表有意义，一定要加上单位。具体添加在标题区，还是坐标轴标题处，可以再设计。

为了使数据的解读不失真，数据一般应精确到小数位。例如，12.4 就比 12 好，尤其在对比数据的情况下。具体需要精确到多少位小数位，需要视情况来定，主要以"数据若再进一步精确，对解读的意义就不大，反而对读者产生干扰"来判断。

另外，默认产生的坐标轴刻度有时并不合适，如果实际的最大数据距离刻度数据还有很远一段距离，则需要手动调整刻度数据的最大值；默认的坐标轴刻度下，如果看不出数据的起伏波动，则需要手动调整刻度数据的最小值。一般情况，主刻度设置为 4～6 个较为适宜，太多可调整刻度单位值。如上图中的曲线主要集中在绘图区的上半截，主刻度值很多，而且最大数据距离刻度数据的最大值还有一段距离，可以适当调整坐标轴的刻度单位，使其下移，于是设置坐标轴的最大值为"66000"，刻度间隔为"22000"，完成后的效果如右图所示。

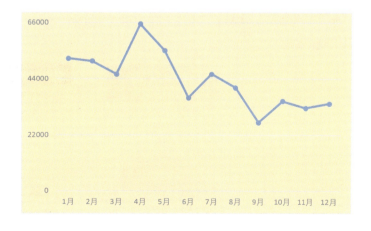

（4）纵坐标未从 0 开始。

先来看下面两张介绍各季度销售额的图表。左下图是一张销售额柱形图，一眼看去第四季度的销售额只有第一季度销售额的一半左右，但实际上你却受到了图表的误导。真实的情况如右下图所示：4 个季度的销售额虽然有所下降，但整体还算平稳，并不存在"显著"差异。

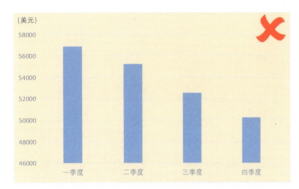 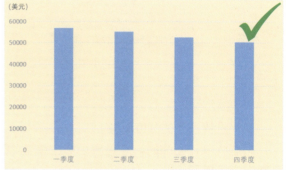

同样一组数据，为什么给人的感觉不同呢？区别只在坐标轴的设置上，第一张图表的 Y 坐标轴并没有以零基线为起始线，而是以 46000 为起始线，实际上是截取了部分的柱形图，掩盖了每个柱形图的离散总价值，扭曲了数据的真相。读者很容易被柱形的高度误导，获知事实的唯一方法是认真看图，然后自己计算数字 —— 要么错，要么累，违背了数据可视化的原则：传递正确的信息。

一般来说，图表 Y 坐标轴的起点应该是"0"，如果擅自调整起点值，就会夸大数据间的变化幅度，这样在视觉上就会引起读者误解，尤其是非零起点的柱形图。如果你确实要使用非零起点坐标来强调数据间的差异性，一定要记得在提供了左上图之后，采用引线标明左上图是来自右上图的放大效果，或者在单张图表中标上坐标轴截断图示，标记原点为零，尽到提示之责。下图所示为《商业周刊》中标识了坐标轴截断图示的图表效果，坐标轴截断图示只需要用自选图形就可以绘制得到了。

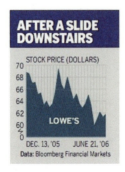 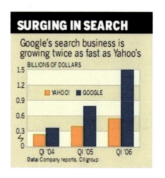

3 标注重点

在进行图表展示时,强调数据重点,可以有效地获取观众注意力。在专业图表中,当需要凸显数据重点时,常用到以下几种方法。

(1)更改图表色彩。

对比是呈现差异的有效方式。如果你要运用对比原则突出图表中与众不同的元素,就不要缩手缩脚,要大胆地让它变得非比寻常。最方便快捷的方式,就是改变颜色。利用对比色能增强突出效果,特别适用于各个数据点之间的数值大小变化不大的图表。例如,从左下图所示的图表中可以看出,各数据点之间的数值大小变化不大,很难一眼看出最大值,这时可以将最大值的数据点填充为其他颜色,并添加数据标签,这样就能让图表中的最大值一目了然,如右下图所示。

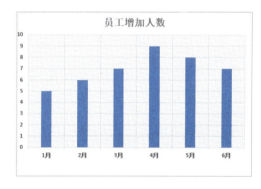 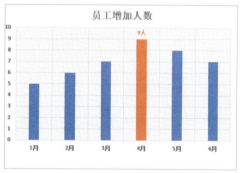

当然,选择"亮色 + 暗色"的搭配组合,也可以起到强调作用,明确呈现出重点数据,如下图所示。

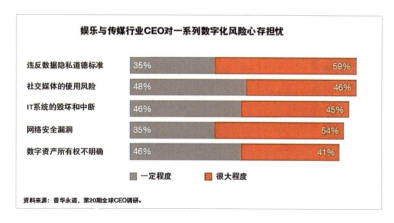

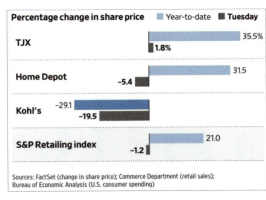

（2）更改图表透明度。

通过对非重点图表部分的透明度进行调整，一样可以起到凸显重点数据的作用。即通过弱化整体，来强调局部数据。例如，在左图中，我们要强调右侧的数据内容，为了避免受到左侧数据的干扰，可将左侧数据透明化处理。

（3）添加背景色块。

在需要被强调的数据下方，为其添加一层与图表颜色一致，但色调更浅的形状色块，或者浅灰色，也可以快速凸显出重点数据，下图所示为《华尔街日报》《经济学人》中的一些该类图表效果。

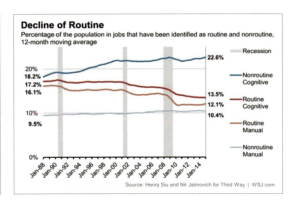

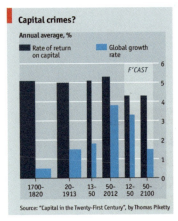

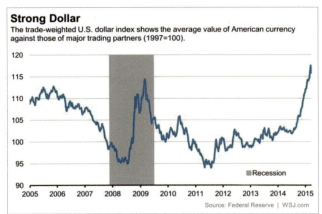

（4）改变图表元素效果。

除增加额外效果来凸显重点数据外，还可以对图表中需要重点强调的元素进行修饰，如加粗折线线条、增大柱形面积、让扇面脱离饼图形成缺口等,如下图所示,具体操作方法将在后续章节中详细讲解。

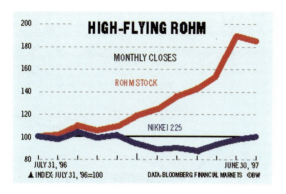 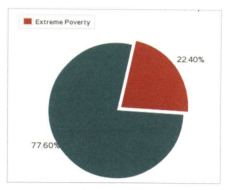

4 添加辅助信息

很多时候,我们往往需要通过图表来表达多重含义。拿柱形图来说,它可以很好地表现出各部分数据本身的含义,但如果我们还想要同时表达出各部分数据间的变化率呢?

在图表中适当添加一些辅助信息,将有助于读者阅读图表内容,具体可以参考下面的做法。

(1) 添加数据标注。

通过为图表添加辅助的内容标注,可以更清楚地让读者理解这个图表要表达的观点。这样的操作在专业图表中也经常见到,下图所示分别为《经济学人》和《华尔街日报》中添加了辅助内容标注的图表。

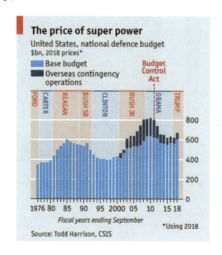 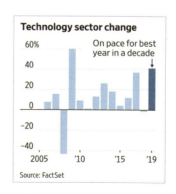

再来看左下图这个例子，第一眼看上去，很容易把利润的增长部分当成要点。但实际上，这是人力资源部向上级领导申请增加预算的申请书中的一张图表。

在3月份销售低迷期，人力资源部安排了全新的销售培训课程。除此之外，在此期间没有其他安排。因此，人力资源部认为这次培训对此后收入的增长功不可没。所以，这里的关键点其实是培训课程开始的那一刻。为了能更有效地传递出此观点，我们对图表做出适当的调整，如右下图所示。

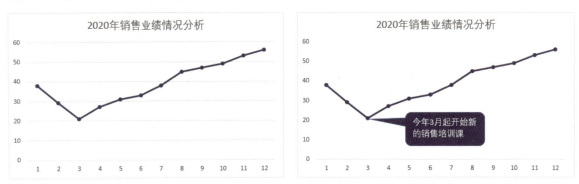

这样一来，当展示这个图表时，读者先看到的就是观点"新的销售培训课促进销售业绩激增"。结合观点看重点，一目了然，提高了信息传达的有效性。

有时，我们还可以用另一张图表来对图表做出更详细的解释。例如，柱形图一般被用来进行横向的数据对比，但如果我们为其添加如下图所示的图表标注后，就可以更加直观地表达某一部分的具体含义了。

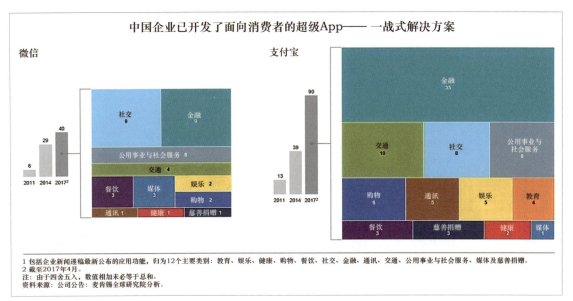

（2）添加辅助线。

为有的图表添加一些合适的辅助线，将有助于数据的解读。图表中的辅助线主要有以下三类。

①趋势线，即帮助你判断数据变动趋势的辅助线。常见效果如左下图所示，另外还可以在条形图内添加趋势线，用来表现增加量，效果如右下图所示。

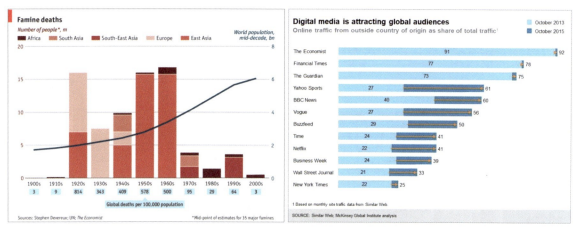

②信息增强线，即能够突出数值间隐藏信息的辅助线，如涨跌线、垂直线、高低点连接线和误差线等。商业图表中很少使用，但工作日常中的图表使用比较多。左下图所示为垂直线的应用，右下图所示为高低点连接线的应用，具体的添加方法将在后续章节中进行讲解。

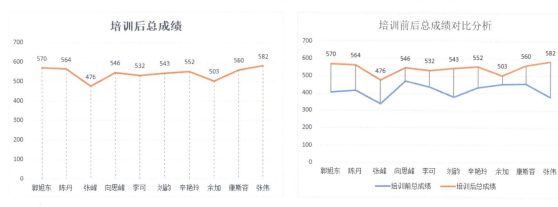

③标注线，即将某些外部信息或抽象信息标注进图表中的辅助线，如均值线、置信区间等。左下图所示为将外部信息以标注线形式添加进图表的效果，用以标识出关键时间点，图片来源于《华尔街日报》。右下图所示为添加标准线的效果，用以标识出目标数据，图片来源于《商业周刊》。

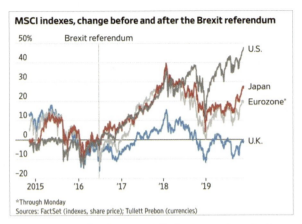

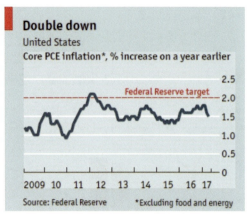

当然，专业图表还在很多细节处都追求着高标准、高要求，我们将在后续章节中逐步为大家展开讲解。

高手自测 1 —— 下图所示的图表有哪些地方显得不够专业？

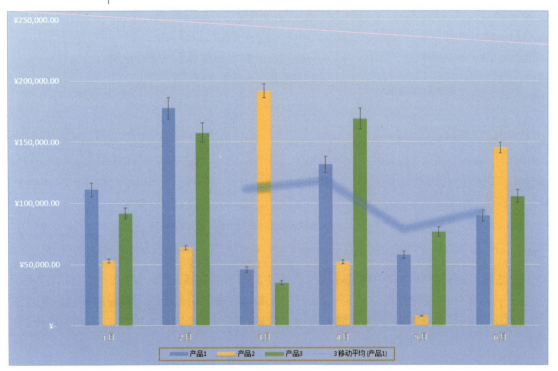

高手神器 1：
在 ECharts 中找图表灵感

Excel 不是专业的设计软件，在数据呈现上有一定的局限性，如果要追求更好的图表效果，可以借助一些外部辅助工具。使用这种方法，还可以帮助没有设计基础，并且不熟悉 Excel 图表编辑的用户快速完成图表制作。如果不想另外学习软件，多去看看它们生成的图表，找找制图灵感也是不错的。

目前这类工具比较多，如数据观、ECharts、图表秀、图表网、百度图说等。下图所示为 ECharts 网站在线生成的数据图表，展示了复杂的关系网络。

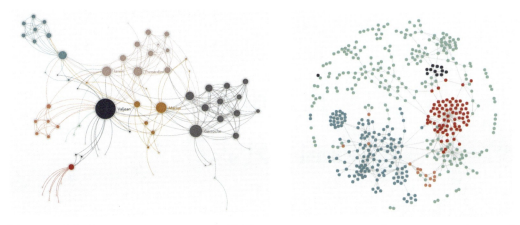

ECharts 是百度公司出品的，缩写来自 Enterprise Charts，用于提供商业产品常用图表。ECharts 实际上是一个纯 JavaScript 的图表库，其底层基于轻量级的 Canvas 类库 ZRender，创建了坐标系、图例、值域、数据区域、时间轴、提示、工具箱等基础组件，并在此基础上构建出柱状图、折线图、散点图、K线图、饼图、雷达图、和弦图、力导布局图、地图、仪表盘、漏斗图、孤岛等图表类型（如下图所示），同时支持任意维度的堆积和多图表混合展现。ECharts 被广泛应用在新闻传媒、证券金融、电子商务、旅游酒店、天气地理、视频游戏、电力等众多领域。

第 2 章

2

提升审美：
内涵与外表并存

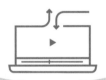

美，对于观众来说，有时只是一种看起来舒服的感觉，说不清，道不明。

然而，对于设计者来说，美源自色彩，源自字体，源自细节……源自方方面面对美的构建与思量。

用色与排版，更是成就商业图表之美的关键所在。如果说数据分析是图表的灵魂，那么用色与排版就是商业图表的生命。

颜色对于商业图表来说不仅仅是为了美观，颜色同样是一种内容，它可以向观众传达不同的信息，或者强化信息体现。要搭配出既不失美观又不失内涵的颜色，大家需要脚踏实地了解一下图表配色的基本知识，再根据不同类型的图表，按照配色"公式"、配色技巧，快速搭配出合理的颜色。

字体的选用，排版布局的搭配，同样需要技巧。普通图表与专业商务图表的差别，很大程度上就体现在对这些细节的处理上。如果想制作出专业的商务图表，就应该在这些细微处为追求专业而努力。

请带着下面的问题走进本章

1. 你还在使用 Excel 默认的颜色？设计图表怎么能不懂点配色，快来学习基础的图表配色知识吧！
2. 不同类型的图表都应该如何选择配色？
3. 你花了很多时间设计图表，每次都单独进行配色？想知道又快又好的配色方法吗？
4. 你会选择图表的字体吗？
5. 专业图表还需要注意哪些细节处理？

2.1 让商业图表"色"得恰到好处

一张美观的图表，离不开配色的功劳。Excel 默认的图表配色已经让人产生审美疲劳了，如果要做张出彩的图表，就需要高大上的配色。优秀的配色能提升图表的可读性，让图表会说话，低劣的配色只会让你的图表惨不忍睹。

想要搭配出既美观又符合主题的颜色，不仅需要图表制作者有一定的审美能力，还需要制作者掌握基础的色彩理论知识、色彩心理学及色彩搭配原则，并结合图表使用场景，才能将颜色运用得恰到好处。

2.1.1 图表配色必备知识

图表设计离不开配色，想充分地利用色彩，让色彩能够为我们服务，就必须了解它，懂得它。在广阔的色彩知识领域中，有一些是学好图表配色所不能回避的基础知识，下面就一起来学习吧。

1 色彩的分类

颜色是因为光的折射而产生的，如果没有光，我们就看不到色彩了。根据色彩的属性，可以分为无彩色和有彩色两个大类。

（1）无彩色。

无彩色是黑色、白色及二者按不同比例混合所得到的深浅各异的灰色系列，如下图所示。在光的色谱上见不到这 3 种色，不包括在可见光谱中，所以称为无彩色。

（2）有彩色。

凡带有某一种标准色倾向的色（也就是带有冷暖倾向的色），都称为有彩色。光谱中的红、橙、黄、绿、青、蓝、紫等色都属于有彩色，如下图所示。

有彩色是无数的，不过色彩均由3种基本的颜色组成，即红、黄、蓝，这也是我们常说的三原色。色彩的构成原理是两个原色相加便会出现间色（如红＋黄＝橙、红＋蓝＝紫、黄＋蓝＝绿），再由一个间色加一个原色出现复色，最后形成色环，如下图所示。

技术看板

设计界常用的十二色相环就是以红、黄、蓝三原色在色环上两两间隔120°为基本，两两进行不同程度混合成色后构成的。

在设置颜色时，一般可以通过设置RGB色系的参数值来完成。RGB颜色模型使用了颜色成分红（Red）、绿（Green）和蓝（Blue）来定义所给颜色中红色、绿色和蓝色的光的量。每一颜色成分都由0～255之间的数值表示，这些颜色成分的组合就定义了一种单一的颜色。例如，RGB(255,0,0)为红色，RGB(255,255,0)为黄色，RGB(138,43,226)为紫罗兰色等。

RGB颜色标准运用非常广泛，目前的显示器大都是采用了RGB颜色标准，Excel默认的颜色模式也是RGB模式。在【颜色】对话框【自定义】选项卡下方，默认显示的便是RGB值的输入，在这里直接输入一组RGB值，就可以精准设置颜色了，如右图所示。

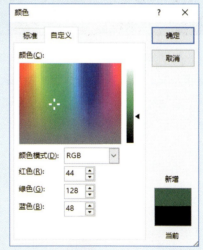

2　色彩三要素

有彩色系的颜色具有3个基本特性：色相、饱和度和明度。在色彩学上也称为色彩的三大要素。有彩色的色相、饱和度和明度是不可分割的，它们之间的变化形成了人们所看到的缤纷色彩，应用时必须同时考虑这3个因素。

（1）色相。

按照色彩理论上的解释，色相是色彩所呈现出来的质地面貌，也就是我们常说的色彩的名称。它是色彩最基本的特征，是一种色彩区别于另一种色彩的最主要的因素。颜色的分类是根据不同颜色在色相环中的角度来定义的。所谓色相，通俗地说，就是不同色彩的区分标准。

如以绿色为主的色相，可能有粉绿、草绿、中绿、深绿、墨绿等色相的变化，它们虽然是在绿色相中调入了白与灰，在明度与饱和度上产生了微弱的差异，但仍保持绿色相的基本特征。左图所示显示了绿色色相的不同差异。

最初的基本色相为：红、橙、黄、绿、蓝、紫。在各色中间加上中间色，其头尾色相按光谱顺序为：红、橙红、黄橙、黄、黄绿、绿、绿蓝、蓝绿、蓝、蓝紫、紫、红紫——十二基本色相，十二色相环如左下图所示。色相环根据中间色相的数量不同，还可以做成十色相环、二十四色相环（如右下图所示）等，但实际上自然界中的不同色相是无限丰富的。

色相环对于了解色彩之间的关系具有很大的作用。在色相环中，颜色与颜色之间形成一定的角度，利用角度的大小可以判断两个颜色属于哪个分类的颜色，从而正确地选择配色。下图所示为不同角度的色彩分类。

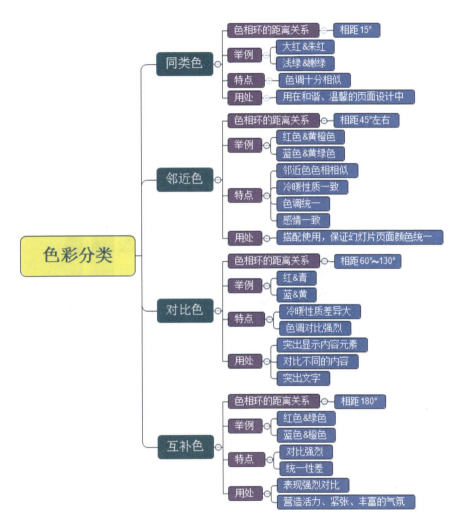

颜色之间角度越小的则越相近、和谐性越强，对比越不明显。角度小的颜色适合用在对和谐性、统一性要求高的图表元素中。

颜色之间角度越大的则统一性越差，对比越强烈。角度大的颜色适合用来对比不同的内容，或者分别用作背景色与图表颜色，从而较好地突出图表信息。

（2）饱和度。

饱和度是指颜色的鲜浊或纯净程度,它表示颜色中所含有色成分的比例。含有色成分的比例越大,则色彩的饱和度越高,色彩越鲜艳;含有色成分的比例越小,则色彩的饱和度越低,色彩越接近灰色。所以,简单区分饱和度的方法就是分析颜色中含有的灰色程度,灰色含得越多,饱和度越低。

①相同色相的饱和度。

同一色相,即使饱和度发生了细微的变化,也会立即带来色彩的变化。有了饱和度的变化,才使世界上有如此丰富的色彩。当一种颜色掺入黑、白或其他彩色时,饱和度就会产生变化。越多的颜色相混合,颜色的饱和度越低。假如某色不含有白或黑的成分,便是纯色,其饱和度最高;如果含有越多白或黑的成分,其饱和度就会逐渐下降,如下图所示。

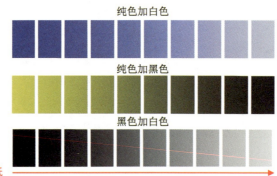

高饱和度　　中饱和度　　低饱和度

②不同色相的饱和度。

不同色相的饱和度是不相等的,饱和度体现了色彩内在的品格。通常情况下,饱和度越高的颜色就会越鲜艳,容易引起人的注意,让人兴奋;而饱和度越低的颜色则越暗淡,给人一种平和的视觉感受,如左图所示。

(3)明度。

明度是指色彩的明亮程度,由反射光的强弱决定。色彩的明度分为以下两种情况。

①相同色相的明度。

各种有色物体由于它们的反射光量的区别会产生颜色的明暗强弱。也就是说,每一种颜色在强光照射下都会显得明亮,在弱光照射下都会显得较灰暗模糊。

在无彩色中,白色明度最高,黑色明度最低,白色和黑色之间是一个从亮到暗的灰色系列。所以,当同一颜色加黑或加白掺和以后也能产生各种不同的明暗层次。

左下图所示为不同红色的明度关系对比。

②不同色相的明度。

在有彩色中，任何一种饱和度色都有其相应的明度特征。黄色明度最高，蓝紫色明度最低，红、绿色为中间明度。右下图所示为不同色相的明度关系对比。

加入黑色明度降低　　　　加入白色明度增加　　　　明度越来越高

色彩的明度变化往往会影响到饱和度，如果红色加入黑色，则明度降低了，同时饱和度也降低了；如果红色加入白色，则明度提高了，饱和度却降低了。

明度越高，则色彩越亮，越醒目、明快；明度越低，则色彩越灰暗，越神秘、深沉、不醒目。没有明度关系的色彩，就会显得苍白无力，只有加入明暗的变化，才能展现出色彩的视觉冲击力和丰富的层次感。

技术看板

在制作图表时，可以通过设置 HSL 色系的参数值来调整颜色的色相、饱和度和明度。HSL 是根据色彩三要素理论建立的一种色彩标准。

相比 RGB 颜色模型，HSL 使用了更贴近人类感官直觉的方式来描述色彩，可以指导设计者更好地搭配色彩。H（Hue）指色相，S（Saturation）指饱和度，L（Lightness）指明度，一组 HSL 值可以确定一个颜色，如 HSL(0,255,128) 为红色，HSL(42,255,128) 为黄色。

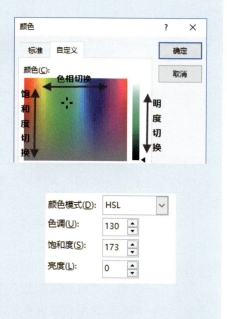

如右上图所示，在【颜色】对话框【自定义】选项卡下方的颜色选择面板中可以对色相与饱和度进行选择，横向为色相切换，纵向为饱和度切换，右侧的色带可以对明度进行选择，向上为提升明度，向下为降低明度。

单击下方的【颜色模式】下拉按钮，在弹出的下拉列表中选择【HSL】选项，还可以切换到 HSL 颜色模式。再通过调节【色调】【饱和度】【亮度】的参数值就可以设置对象颜色了，如右下图所示。

利用 HSL 颜色模式调色有这样一个好处：设计图表时，考虑到颜色的统一性，一般会使用相似的颜色进行搭配，如橘黄和土黄。要想得到搭配得当的相似色，可以设置颜色为不同的亮度和饱和度。如下图所示的图表，颜色搭配十分和谐，其中的颜色都只是饱和度不同而已。图表柱形的饱和度从左到右依次降低，整体配色十分统一。

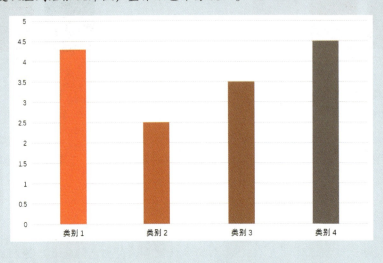

3　专业图表的配色"公式"

优秀的图表设计师一般在制作一系列图表或在制作一份报告前，会先设想好一个统一的色彩规范，让其中的每一张图表一以贯之，这种色彩规范其实就是配色方案。

配色理论知识很多，对于非艺术专业出身的人来说，学习这些理论比较枯燥，并且不容易运用。有的图表制作者会发出这样的感叹：学习了那么多配色的知识，最后还是按自己的感觉来配，制作的作品往往让人觉得不入流。如果想掌握一些行之有效的配色"公式"，快速配出高大上的颜色，那就先来学习一下图表的配色"公式"思路，如下图所示。

根据选用的主题色个数不同，可以将配色方案简单分为单色方案和多色方案。但无论选择哪种方案，都必须先确定图表要使用的主色，确定主色的方法主要分为 3 种：（1）根据 VI 配色；（2）根据主题配色；（3）根据行业属性配色，这部分内容将在 2.1.2 小节中详细讲解。

当主色确定后，如果选择单色方案绘制图表，就考虑是需要和谐统一的效果，还是要突出某个数据系列，前者就为所有数据系列使用决定好的主色即可，后者就单独对需要进行强调的数据系列设置主色进行强调，其他数据系列和图表内容使用黑/白/灰色进行辅助展示。

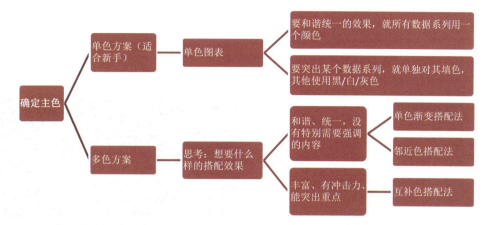

确定主色后,如果打算运用多色方案(即采用多个主题色)为图表配色,也需要进一步考虑图表想要呈现的效果。如果想要保持画面颜色和谐统一,就采用单色渐变和邻近色搭配法,其中邻近色的和谐度比单色渐变更高;如果想要配色丰富、有冲击力、能突出重点的效果,就采用互补色搭配法。

多色方案的色彩丰富,配色方式可以更加多样化,但要求设计者有较好的色彩驾驭能力,否则非常容易导致色彩混乱,没质感,甚至"辣眼睛"。多色方案中的邻近色和互补色搭配法,其实就是根据图表要表现的内容及效果等,来考虑其他色彩与主色的关系,以增强其表现力。右图所示为一个标准的二十四色相环,色相对比的强弱,决定于色相在色环上的距离。

使用多色配色法时,建议大家先分析清楚图表所需要的搭配效果,然后插入一张二十四色相环到 Excel 中,直接对比色环进行取色。

4 常见的色彩搭配方案

根据前面介绍的图表配色"公式",我们进一步来讲讲具体的配色方法。

(1)单色配色法。

建议图表新手或对色彩搭配不敏感的人选择单色配色法,这是因为单色配色法中已经规定好辅色是黑、白、灰中的一种或多种了,设计者只需要另选一种主色调即可。

这里需要说明的是，由于黑白灰3种颜色并不抢眼，所选择的主色不论面积多大，都能让观众眼前一亮，起到主色的作用，如下图所示。所以，这里不能死板地认为选择的主色面积一定要比黑白灰的面积更大。但建议选择的主色是饱和度高、稍微鲜艳一点的颜色，否则与黑白灰三色接近，整张图表看起来会没有亮点。

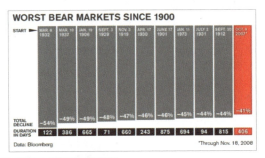 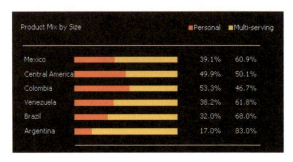

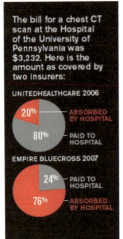

"主色+黑白灰"的单色配色法之所以有效，是因为黑白灰3种颜色是百搭色，且这3种色不容易引起观众情绪波动，被称为"高档色"。

这里选择的主色如果只用在图表中的某个元素上，而其他元素全部设置成相同的颜色，就可以通过强烈的视觉差异强调颜色不同的内容信息，如左上图所示为需要强调的数据系列图形设置了主色。此外，还可以用在重点文字的强调上。如左图所示，选择了"主色（红色）+辅助色（黑色、白色、灰色）"，并将黑色作为图表的背景色，不仅能够凸显图表数据，还使整个页面看起来十分有质感，用主色强调了重点数据系列，并配上了相应的重点文字说明。

黑底图表能给图表一种新的动感，让阅读者能轻易抓住表达的重心，但并不适用于所有图表。在商业图表中可以适当制作黑底图表，但不宜过多。

（2）单色渐变搭配法。

如果觉得单色配色法太单调，那么可以灵活调整，通过改变主题色的明度或饱和度，得到更丰富的效果。这就是单色渐变搭配法，也是我们常说的渐变色中的一种，即参照单一色相的深浅变化，如下图所示。

单色渐变搭配法能够让我们在同一图表中使用丰富的颜色，体现出明暗的层次感，搭配也很协调自然，配色难度还不大。这种搭配在设计中应用时，制作出来的效果永远不错，其重要性也

可见一斑。下图所示的图表即采用了单色渐变的配色方案。

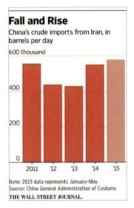 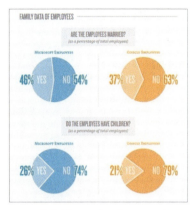 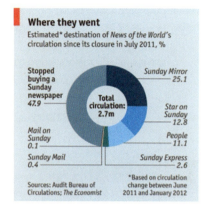

无论是只需要两种颜色,还是需要 10 种颜色,单色渐变中都能提取出这些颜色,并让图表看起来和谐而自然。因此,不失为一种保险的配色方法,不会出大问题,非常适合不太懂配色的读者。

在单色渐变配色的图表中,最重要或最多的数据系列一般要求明度和饱和度高于周围的色彩,即颜色最纯或最深,这样在整张图表中所占的面积就算不是最大,也能突出重点数据。当然,需要强调的内容在用色面积上一般也要小于周围的色彩,否则起不到强调作用。

需要提醒的是,单色渐变的颜色常常用来表现数据的相似性,使用在图表中多用来表示数值的增量变化,但由于其可以形成颜色渐渐加深的效果,所以也适合用来表现内容信息的递进关系、顺序关系。

(3)邻近色搭配法。

对于非专业人士来说,使用协调度高的颜色,让图表的配色不刺眼,就是比较好的配色了。渐变色就是一种适度变化而有均衡感的配色,它的色彩变化样式类似于在自然界中所见到的效果,给人的视觉效果舒适、自然,所以非常容易使人接受。除上面讲的通过改变同一种颜色的饱和度和明度来制作颜色从明到暗或由深转浅的渐变色外,还可以根据颜色在色相环上所处的位置来制作出从一种颜色缓慢过渡到另一种颜色的渐变色,即运用邻近色进行搭配,如下图所示。

在色相环中,角度为 90°以内的颜色互为邻近色,如右图所示的简易十二色相环中,90°以内的颜色只有 3 种,如果以橙色开始并想得到它的两个相似色,就选定红色和黄色。邻近色彼此近似,冷暖性质一致,色调统一和谐。因此,在为图表配色时,可以在色相环中,选择 2~3 种邻近色作为图表配色。

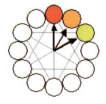

邻近色的配色方案可以提供颜色的协调和交融，所以邻近色在表格设计中极为常用。一般用于表现递进的关系，如事物的发展变化等，使用在图表中多用于高于或低于某中间值的数据比较。如下图所示，选择了 3 种邻近的颜色进行搭配，图表色调十分协调。

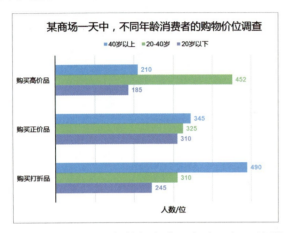 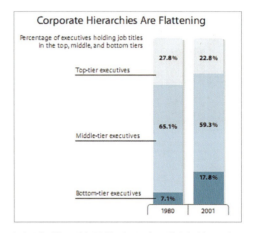

需要注意的是，与单色渐变配色应用相同的道理，邻近色搭配的具体应用中，渐变的程度（在二十四色相环中选择的两种颜色形成的角度）是设计的重要环节。如果渐变的程度太大，速度太快，就容易失去渐变所特有的规律性，给人以不连贯和视觉上的跃动感。反之，如果渐变的程度太慢，就会产生重复之感，但慢的渐变在设计中会显示出细致的效果。

（4）互补色搭配法。

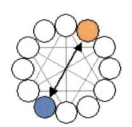

在色环上，与环中心对称，并在 180°的位置两端的色被称为互补色，也称为对比色，如橙色和蓝色、黄色和紫色、红色和绿色等，如左图所示。在前面展示的标准二十四色相环中，1 与 14、4 与 16、6 与 17、8 与 18、10 与 21、12 与 23 均互为补色。如果希望更鲜明地突出图表中的某些信息，或者强调数据的差异性，则可以选择互补色。

互补色有非常强烈的对比度，无疑是一种最突出的搭配，常用于传达活力、能量、兴奋等含义。但在颜色饱和度很高的情况下，互补色彩之间强烈的对比会产生特殊性和不稳定性，有些人不是很接受这样的效果。所以，建议采用互补色配色方案时，稍微降低补色的亮度，使其在视觉效果上对比强烈又不至于刺眼，以便人们能够接受，如下图所示。也可以通过调整颜色的面积比例，让其中一种颜色的面积比较小，另一种比较大，来改善对比的强烈程度。

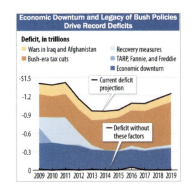 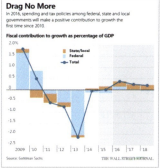 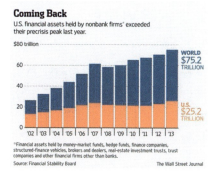

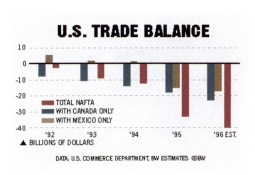 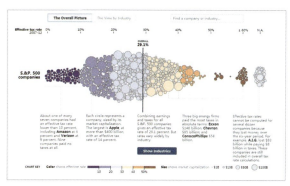

2.1.2 工作型图表的配色方案

正因为有了色彩,我们生活的环境、生存的世界才如此丰富多彩。色彩激发情感,颜色传递感情。人类的视觉对色彩的感知度是非常高的,合理使用色彩,可以获得意想不到的效果。所以,许多人把色彩称为"最经济的奢侈品"。

即使是工作中常用于展示数据、表达内容的图表,只要配色出彩,也可以变得格外耀眼,成为你升职加薪的台阶!

为工作型图表配色时,尽量选择简洁的颜色,用色不宜过多,色调的选取上不能太主观,可以从以下 3 个方面切入。

1　根据 VI 配色

很多企业或品牌都有自己的 VI 系统，在 VI 中包含了色彩应用规范。下图所示为 58 同城新 LOGO 及 VI 色彩规范。由于工作型图表往往与企业文化、产品营销有关，所以在设计与制作工作型图表时，可以首先考虑根据 VI 配色，让图表的配色与企业或产品配套，加强受众对企业或产品的印象。

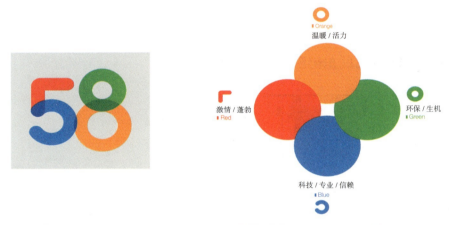

有些企业或品牌有 LOGO 却没有 VI，这种情况下可直接从 LOGO 中取出主体色与次要色，再根据图表展示内容的需要，搭配其他颜色。在主色系的基础上，选择明暗、饱和度不同的颜色，作为图表的配色方案，是比较稳妥的方式。如左下图所示，根据图中的 LOGO，可以将 LOGO 的主体色作为主题色，进而建立如右下图所示的一系列配色。

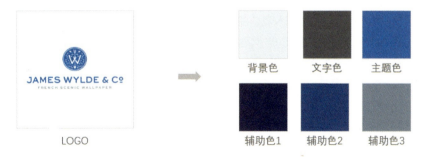

如果图表内容比较简单，则可直接将其设置为 LOGO 一样的配色。例如，如左下图所示，星巴克 LOGO 的主体色是深绿色，次要色是白色，那么星巴克公司的销售统计图表就可以设计成深绿色的数据系列，白色的底色，与企业文化形成不错的配套，效果如右下图所示。

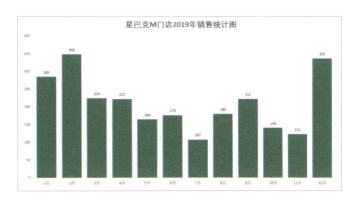

2　根据主题配色

工作型图表主要是对信息和观点的直观展示，这种情况下，图表常常需要配备文字进行说明，甚至制作成数据分析报告。因此，需要特别注意图表和文字段落格式的协调，当然也包括颜色的协调。

建议在美化图表前先分析一下图表中涉及的内容，根据内容的相关性来确定色调。根据主题的不同，颜色所需要传递的信息也不同。例如，一张统计紫水晶销量的图表，由于商品带有高贵典雅的特质，且自带紫色，所以首先考虑使用紫色。在许多文化里，紫色就是皇室的颜色，同时紫色带有神秘浪漫的气息，用来表现高贵典雅再适合不过。可以从紫水晶物品中提取颜色，如下图所示。

与内容主题相契合可谓是配色的基本要求。严肃、严谨的内容选择热烈、活泼的暖色系配色方案，欢快、轻松的内容选择沉闷、朴实的冷色系配色方案，必然显得不伦不类。例如，一张关于油品市场的分析图表，内容属于较为理性的主题，采用如左下图所示的活泼配色会让人感觉轻浮、不可靠，更改为右下图所示的配色方案后则要严谨得多。

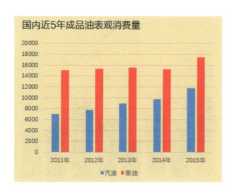
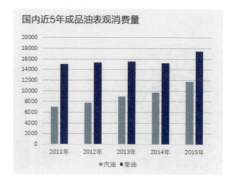

3　根据行业属性配色

为图表配色，需要遵循实际工作中色彩表现的常识。不同的行业在色彩应用上有各自的特点，因而不知道如何确定配色时，可直接采用行业通用的色彩规范。例如，环保、医疗、教育、公益行业常用绿色、蓝色，政府机关常用红色、白色、黄色，金融行业常用黄色……下图所示为根据行业选颜色的要点。

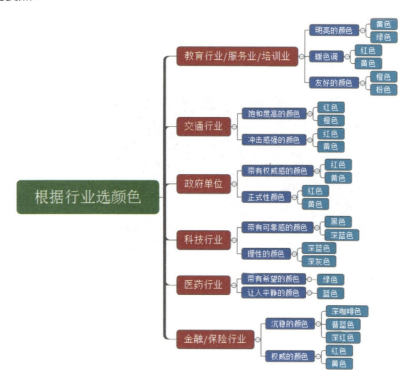

在设计图表前需要了解自己做的这份图表是否需要兼顾行业的视觉规范，运用符合这种视觉规范的色彩搭配。下面给出一些不同行业的配色方案供大家参考。

（1）教育文化。

教育文化行业属于非营利组织，代表了希望和未来，所以这类图表在设计时应该选用更加充满活力的配色方案，让整个版面看上去干净、明亮、简洁，营造出一种清新、积极又温馨舒适的学术氛围，如下图所示。黑色让人感觉严肃，要慎重使用。下面的示例图都在图的下方附上了相应的配色方案及 RGB 颜色值。

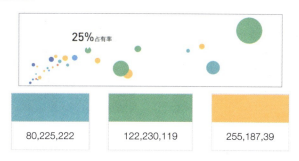

（2）餐饮、美食。

餐饮企业最重要的是将食品卖出去，所以图表设计时色彩搭配要对比强烈，能吸引人的注意。可以选用能引起人们食欲的红色、橙色和黄色，或者选用绿色来代表新鲜、自然、绿色食品，如下图所示。慎用蓝色，因为蓝色在一定程度上会抑制食欲。快餐类食品一般会选用橙色、红色和浅蓝，因为这些色系搭配最能刺激人们消费。高端餐饮会使用黑色、亚麻灰，给人正式、高雅、低调的感觉。

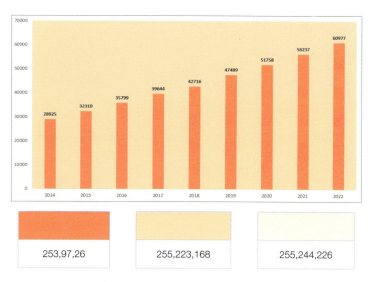

第2章　提升审美：内涵与外表并存

（3）交通运输。

运输行业使用比较多的是蓝色、红色和绿色，如下图所示。以用户体验为主时，可以选用蓝色为主，给人一种很放松的感觉；绿色与红色搭配，可以使整体风格比较活泼、大气，主题鲜明；红色不同明度的变化，可以突出空间感，给人以速度、干练的感觉。

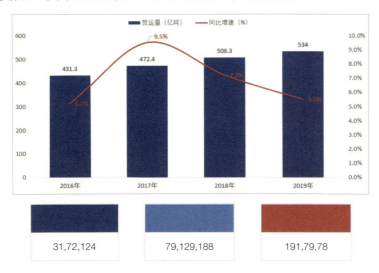

（4）制造。

制造行业需要选取更加成熟、工业风格的图表配色。复古的蓝色和绿色，可以给人一种稳重、可信赖的感觉，如下图所示。运用中性的灰色也可以使整体感觉细腻精美，将品牌非常完美地表现出来。

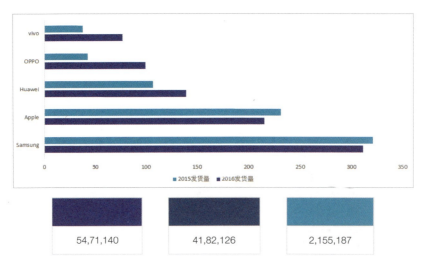

(5)电子商务、新零售。

电子商务、新零售等行业需要有促销氛围。在设计图表时,考虑用高明度、高饱和度的色彩凸显营销数据,使整体风格简洁大方,能够吸引人的视线,用户体验良好,如下图所示。

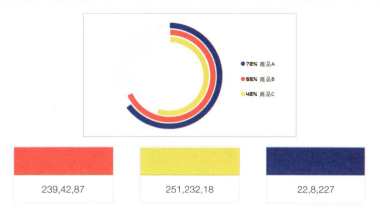

(6)司法。

司法类数据图表是对人民法院审判活动中的各种数据及相关的其他社会现象的数据进行收集、整理、分析得出的,为了体现其专业性,在图表设计时就应该选用较为严谨的颜色,如下图所示。

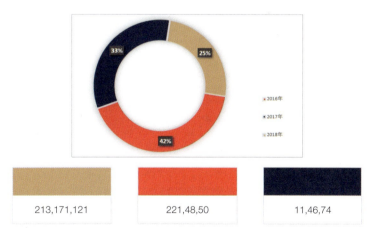

(7)税务。

税务方面需要处理的数据很多,所以图表制作量也很大,而且通常会对统计分析的结果采用文字和数据资料相结合的形式撰写分析报告。税务方面的图表应该选用更加大气、低饱和度的颜色搭配方案去体现税务数据,如下图所示。

（8）医药、药监、保健。

卫生与药监类需要有健康、干净的图表配色，一般选用更加清新的配色，即低明度的色调，给人一种宁静、惬意、舒适的感觉，让读者更放松和明快，如下图所示。

（9）金融。

金融行业喜欢使用金色制作图表，金色象征着荣华富贵，名誉、忠诚，而且金色与其他颜色的配合程度也很高。不过，金融本来就是比较多金的行业，所以需要选用一些低饱和度的图表配色，让人感觉高端、专业，如下图所示。小面积的使用金色，可以起到画龙点睛的作用，产生醒目、提升的效果；大面积的使用金色，则会显得浮华而失去了稳重感。

（10）保险。

保险行业图表需要给人生活稳定、有保障的感觉，应该选用高亮度的图表颜色来产生安全放心的感觉，如下图所示。

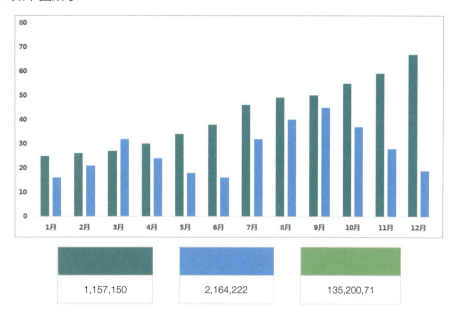

2.1.3 学术型图表的配色方案

学术型图表是展现科学研究成果最为直观的方式。在科研工作中我们需要参考大量的科技文献,而这些文献多半都是以图表的形式表现出来的。学术型图表以科学论文图表最为常见,优秀的科学论文图表可以参考《Nature》和《Science》等世界顶级学术期刊。

很多科研学者在进行学术论文写作时都免不了要用到图表,作为实验数据体现的重要载体,图表在学术论文写作中也发挥着重要的作用。图表设计是否精确、合理,直接影响着论文的质量。图表也是期刊评审过程中仅次于摘要的关键环节,正确而美观的图表能促进审稿人和读者对论文内容的快速理解。

相对工作型图表来说,学术型图表的绘制更加科学、严谨、规范。以科学论文图表为例,这类图表首先要规矩,符合投稿期刊的图表格式要求,然后在规范的基础上使图表变得美观和专业,制作的关键在于选择合适的图表类型,能清晰、简明地表达数据信息,不要在一张论文图表中包含过多的数据信息。所以,科学论文图表的基本元素设定较为规范化和标准化。

不同期刊对图片的分辨率、格式和文字标注都有明确的要求,有些要求甚至相差很大。但只要在确定好目标期刊后,就可以根据期刊的投稿须知、作者投稿指南或 Author Guidelines 来制作文章的图片了。文章里的图片一般来自照片、作图软件或数学处理软件做出来的图形。

例如,《Nature》期刊对图表投稿的要求,包括基本图表要求和终稿图表要求两个部分,大致内容如表 2-1 和表 2-2 所示。

表 2-1 《Nature》投稿指南中基本图表的规范

基本图表要求	首次投稿要点
(1)使用具有明显差异性的颜色,考虑到色盲个体要避免使用红色或绿色。对原始数据重新上色,若使用荧光图像,则强烈推荐使用颜色安全组合,如绿色和品红、蓝绿色和红色、黄色和蓝色,或者其他可以获得的调色板。尽量避免使用彩虹的颜色范围	图表颜色
(2)使用单色填充对象,同时避免使用阴影图案 (3)避免背景阴影 (4)要在分成多个部分的图表左上角打上小写字母,黑体的标签。坐标轴标签、人名等首字母需要大写,且该句句末不需要使用句号。在数字和单位之间必须有一个空格,并要遵循专业领域的习惯命名法	图表填充 图表背景 图中的标注格式
(5)使用逗号隔离数字的千位	数字千分位
(6)不常用的单位或简写应该拼写全称,或者在说明中定义	单位与简写

表 2-2 《Nature》投稿指南中终稿图表的规范

终稿图表要求	终稿出版要点
（1）图片应该以 300dpi 及以上的 RGB 颜色格式保存	图片颜色模型与分辨率
（2）所有图表使用相同的字体（Arial、Helvetica 或 Times New Roman）。用希腊字母表示符号字体	图表字体
（3）更喜欢可编辑的矢量文件，可接受的文件格式包括 .ai、.eps、.pdf、.ps、.svg、.psd、.tiff、.tif、.jpeg、.png、.ppt、.cdx	图片格式类型
（4）图表的尺寸最好设定为想展示在印刷期刊中的大小，并尽量保证在这个大小下，使用的字号为 8 磅，所有线条不小于 0.25 磅	图片的物理尺寸 字体大小 线条宽度

学术型图表在制作过程中，要确保其中提供的信息都是清晰和真实可信的，后期的所有修改、调整不得使数据失真；图表中表达的内容要清晰明了，使用的字体、标签和缩写都必须是一致的；每张图表都应该有一个简短的说明，让读者即使不看文章内容，仅仅通过图表及其标注，也可以得到一些有用的信息；坐标标签和单位要准确；图中文字的大小要一致。

总之，学术型图表的专业性很高，具有很强的指导性，由于这类图表受众更在乎的是展示的数据内容，并且愿意主动去接受图表中的信息，因此在图表的配色方面可以朴素一些，不要喧宾夺主。

国外大部分实验室的文章都配有非常精美的插图，但是由于国内科研工作者对插图不够重视，加上国内大部分的期刊没有彩印，其往往要求投稿论文图表为黑白配色。因此，目前国内的学术型图表大多是不配色的，数据系列的区分主要体现在数据标签上。而国外大部分的期刊允许图表是彩色的，科学论文图表基本是按照 Author Guidelines 的要求来制作，这类图表的数据系列区分主要体现在颜色或数据标签上。

优秀的学术型图表主要体现在色彩的运用上，可以使原本枯燥无味的内容变得更加生动，能给人一种赏心悦目的感觉，激起读者对文章内容的兴趣。下面我们就来看看世界顶级学术期刊中配色的运用。

1 Nature（自然）

创建于 1869 年的英国著名杂志《Nature》（自然）是世界上最早的国际性科技期刊，自创刊以来，始终如一地报道和评论全球科技领域里最重大的发现、最重要的突破，最终成为国际领先的科学周刊，也是自然科研这一品牌的核心期刊。

《Nature》为大家阐释了这样一句话："科学虽然严肃，但也可以有趣。"《Nature》从图表的配色中也体现了这一要义，其配色多为浅色，采用较高的饱和度，看起来清亮明快，让人赏心悦目。下图所示为《Nature》期刊中的一些图表。

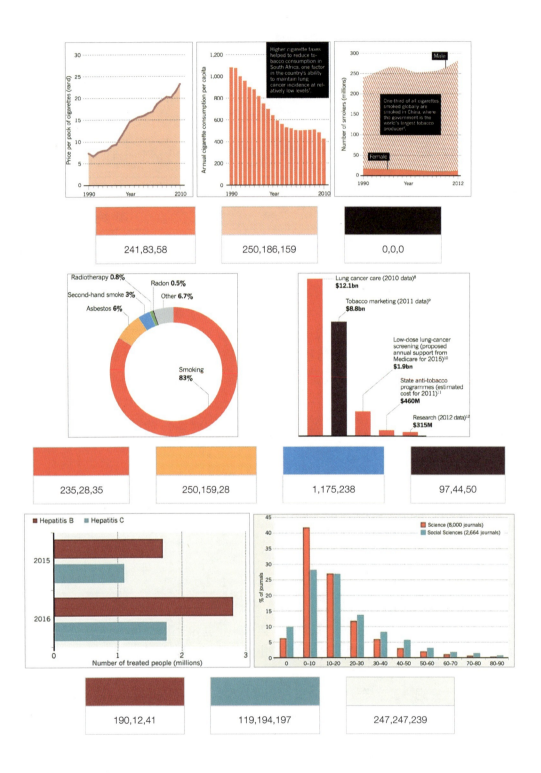

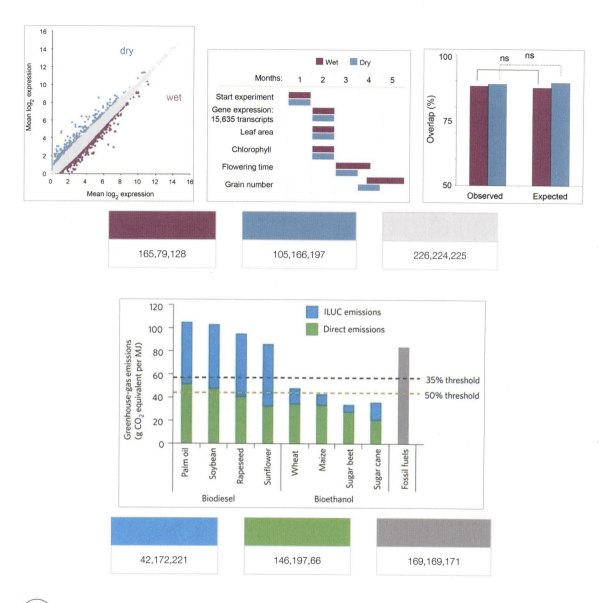

2　Science（科学）

　　成立于 1880 年的美国期刊《Science》（科学）是全球最引人注目的主要期刊之一，它的引用率可以反映这个情况。与它的商业同行《Nature》一样，作为一个跨学科的期刊，《Science》充当了促进学科之间观念转移的一个中介。它向全世界的科学发声，并且消除不同学科和学科之外的代沟。

《Science》更倾向于使用同色系，适当调整明度，而且大多数图表都会用到灰色。下图所示为《Science》期刊中的一些图表。

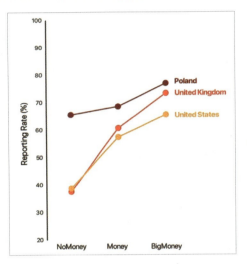
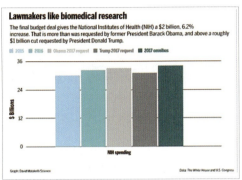

3 其他学术期刊

除此之外，比较知名的学术期刊还有《柳叶刀》《新英格兰医学期刊》《美国科学院院刊》等，部分图表效果如下图所示。

总的来说，学术型图表的配色较为保守，配色种类不多，且饱和度普遍偏低，基本配色有红色、蓝色、土黄、暗绿等。

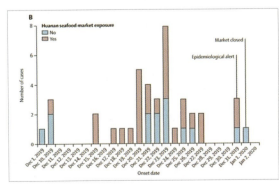
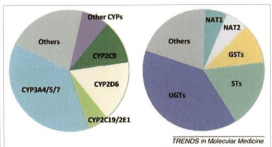

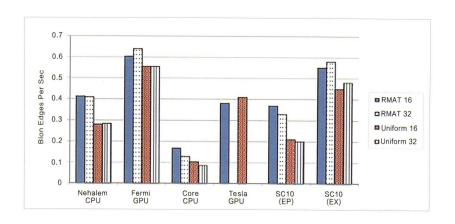

2.1.4 海报媒体图表的配色方案

海报媒体图表相比工作型图表和学术型图表,其图表基本元素的设定更为自由,拥有更专业的外观,更注重完美的细节。海报媒体图表在制作的过程中,为了更清晰明确地传达观点,可以调整图表中的所有元素,配色方面也非常丰富,完全是为了突出主题观点服务的。

在第1章中,我们展示的《华尔街日报》《经济学人》《彭博商业周刊》报刊中的图表都属于海报媒体图表。这些图表看起来往往高端大气,艳而不俗。典型的商务风格配色有黑配白、红配绿、黑配黄等。然而我们自己在做图表时采用这样的配色,却很容易一不小心就走偏,显得花哨或脏乱,难以达到专业的效果。

其实,只要将色彩的明度等稍作调整,或者适当运用深色和背景色,就可以得到稳重的视觉效果。但我们并不是专业的美工人员,想要确保选择到协调、专业的颜色,快速跨过配色这道坎,建议大家从成功的海报媒体图表案例中借鉴配色。下面我们就来看看世界顶级商业报刊中的图表都用了哪些配色方案。

1 《华尔街日报》图表配色

《华尔街日报》早期的图表多采用黑白灰的配色方式。虽然这种配色简单,但由于黑白灰配色让颜色关注度下降,突出了数据,让数据更有可读性,从而显得更加专业,如下图所示。

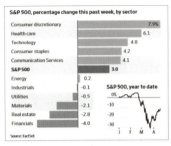
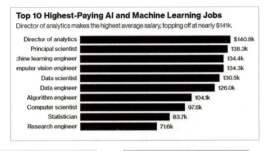

| 52,52,52 | 255,255,255 | 184,184,184 |

黑白灰的配色是永恒的时尚色彩，着色也非常简单，但在当今社会，如果图表只有黑白灰，可能不太能让人接受。所以，《华尔街日报》的图表改用黑色、灰色与多种颜色（如红色、黄绿色、蓝色）搭配使用，总有不俗的表现。经常采用的颜色组合有"灰色+暗红""灰色+橙色"和"灰色+蓝色"，如下图所示。

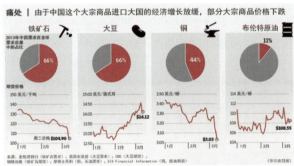

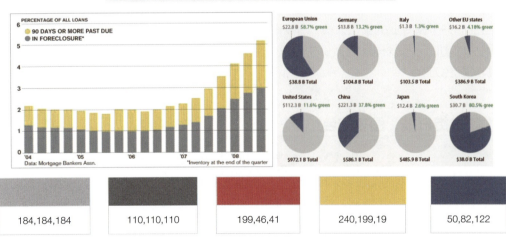

| 184,184,184 | 110,110,110 | 199,46,41 | 240,199,19 | 50,82,122 |

除黑白灰的经典组合外,《华尔街日报》图表的配色方案从色彩学的角度多属于互补色,有较强的对比效果。但它使用的颜色明度一般较低,除主色调外,还有作为陪衬的浅色。因此,在视觉效果上对比强烈又不至于刺眼,如下图所示。

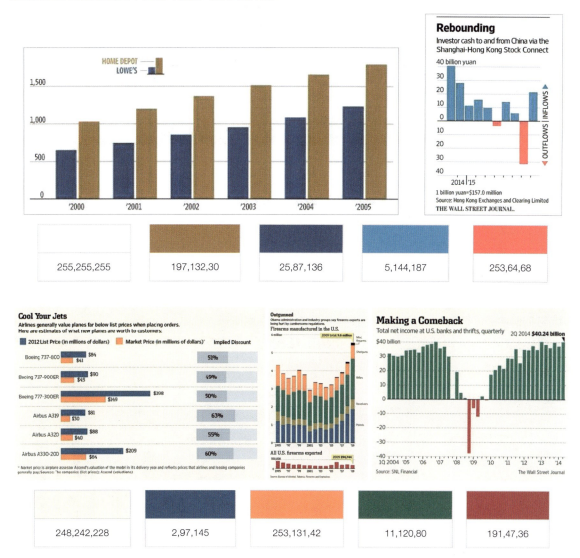

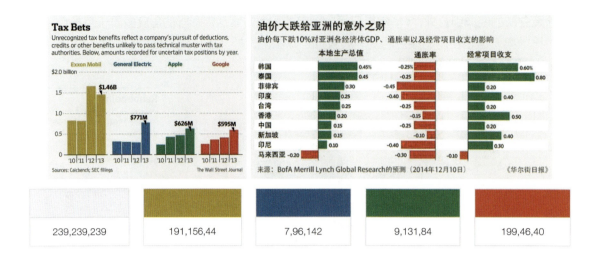

| 239,239,239 | 191,156,44 | 7,96,142 | 9,131,84 | 199,46,40 |

2 《经济学人》图表配色

《经济学人》的图表配色中，单色系常常被使用。一般使用浅水蓝色或白色作为图表区的底色，其他地方基本只用水蓝色这一种颜色，或者在这种颜色的基础上做一些深浅明暗的变化。当数据系列增多时，会增加深绿色、深棕色等颜色，如下图所示。

世界顶级咨询公司罗兰·贝格也非常爱用《经济学人》的经典水蓝色，因为这种水蓝色是专业的代表色。

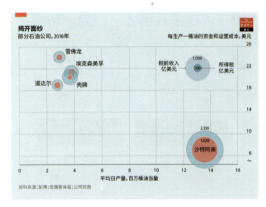
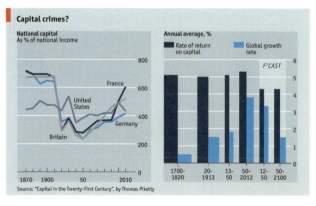

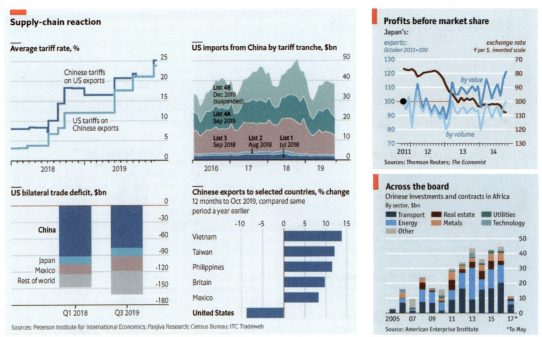
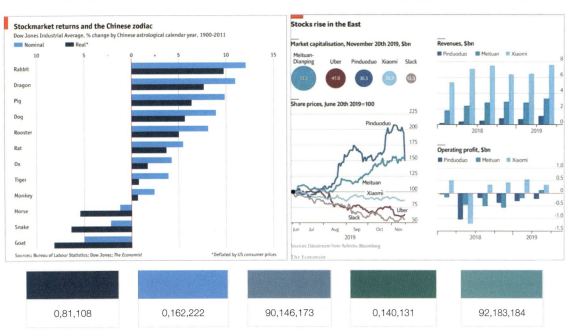

0,81,108   0,162,222   90,146,173   0,140,131   92,183,184

3 《彭博商业周刊》图表配色

早年《商业周刊》中的图表，几乎都使用蓝红组合的配色方案，这基本成为《商业周刊》图表的招牌标志，应该是根据其 VI 系统来配色的，如下图所示。因为蓝红配色可以增强图表的可读性，所以许多商业图表都曾仿照《商业周刊》的这一经典风格。

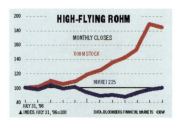
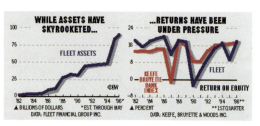

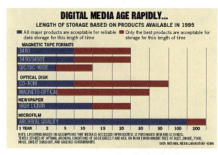
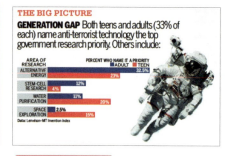

8,89,156　　　　　　　239,8,8

除此之外，《彭博商业周刊》图表的配色方案主要有两种，一种是使用白色背景，大量使用鲜艳的颜色，使整张图表看起来更加轻快明亮，具有很强的视觉冲击力；另一种是使用淡蓝色、淡黄色或灰色作为背景，使用强烈的补色，让读者可以轻易区分不同的数据系列，如下图所示。

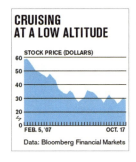
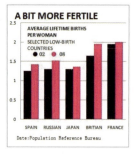
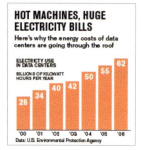
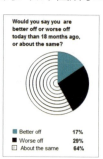

综合来看，你会发现以上三家媒体的图表有一些相似之处：配色种类较少，多使用低明度互补色，在使用较为鲜艳的颜色时则辅之以深色，以保证整体的稳重和专业感，避免媚俗或过于浮夸。

2.1.5 新媒体图表的配色方案

近几年，新媒体的发展给传统媒体带来了巨大冲击，它们不仅在传播方式上更符合大众需求，在内容创新上也有很大突破。例如，新媒体中的图表制作就不亚于传统媒体，新媒体中的图表大多是信息图表，将大量抽象文本、数据视觉化，以简洁概括、条理清晰的方式呈现出来。

目前国内有多家新媒体通过数据新闻、信息图表等方式来产生内容，展示的内容大多平易近人，生动有趣。相比《Science》和《经济学人》等较为严肃的传统媒体，新媒体图表的配色风格就活泼很多。毕竟，新媒体中制作的大部分是以宣导为主的图表，而其观众的主动性又较低，这就需要用多彩的颜色来吸引观众的注意，打造阅读趣味。

我们多数人并非专业人士，也不大可能去深入研究色彩理论，自然对色彩的运用不是很有把握。即使我们使用色轮软件选择到一组"好看"的颜色，对于它是否适合该新媒体要运用的场合也不见得有十足的把握。最好的办法就是多借鉴同类型媒体中图表的配色方案。下面介绍几个新媒体"大V"的图表配色方案。

1　网易数读

作为国内媒体最早探索数据新闻的栏目之一，网易数读致力于用数据解读新闻，用图表展示新闻，将数据可视化，为用户提供更好的阅读体验。其制作的图表配色以低饱和度、低明度的彩色为主，基本上很少出现深色，清新的多彩风格给数据的表达增加了温度，如下图所示。

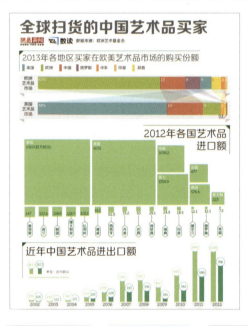
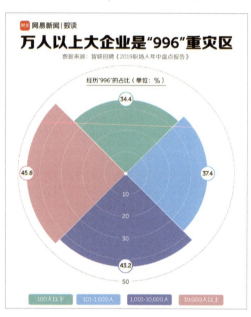

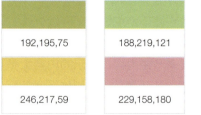
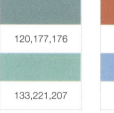
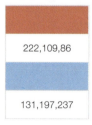

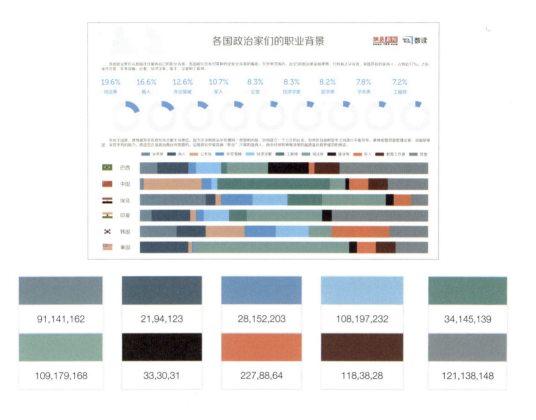

2 财新数字说

作为国内知名的数据新闻发布平台,财新网的"数字说"使用了许多清新的颜色来制作图表,多使用渐变色,特别是橘色和蓝色类,但每张图表中使用的颜色种类较少,整体风格较为统一,而且使用深色较多,如下图所示。

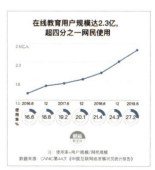

第2章 提升审美:内涵与外表并存

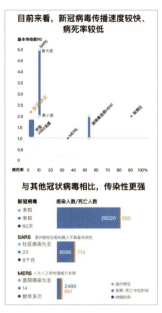

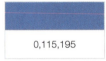
0,115,195

241,144,63

153,153,153

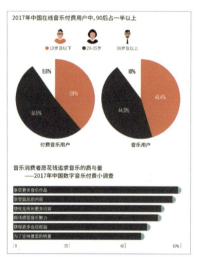

227,94,40

13,64,58

55,140,134

3 澎湃美数课

澎湃新闻"美数课"栏目也是国内数据新闻领域的领头者之一，其栏目宗旨是"数字是骨骼，设计是灵魂。与新闻相关，又与新闻无关。"澎湃美数课中的图表设计感比较强，还常常将不同的色彩交叉组合运用，通过不同的色相、纯度与明度形成色彩对比，为读者带来视觉冲击，如下图所示。

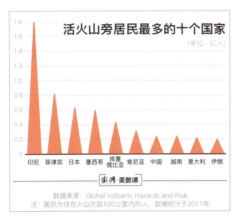
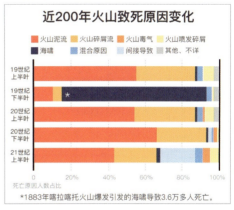

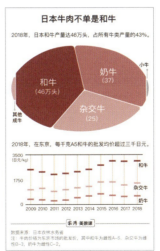
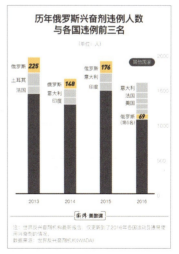

237,70,34

251,182,43

7,47,106

47,112,242

174,0,10

第2章　提升审美：内涵与外表并存

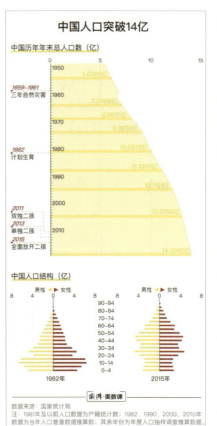

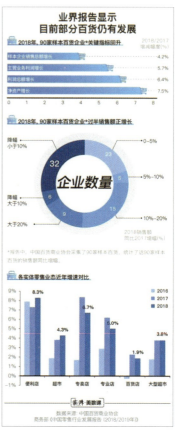

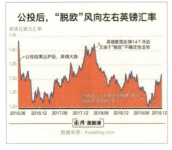

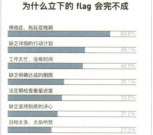

242,94,84

255,219,105

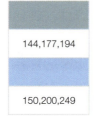

144,177,194

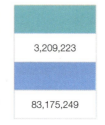

3,209,223

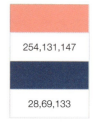

254,131,147

254,245,204

206,84,88

150,200,249

83,175,249

28,69,133

当然，还有一些新媒体的图表配色案例比较优秀，通过对这些案例的研究，我们发现一些共同的特点：选择适当的渐变色可以让画面更加美观而不至于杂乱；在选择配色时主要会考虑文章内容的主题和数据的具体含义，如用红、蓝分别表示高温和低温，用红、绿分别表示盈利和亏损等；还会根据行业来进行配色，如在表达有关生活或娱乐类的数据时，图表的配色可以相应轻快活泼，采用浅红、浅蓝、浅绿、浅黄等饱和度较低、明度较高的颜色。所以，建议大家多借鉴同类型媒体中图表的配色方案。

2.1.6 如何实现快速配色

前面，我们从工作型图表、学术型图表、海报媒体图表和新媒体图表 4 个方面介绍了一些实用的配色方案。但图表配色是非常主观的一件事，尤其是工作型图表、海报媒体图表和新媒体图表这三类比较商业化的图表用色非常灵活，基本没有局限。在实际应用中，由于数据与图表的不同，具体图表应该选用哪种配色方案还需要多实践。多尝试不同的配色方案，才能找出最适合这张图表的配色。本小节介绍一些快速实现配色的实操技巧。

1 使用主题快速配色

Excel 2007 以上版本整合了主题功能。主题是 Excel 为表格提供的一套完整的格式集合，每一套主题都包含了颜色、字体、效果 3 个要素，其中主题颜色是配色方案的集合，主题字体中包括了标题字体和正文字体的格式集合，主题效果中包括了设计元素的线条或填充效果的格式集合。

事实上，每一个 Excel 文件都有一套主题方案。新建的空白工作簿自动应用了系统默认的"Office"主题。Excel 的默认主题文本样式使用的是"正文"字体，默认主题颜色是我们在任意一个颜色下拉菜单的【主题颜色】栏中看到的颜色，如右图所示，一般第一行是最饱和的颜色模式，接下来的 5 行分别显示具有不同饱和度和明度的相同色相。主题效果功能支持更多格式设置选项，如直线的粗或细，简洁的或华丽的填充，对象有无斜边或阴影等，主要为图表和形状提供精美的外观。

在 Excel 中选择某个主题后，还可以分别对主题颜色、字体或效果进行设置，从而组合出更多的主题效果。通过设置主题颜色可以快速

改变 Excel 中字体、单元格、图表等对象的配色，这种功能类似于某些软件中的换肤功能。想要为图表快速实现配色，就可以通过设置主题颜色来完成。单击【页面布局】选项卡【主题】组中的【颜色】按钮，在弹出的下拉菜单中显示了微软开发搭配好的其他配色方案，如左下图所示，不同的方案有不同的风格，适合用在不同的场所。不是特别清楚也没关系，只需要轻轻一点就可以让整个 Excel 文件切换一种配色方案。右下图所示的图表分别为应用了"跋涉"和"穿越"两种主题颜色后显示的效果。

如果想自定义颜色，可以在【颜色】下拉菜单中选择【自定义颜色】命令，打开【新建主题颜色】对话框，如下图所示。在该对话框中可以看到每一套主题颜色方案都由 12 种颜色构成，其中"文字/背景－深色 1"和"文字/背景－浅色 1"分别用于设置配色方案中的文字色和背景色，"文字/背景－深色 2"和"文字/背景－浅色 2"则分别用于设置配色方案中的背景色和文字色，即背景色和文字色交换使用，在使用配色方案中深色的文字色作为背景色时，文字的颜色就用配色方案中浅色的背景色作为文字色，以确保深色、浅色背景下文字都能看得清。当然，如果觉得直接交换一下使用的效果不好，也可以在配色方案中再考虑一组背景色与文字色；接下来的"着色 1"用于设置配色方案中的主题色，着色 1 是配色方案中最为主要的颜色，形状、图表等默认都将以该颜色作为主要色彩填充，其他的"着色 2""着色 3"等就以配色方案中的辅助色顺序循环填充；"超链接"填充主题色，"已访问的超链接"一般选择辅助色 1 即可。调整颜色时，可以在【示例】栏中查看效果，确定满意再保存配色方案。

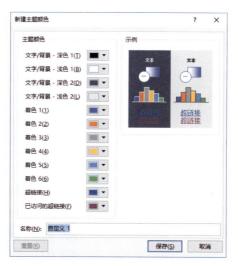

事实上，做图表时可能用不了那么多种颜色。一般只需要准备一种背景颜色，一种文字颜色，一种或多种主题色，再加两三种辅助色就可以构成一套图表的配色方案了，如下图所示的图表及其配色方案。在一套配色方案的几种配色中，主题色的选择最为关键，其他的颜色都可以根据主题色来灵活选择。

完成配色后，工作簿中输入的文字，插入的艺术字、形状、图表、SmartArt 图形等都将自动配好颜色，如下图所示。

而此时文字、形状等填充色、轮廓色选择面板，渐变填充选择面板，形状样式选择面板等都发生了相应的改变，如下图所示。这样就能极大提高图表，甚至整个工作簿设计配色的速度，再也不用像新手一样一个对象、一个对象地通过颜色选择面板来设置颜色了。所以，建议大家在创建工作簿后，就先设定主题方案。

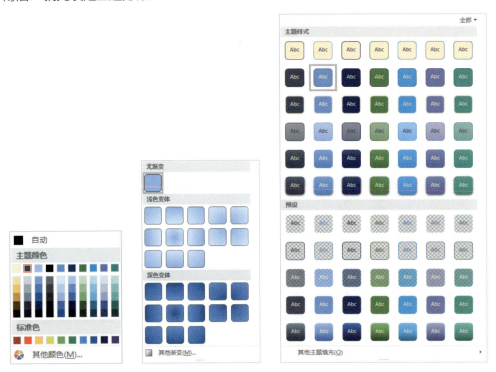

通过"新建主题颜色"配色后，修改起来也十分方便，更改"新建主题颜色"中的相关设置，自动保存为新的主题，使用该配色的对象也会发生相应变化，这样就不需要一个对象、一个对象地去修改了，而且还可以通过主题的切换来对比不同配色的效果。

通过"新建主题颜色"只作用于当前工作簿，不影响其他工作簿。如果用户希望将自定义的配色方案用于更多的工作簿，则需要将其以文件形式保存在计算机中。当浏览其他工作表时发现比较感兴趣的主题，也可以将主题保存下来，以后在其他文件中就可以一键沿用了。有些公司要求每次出品的图表风格一致，采用这种配色方法是不是就很方便了。平时，我们还可以将不同风格的图表配色，配置在不同的颜色模版文件中，需要时就可以方便地从这些颜色模版文件中复制颜色了。

2　利用秩序原理保持均衡

当准备为图表进行多色方案配色时，必须遵循颜色本来的秩序，才不会导致最后搭配出颜色杂乱的图表。颜色的秩序包括色相秩序、明度秩序、饱和度秩序。在无法掌握好配色的前提下，建议从颜色的秩序出发，搭配出符合秩序的颜色。

为图表采用秩序原理配色，就是要确保选择的颜色色相一致或明度/饱和度一致。色相一致的图表配色也就是单色渐变配色，明度/饱和度一致的图表配色，在 Excel 中也很好实现。在文字、形状等填充色、轮廓色选择面板的【标准】选项卡中，提供了一个标准色彩选取图，其中提供了很多预设颜色。如左下图所示，假设在其上绘制一个正多边形，当需要配色的多个对象处于同一板块时，可以选择由顶点向内放射性取色；当需要配色的多个对象属于多个板块并列时，可以选择在各个顶点所在的范围内取色。

例如，配色方案中需要包括 3 种颜色，而要表达的信息属于 3 个独立的数据，那么就可以按照左下图第一个效果，在标准色彩选取图中绘制一个正三角形，选取各顶点的颜色进行配色。因为如果将标准色彩选取图转换为色环形式，那么所取的这 3 个颜色就会互相有 120° 的间隔，而且明度上属于同一个层级。实际应用效果如右下图所示，其中选用了紫、红、绿 3 种对比强烈的颜色，但因为明度一致，所以整张图表的配色可以明显看出是 3 个不同的数据系列，但过渡又不是很强烈，看起来还是很舒服的。

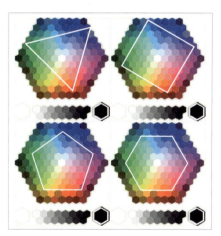
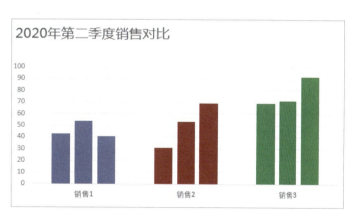

好看的图表配色方案应该是不刺眼的，颜色过渡自然，让人能觉得更加舒适和谐。一般新手用色很少注意明度问题，所以在采用多色方案配色时，总感觉很难配出美感。

3　通过配色网站学习配色

现在，网络上有很多配色网站，平时多欣赏、多学习、多使用就可以更好地掌握多色方案配色了。这里推荐一个不错的配色网站 Color Hunt，如下图所示，其中的多色方案配色都是明度一致的，非常专业，对搭配出好的多色方案很有帮助。遇到不错的配色方案，就赶紧保存为主题颜色方案吧。

为图表配色时，如果遇到客户或自己心里并没有什么明确的配色意向，可能只是有一个大概的感觉需求，例如，想要有品位一点，想要花哨一点，想要温馨一点……此时，可通过印象配色网站来建立配色方案。

例如，网页设计常用色彩搭配表，如下图所示，这虽然是一个为网页设计提供配色的工具网站，但是设计都是相通的，图表同样可以借鉴其中的配色。在网页左侧的【按印象的搭配分类】中选择一种印象分类，即可在页面右侧看到相应印象下的一些配色方案建议。在图表中应用这些配色方案，基本可以达到想要的感觉。

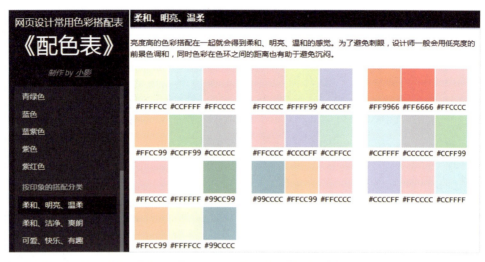

此外,配色网中的印象配色相对而言更为丰富,如下图所示。

配色网是基于颜色搭配原理设计的主题颜色方案自动生成在线网站。它不仅基于常用的场景给出合适的配色方案,而且还允许用户使用配色工具自行配置出极具个人风格又不失美观的方案,功能完备且实用。

下图所示就是其推出的高级配色工具,在其中可以根据单色搭配、互补色搭配、三角形搭配、矩形搭配、类似色搭配、类似色搭配互补色等色彩搭配基本理论为我们推荐配色。这样,当我们为图表配色时,只要确定好主题色,就可以借助该工具来搭配其他的颜色了。操作也很简单,先在"色彩规则"中选择配色方案类型,如互补色搭配,然后在色轮中拖动选择颜色,右上方便会自动给出该颜色的互补色配色方案。

2.1.7　图表配色的注意事项

为商业图表配色时，不仅依赖于对色彩的某些基本关系的理解，还需要掌握一些配色技巧，避开图表配色误区，让图表展现最佳状态。

1　针对图表查阅者选择颜色

不同的图表给人的整体感觉是不一样的，或严肃或轻松，或热烈或冷静，或树立品牌或促销产品……图表配色时，有的颜色搭配纵然美观，却不符合受众的审美需要。因此，也算不上合格的图表。因为做一张图表，一定是带着目的性的，所以你首先需要去了解受众，确定受众的需求和问题，从而对症下药，这样制作的图表才能更加有说服力。

不同的图表内容有不同的查阅者，可能是领导，也可能是客户，不同的查阅者有着不同的色彩喜好。其实，在看到最终的图表效果前，图表查阅者对于图表的风格可能会有一些模糊的想法，在设计图表前应该摸清楚他们的这些想法,在为图表配色时,制作者要尽量站在图表阅读者的角度,分析色彩选择是否合理。

针对图表查阅者选择颜色时,首先需要明确受众是谁,然后了解受众的相关信息,包括受众的相关背景、行业、学历、经历等最基本的信息,甚至还需要了解受众的人数及在公司里的职务背景等,因为相同内容的数据分析结果,对不同背景、职位的受众需要选择的图表呈现方式也是会有所不同的。这些信息中,主要应考虑受众所在的行业,从行业的角度去考虑配色,然后考虑受众具体是什么样的人,有哪些特征,用什么样的配色制作图表才能最大程度地吸引他们的注意力,并得到认可。

行业配色的内容,我们在前面的章节中已经介绍了。受众特征,以受众年龄举例,通常情况下,年龄越小的受众越喜欢鲜艳的配色,年龄越大的受众越喜欢严肃、深沉的配色。下图所示为不同年龄段受众对颜色的常见偏好。

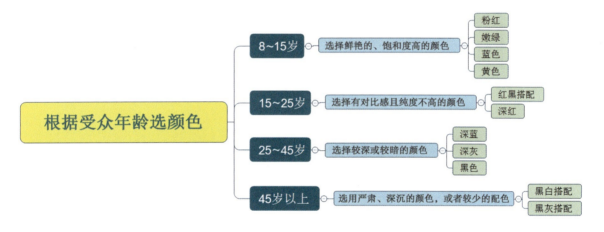

2 色彩不能滥用

在数据可视化的过程中,常常通过使用配色让图表更好地表达信息。然而,在许多商业图表中,配色却没有被合理使用。

很多时候,我们容易首先考虑使用多色方案去达到外观的酷炫,而没有考虑到这些颜色是否有实际的意义。显然,多彩的图表可能会在第一时间吸引到受众,却分散了受众对于真正有价值的数据本身的注意力。如左下图所示,数据本来有点多,还为每个数据都添加对比强调的色彩,阅读者就会找不到图表表现的重点了。

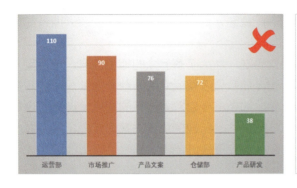 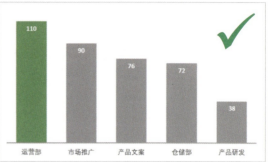

其实，优秀的商业图表不是依靠多彩堆砌起来的，相反，为了打造出简洁而鲜明的风格，往往配色种类较少，且多使用低明度互补色，在使用较为鲜艳的颜色时则辅之以深色，以保证整体的稳重和专业感，避免媚俗或过于浮夸，如右上图所示。

在日常工作中使用的图表，建议大家配色方案不要做得太花哨。一般多色方案色彩选择3种以内的有彩色和无彩色搭配使用便足够了。涉及一些背景、字体、填充等，可以用这3个色系里的不同明暗程度去实现。注意使用相同的颜色代表同一变量，用较深的色彩或对比色来强调焦点。

3 注意用色禁忌

图表颜色乱用，轻则影响美观，重则影响内容意义的准确传达，甚至引起不必要的误会和矛盾。

在一些特定的情况下，会用固定的颜色来代表不同的意义。例如，金融方面常用绿色表示上涨，用红色表示下跌。如果制作股票行业的图表，反其道而行之，用绿色表示下跌，用红色表示上涨，这就属于典型的颜色乱用，会贻笑大方。

所以，为图表配色，首先不能踩到配色的雷区，误用有特定含义的颜色。总的来说，商业图表中有3种颜色需要特别关注，即红色、黄色和绿色，如下图所示。

使用颜色可表明信息内容间的关系，表达特定的信息或进行强调。例如，在涉及预警层级时，需要区分不同颜色的预警程度，根据严重程度依次加重，应该按"蓝色－黄色－橙色－红色"的顺序选择颜色。如果所选的颜色无法明确表示信息内容，就选择其他颜色。

4　注意色彩的面积搭配

为图表设计确定好主/辅色调后，色彩的均衡问题是制图者必须要考虑的，包括色彩的位置、每种色彩所占的比例和色彩的面积等。尤其色彩的面积对表格整体效果的影响很大。

色彩的面积占比是指画面中各种色彩在面积上多与少、大与小的差别。在同一视觉范围内，色彩面积的不同，会产生不同的对比效果。同一种色彩，面积越大，明度、饱和度越强；面积越小，明度、饱和度越低。面积大时，亮的色显得更轻，暗的色显得更重。

不是主色调的占比面积大就一定能起到理想的视觉效果，这是因为颜色的饱和度不同，基调也就不同，会影响到受众对不同颜色的注意力大小，从而影响画面的平衡感，这里建议先分析清楚主、辅色的饱和度与基调，再合理分配面积。

（1）主色与辅色基调不同。

当主色与辅色基调不同时，就需要对比两种颜色的饱和度，以此来判断哪种颜色的面积应该更大，更适合作主色。

主色与辅色面积相同：饱和度不同但是面积相同的两种颜色放在一起，饱和度高的颜色更抢眼，如左下图所示，左侧的红色效果明显比右侧的淡蓝色更吸引人。如果两者面积相同，是可以的。倘若主色与辅色的饱和度相同，如右下图所示，画面将显得更具平衡感，但此时两种颜色产生的冲突也是最强烈的。

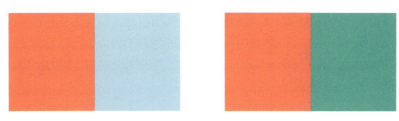

主色与辅色面积不同：主色面积大于辅色面积时，应当将饱和度较高的颜色作为主色，避免辅色喧宾夺主，如下图所示。

对比上面两图，会发现当饱和度较低的颜色作为主色时，即使占了更大的面积，观众的注意

力依然停留在饱和度更高的辅色上。因此，左上图的搭配是合理的，右上图的搭配就失去了平衡，不能有效突出重点，这时可以通过增加主色饱和度的方法来保持平衡，效果如左下图所示。对比两种颜色以相等的面积比例出现的右下图，左下图将比例变换为 3:1，一种颜色被削弱，整体的色彩对比也减弱了。

（2）主色与辅色基调相同。

当主色与辅色的饱和度相当、色调相差不大时，颜色的面积起到了决定性作用，面积更大的颜色就是主色，更能吸引观众的注意力，如下图所示。

 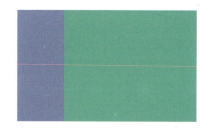

如上两图所示，是饱和度相同、色调都相近的颜色，哪种颜色的面积大，该颜色就是主角。而左图所示的，两者面积相同，则作用力相同。

5　背景要单纯

人们对事物颜色的判断会受其周围颜色的影响，换句话说，视觉系统对颜色的感知是相对的，而不是绝对的。观察左图所示的 4 个方块，你是否觉得左边的比右边的暗一些？

可实际上它们的 RGB 值是完全相同的。出现这样的情况，是因为受到了背景色的影响。因此，在绘制图表时，背景一般采用纯色，否则背景会干扰读者对图表主体信息的读取。

背景颜色必须要很好地衬托图表主体，又不产生喧宾夺主的效果。目前常见的图表背景色有深色系、浅色系、彩色系三大类。

深色系的背景能更好地凸显主体，可以通过布局建立良好的视觉层次，深层次地反映图表内容，而且视觉吸引力强，给人以高端的视觉感受，但可读性低、对配色水平要求较高，只适合画面展示数据信息较少的情况。

浅色系的背景显然更有利于用户阅读，可以提高数据的可读性，所以适用性广。但需要注意的是，浅色系的背景让内容不像深色系那样聚焦，如果数据信息量太小，就会显得画面太空，这会让读者觉得没有什么内容。当然，这可以通过图形质感、颜色等来进行优化。

有时，为了让画面更加生动，也可以将数据信息展示在大面积色块上。商务类图表可采用蓝色、绿色系作为底色；海报和新媒体类图表可选用的色彩自由度更高，偏活力的色彩，如橙色、黄色、橘色等都可以。

高手自测 2　小李是某公司的市场专员，现在需要写一份关于紫水晶的营销方案，其中涉及很多图表，如何为这些图表配色呢？

2.2　让商业图表"美"得赏心悦目

好的配色可以让我们辛苦做出来的图表更加直观好看，得到更高的加分值。但要让商业图表实实在在的赏心悦目，还必须注意更多排版设计方面的细节处理，如图表字体的选择、图表元素的选择，以及各元素的排版布局、留白设计、图表的统一性等。

2.2.1　图表字体的选择之道

影响图表美观的因素还有字体。一张优秀的图表，离不开好的字体做衬托。商业图表非常重视字体的选择，因为字体会直接影响到商业图表的专业水准和个性风格。

一般来说，常规安装 Excel 较早期的版本后，新建的图表会默认使用宋体、12 磅的字体，Excel 2016 和 Excel 2019 版本中新建的图表会默认使用等线体、9～14 磅的字体。普通人士很少会想到去改变它。图表中的中文显示为宋体还行，但由于图表中涉及很多阿拉伯数字和英文，而这些内容采用默认字体格式就会显得很别扭，因为宋体字体设计时并没有针对数字和英文进行设计。自然，采用默认字体格式的图表也很难呈现出专业的效果。Excel 较新版本中使用的等线体倒是很适合图表的设计，但所有人都在用也就没什么新意了。所以，制作图表前了解一些常用的字体选择规则是非常重要的。

在西方国家的字母体系中，分成两大字族：Serif（衬线体）及 Sans Serif（无衬线体）。

衬线体在字的笔画开始及结束的地方有额外的装饰，而且笔画的粗细会因横竖的不同而有所不同。相反的，无衬线体就没有这些额外装饰，而且笔画粗细大致上差不多。像 Times、Times New Roman 等都属于衬线体，而 Arial、Helvetica 则属于无衬线体。下图所示为相同字号大小下同一个字母的衬线体和无衬线体效果，左侧为衬线体，右侧为无衬线体。

中文的情形也是有相当于衬线体的，如宋体就是衬线体，而黑体、圆体就相当于是无衬线体。下图所示为相同字号大小下同一个字的衬线体和无衬线体效果，左侧为衬线体，右侧为无衬线体。

衬线体强调了字母笔画的开始及结束，能够增加阅读时对字符的视觉参照，相对于无衬线字体具有更好的可读性。因此，在书籍、报纸、杂志正文有相当篇幅的情形下，为减轻读者阅读上的负担都使用的是易读性较佳的衬线体。

无衬线体则较醒目，它强调的是每一个字母。通常被认为更轻松、具有艺术感，多用于标题、DM、海报类等只有较短的文字段，以及通俗读物中。另外，在字号较小的场合，通常无衬线体会较衬线体字体清晰。

商业图表和科学图表在字体上的选择是有所不同的。科学图表更希望读者能够仔细阅读，所以更喜欢使用衬线体。具体的使用规范需要根据投稿期刊来确定。大部分期刊要求图表中的数字和英文使用 Arial、Helvetica 或 Times New Roman 字体，中文使用宋体或黑体，其中宋体用于正文，黑体用于标题。

商业图表对字体的选择没有原则上的要求，而且很多杂志图表一般都有自己定制的专用字体，清晰、中性、有特色。例如，《经济学人》杂志就曾使用过 The Economist 101、Ecotype、Officina 等字体，如左下图所示。右下图所示为《商业周刊》中的一个图表案例，其中的数字使用的是专门定制的 Akzidenz Grotesk Condensed Bold 字体，风格非常鲜明。

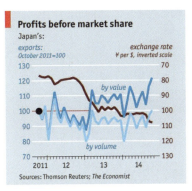 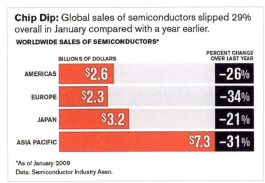

字体属于设计人员的专业领域，普通人士很少了解。根据笔者的观察，总结如下：商业图表多选用无衬线类字体，避免有个性的衬线体。选择范围依然很广，不过考虑到为了避免图表拷贝到其他计算机上，出现因字体缺失导致的设计"走样"问题，建议还是使用比较通用的字体。下面为大家推荐 4 种字体风格。

（1）中文、数字、英文都使用微软雅黑。
（2）中文：微软雅黑；数字：Impact；英文：Arial Unicode MS。
（3）中文：黑体；数字、英文：Arial。
（4）中文：黑体；数字、英文：Calibri。

以上 4 种字体的效果如下图所示。

图表中的文字还应保证清晰可见，做到字体大小适中，太小会影响读者阅读，太大又容易占用图表空间。普通字体大概 8～10 磅大小，标题可以用 12～16 磅大小。

商业图表的字体非常统一，主标题、副标题会采用不同的字体，但整体上还是比较和谐的。这里需要提醒的是，有些人制作图表时，恨不得把所有的字体都用上，他的想法也很简单，就是用来区分不同元素。标题用华文隶书，数值轴用华文行楷，图例用楷体，等等。其实，在一张图表中统一使用一组中英文字体就可以了，实在需要区分的，加一种字体应该完全能实现区分，还可以通过"加粗"功能，对标题和重要内容的凸显，实现粗细搭配，也可以通过改变颜色，带来不一样的视觉效果。总之，数据才是图表的重点，其他元素都起衬托、辅助的作用，不要太花哨，把主体的内容给掩盖了。

2.2.2 学会做减法

除有固定布局要求的科学类图表外，其他图表在制作时都可以根据设计者的想法进行定位和布局，非常灵活。其实，大部分的图表设计者对于制作图表并不是一无所知的，有时只是不知道如何将图表设计得更加美观、规范和商务化而已。例如，有些设计者在下载图表模板时，会倾向于选择图表效果设计复杂的模板；还有的设计者会在制作图表时，不自觉地把自己能想到的所有技巧过度地加载到图表上。

其实，使用图表的目的就是表现数据，在正确表达数据的前提下，图表应以简洁为主。别再让你的图表"信息过量、图意不清"了，从以下两个层面做减法，会让你的图表更专业。

1 内容轻量，要惜墨如金

表格才是可以承载数据全面性的容器，如果将相同的数据用图表来展示，总想将所有的信息堆砌在图表上，就会显得图表非常笨重，还会因此增加读者的思考时间，这就与图表的制作目的背道而驰，如下图所示。

一图胜千言，不是说需要用一千句话来解释一张图表，而是说一张好的图表可以省略一千句话的解释。建议先明确图表的主题，保证一张图表能明确传达一个清晰完整的主题即可，再将主要信息呈现在图表上或分层展示图表，如数据钻取功能。

图表的第一追求是信息传达清晰完整，所以设计图表时一定要克制，不仅要对图表主题的唯一性做出决断，还要力求做到数据墨水比例最大化，一切设计只为更好地呈现主题来开展。

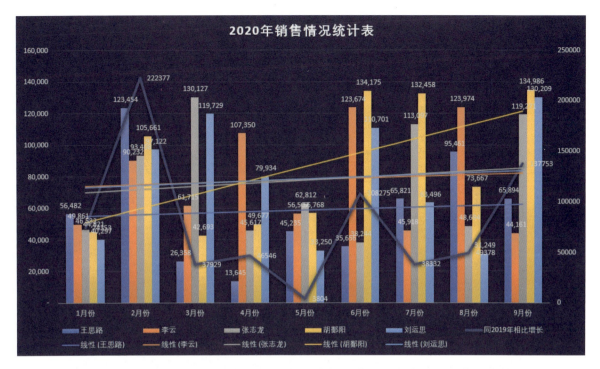

数据墨水即图表中用于数据表达的墨水使用的度量，数据墨水比 = 图表中用于数据的墨水量 / 总墨水量。当然，数据墨水比不是真的要算出一个比例，而是一种观念，提示我们在设计时要考虑每一个图表元素使用的目的和最佳的呈现方式。这个概念由著名的世界级视觉设计大师——爱德华·塔夫特首先提出并定义，他认为一张规范的图表其绝大部分笔墨都应该用来展示数据信息，其他无关信息或冗余信息都应尽量减少，从而降低对读取核心数据信息的干扰。

对于一张图表而言，柱形、条形、折线、扇区等用来显示数据量的元素，都是数据墨水，是图表中不可去除的核心。而那些网格线、坐标轴、填充色等元素则属于非数据墨水，很多时候显得无足轻重。想最大化图表的数据墨水比，达到最佳的视觉可视化效果，可以根据以上原则从以下几个方面去做处理。

（1）过多的细节会淹没信息，去除所有不必要的非数据元素。图表中的每一点墨水都要有存在的理由，并且这个理由应该总是展示新的信息。有些图表中的填充色、渐变、三维效果、网格线、图表区和绘图区的边框线等都属于装饰性的内容，应该毫不留情地予以去除。

（2）淡化和统一剩余非数据（必要保留）元素。图表中的非数据元素，如果展示出了其数据墨水以外的新信息，对于该图表就是有价值的元素。例如，一些坐标轴、网格线、填充效果、表格边框线等，此时就不能直接删除了，进行淡化处理，不抢数据元素的风头就好。

（3）避免数据系列过多，造成信息量过载，视觉焦点分散。常常图表只表达一个观点时，数据系列也不需要很多。

（4）对最重要的数据元素加以强调，具体的方法可见本节后面的内容。

总之，对着做出来的图表效果要常反躬自问"这样是否有助于区分和阅读？"。通过删除数据系列，对上图所示的图表数据简化后的效果如下图所示，简化后显得清晰、明确。

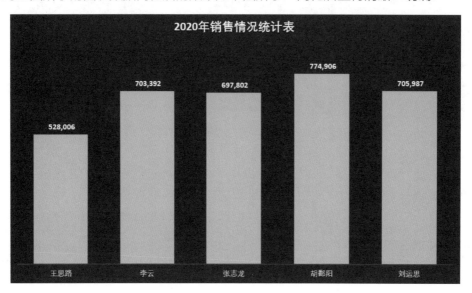

2　布局简洁却不简单

为了更好地突出主题，做到数据墨水比最大化，专业图表的设计风格都趋于简洁。但这种简洁仍然与简单、缺乏美感的数据展示有很大区别，首先，专业图表的简洁不仅是理智的选择，也是美观的选择；其次，专业图表的整体呈现出一种协调美，如对图表中的各个元素进行合理的排版和使用协调的配色。

如果完全严格按照爱德华·塔夫特的原则来设计图表，得到效果如上图所示，难免有些简单、简陋，缺乏美感。所以，专业的图表在设计时还会结合美观度进行考量。那些非数据墨水，如网格线、小图标等，可能从统计学的角度看没什么作用，但却有益于读者理解数据，有益于信息传达。那么，我们在追求简约风格的同时，也要兼顾美感，追求实用与有趣的平衡。

如何找到这个平衡点？阿尔贝托曾在其著作中提出了可视化轮盘的概念，这是他进行可视化设计的一个辅助工具，也可以帮助我们平衡图表元素的取舍，如下图所示。

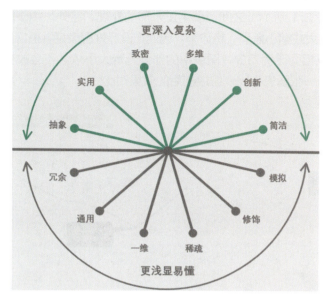

可视化轮盘的轴线代表主要特性，设计图表时需要平衡这些特性，抽象－模拟、实用－修饰、致密－稀疏、多维－一维、创新－通用、简洁－冗余。举个例子，图表内容可以是实用的，但仍然不影响我们使用优雅的字体和巧妙的配色来适当进行修饰；我们可以选择用一张图表一次性呈现几个层面的观点，再配以文字说清楚，也可以使用不同的图表从多个角度解释同一个观点。所以，恰当地使用图表，使用非数据元素，可以收到很好的效果。至于具体如何选择，如何平衡，完全取决于具体的数据分析环境和分析情况，不能一语概之。

2.2.3 多1厘米少1厘米都不行

要想在为商业图表去除"杂乱冗余"的同时，摆脱"简陋图表"的观感；要想保证商业图表观点能够清楚明了传播的同时，摆脱"杂乱冗余"的印象，就要在图表设计中把握好平衡，注意每一厘米的抉择。

1 图表的长宽

商业图表的尺寸可以根据竖向构图或横向构图，选择是偏长型还是偏宽型，总之，尽量保证图表的外围长宽比例在 2:1 到 1:1 之间，慎用正方形的外观。另外，由于图表的长宽比例会影响图表的视觉印象，如放大或缩小差异、趋势等。因此，设计好图表后，最好别再调整图表的大小。即使对图表的长宽都以相同比例缩放，图表中的部分元素大小依然不会改变，图表效果还是有所不同的，下图所示为同一张图表等比例缩放前后的效果对比。

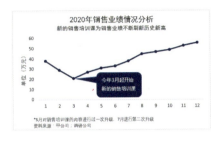
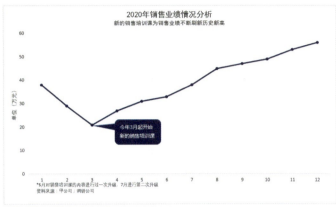

为了解决这个问题，需要用到 Excel 中的"照相机"功能。建议将【照相机】按钮添加到功能区的常用选项卡中，具体操作方法为：打开【Excel 选项】对话框，单击【自定义功能区】选项卡，在左侧的下拉列表框中选择【所有命令】选项，在左侧的列表框中找到【照相机】选项，在右侧的列表框中设置需要添加到的工具组位置，单击【添加】按钮，如下图所示，最后单击【确定】按钮即可。

添加【照相机】按钮后，先选择包含图表的单元格区域，然后单击【照相机】按钮，再在需要放置复制图表的位置单击一下，就会在此处出现一个与源单元格区域一样的图片了，就算修改源单元格中的数据或图表，这个图也会同步进行变化，它们是联动的。更妙的是，现在等比例缩放复制后的图片就不会存在图表内容部分不变化的情形了。这个功能在制作报刊级图表、Dashboard式报告方面是非常有用的，那些多个图与表的组合、多个不同行高或列宽的表格的组合等情况，都可能是"拍照"技术的应用。

2 图表元素的布局

专业的商务图表布局基本是上下形式，从整体来看，风格非常统一，没有突兀的感觉。要做到这一点，图表版面应保持整洁，任何元素都不能在图表上随意安放，每一项都应该与图表上某个内容存在某种视觉联系。

实际上，我们已经在Excel应用中不知不觉地使用了这个技巧，只不过在大多数情况下都用的是居中对齐，尤其是Excel图表的标题。从整体的视觉而言是对称了，但其实对于阅读效率而言，经常是降低的。因为居中对齐的边界是中心线，而这个中心线在人的视觉中的概念是模糊的。加上在无其他视觉的提示时，一般读者会从页面或屏幕的左上方开始，按"之"字形移动视线并消化信息。而进行居中后，内容的左边或右边没有了明确的界线，视觉在上下、左右切换时，就没有了一个标准点。

相比而言，左右对齐给人的视觉效果更为强烈。专业的商务图表一般采用左对齐方式进行排列，并且似乎有一条隐藏的竖线使这些元素严格左对齐，体现出制图者的严谨规范，绝不随意，效果如下图所示。

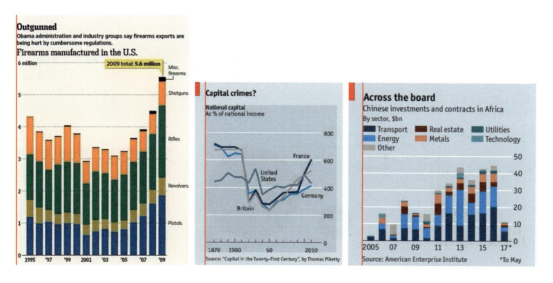

无论你愿意或不愿意，图表的坐标和边框总给人生硬的感觉，与它们对齐就会使画面显示出硬朗的感觉，让人信服。一般情况下，商业图表中的垂直坐标轴是很好的参照线。在布局商业图表的每一个元素时，都要特别注意它与这些线的位置，应当找出能够与之对齐的元素，尽管这两者之间的实际位置可能很远，但是通过对齐在图中就可以做到将两者关联起来。最终让整张图表的观察视线从上到下或从左到右都是对齐的。切记不要一会儿居中一会儿右对齐，在图表上看到空白地方就添加图表元素。尤其是竖版的构图布局，要避免目光左右移动。

默认情况下，在 Excel 中对图表内部的图表元素对齐是比较困难的一件事。选择图表元素后，拖动鼠标总是步进式的移动，方向键也不起作用。想要微调来对齐其他元素，可使用锚定对齐功能，按住【Alt】键后进行移动操作即可。

2.2.4　设计更多的留白空间

如果将每个商业图表看作单独的一件平面作品来设计，那么其中的留白就非常重要了。职场中许多图表的排版设计看起来混乱的原因大多数是没有合理的留白。留白，也称为负空间。设计师都喜欢留白，因为留白可以帮助元素分组，区分重点和提高可读性，而且能让视觉表现更友好。

图表中的信息过多，就容易造成视觉压力，合理的留白可以增强读者对信息的吸收能力。我们可以通过以下几种方法为商业图表设计更多的留白。

1　刻意留白

在一些设计中，不要担心大面积的留白。下图所示为《彭博商业周刊》杂志中采用极简风格设计的图表效果，可以看到图表标题、内容、数据区以外有很多空白区域，但并不影响美观。

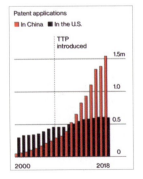
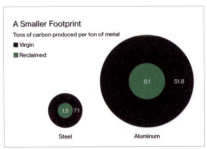
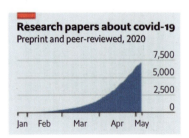

再举一个效果更明显的例子,下面两张图是一张普通的图表,在图表大小固定不变的情况下,只是增减留白空间前后的对比效果。

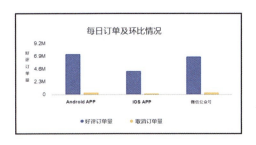 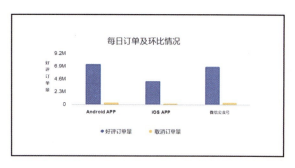

右上图刻意在图表内容外围使用了大量留白,可以创造出一个强大的焦点,并给它带来呼吸的空间。

2 去掉多余的元素

使用留白的一种方法就是除去设计中不必要的元素,如下图所示,一张普通的图表去掉边框和 Y 轴坐标,反而在保证信息传达的基础上,让数据的数值及变化更为突出了。

这是因为在我们的意识中,右上图仍然是一张独立的图表,无须添加边框单独标明,且 Y 轴坐标原本就没有什么作用,放置在这里只是为了说明是一个折线图的坐标轴,还不如直接删除。

再如,下图所示为《华尔街日报》在分析美联储大手笔回购操作时使用的图表,使用的图表元素寥寥无几,因为原文还配备有文字说明,所以图表上连标题都省略了。数据量比较多,而且主要是看数据的变化,所以直接用浅色的网格线作为背景,外加坐标轴来衡量数据点位置,方便大家观看大致数据。

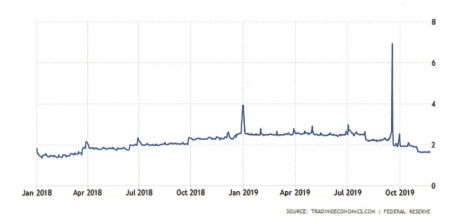

别害怕在你的页面上留白,当我们已确定想要表达的观点完成时,千万别有"版面上还剩下一些空间,所以我们加点内容吧"的想法。

3　放大数据展示区域,增加足够的空间

当你要侧重展示数据内容时,不想让其他图表元素再占用太多的空间来排版,那么可尝试放大这个图表数据区来增加留白。例如,下面展示的两张图表中,直接将数据区域最大化,然后将其他内容放置在数据展示区域的留白处,以此来增大图表数据展示区,形成重点突出效果。

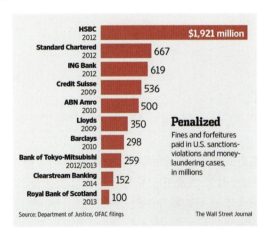

再如,下面的图表中,全部将单位直接融入坐标轴数据,节约了一点空间,以此来增大图表数据展示区。

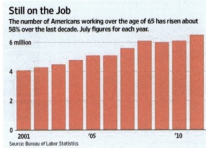
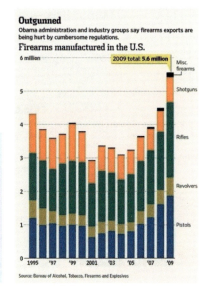
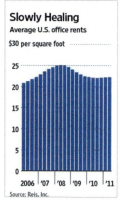

4 根据亲密原则组织内容

有些人认为留白就一定是白色,这是错误的,其实设计中任何空间都可以是留白。例如,使用颜色背景、缝隙、边距等都可作为留白。充分利用图表元素之间的间距也是让你制作出优秀图表的技术之一。

在布局图表元素时,一方面需要把页面中存在关联或意思相近的内容放得更近一些,另一方面还要把那些关系不那么相近的内容放得稍微疏远一些。因为我们倾向于认为物理上临近的物体属于同一个群。以下两个图中,左下图我们更倾向于从上往下看,因为上下两个点在位置上是更靠近的,感觉告诉我们它们是一个类别;而右下图我们的习惯则是从左往右看。

将亲密原则应用到图表的设计中，就是要让图表中各元素之间的联系、差别梳理得更加清晰，方便观众阅读。下面来举两个反例，如下图所示，左下图是《商业周刊》上的原图，各图表元素之间的分界线非常明显；右下图是对部分元素的位置进行调整后的效果，整张图表的高度也增加了，副标题的位置也排布得不是那么到位。

 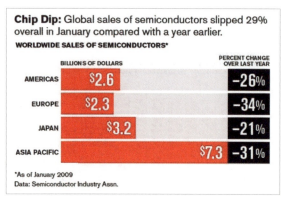

再来看一个案例，下图所示为一个并列排布了 3 个小图表的案例。

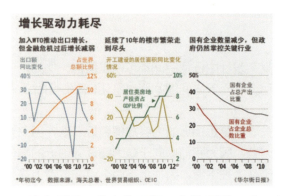 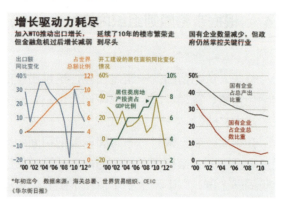

左上图是《华尔街日报》上的原图，对 3 个小图表的主要内容都分别归纳组织得比较紧密，主标题和脚注隔得比较远一点；右上图主要进行了三处修改，整体效果上让数据内容与其他内容隔得比较远，将所有的副标题远离了各图表的数据内容，脚注部分也进行了调整。这样会导致读者在看了主标题后，依次查看各副标题，而不是每查看一个副标题就接着观看对应的数据内容，让本来关联很强的副标题和数据内容变得关联减弱了。另外，数据图表内容间的距离不再均衡，对前面两个小图表排得更近一些，远离了第 3 个小图表。可能会导致一部分人觉得前两张图表的内容联系更大，推导出第 3 张图表的结论，逻辑上就有出入了。而且，前两张图表也靠得太近，不方便读者查看内容了。

5   使用文字间距

有的图表因为没有配套的文字说明，只能在图表内进行完整的观点讲述，导致其中的标题内容或注释内容比较多，又实在不能再精简压缩了。遇到文字较多的情况，可以充分利用文字之间的间距，制造合适的留白，使文字更容易阅读，画面看起来也更加漂亮。

文字间距有两个方向上的考虑，一是两个相邻字符之间的距离，二是上下两行字符之间的距离。通常采用"磅"作为度量文本间距的单位。文本的间距要比它的外形重要得多，这关系到字体的节奏。一种间距很糟糕的字体，不管外形如何优美，同样难以阅读。相反的，一款外形稍欠的字体，如果有完美的间距调节，则同样易于阅读。因此，定义字体的节奏要比定义字体的外形更加重要。字体的节奏取决于字符内部和字符之间的留白空间，而不是字符的黑色形体。如果能够为文本建立一种很好的节奏，其字体就更易于阅读，并能获得均衡的整体效果。下面两图所示为文字内容比较多，但整体效果并不差的图表，它们就是很好地掌握了留白，从而让阅读变得很流畅。

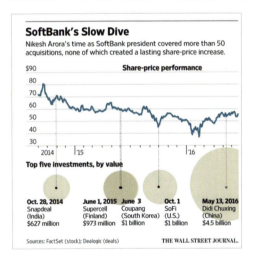
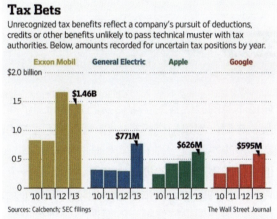

6   有效地使用填充，增加边界

当使用大量的图表元素时，请确保所有元素都有自己的留白空间，如左下图的整张图表主体部分都填充了底色，实现留白，并与上面的标题和下面的脚注区分开来；中下图的图表绘图区填充了底色，使核心区域与周围留白出来，这样会更突出数据区域；右下图的图表因为由上下两个小图表组成，所以设置了底色分别将它们包裹起来。这符合我们的认知：物理上包围在一起的物

体从属于同一个群。可见，当我们更突出重点内容时，其他地方即使有内容也等于留白，因为它们被弱化了。这种设计的要点是要尽量把重点元素居中，这样才能让留白区域更加统一。

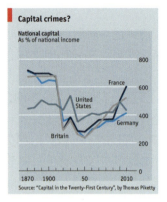 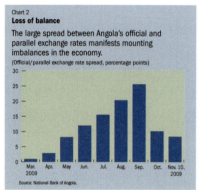 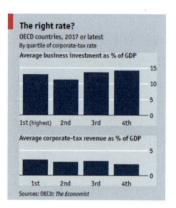

总之，留白和内容本身一样重要。有了它，图表版面中无形的元素才可以沟通：什么是最重要的、什么是相关的，以及什么是需要注意的，从而来引导读者的阅读顺序。

2.2.5 检查图表的统一度

通过本章前面内容的学习，我们大致知道了商业图表的设计是多方面的，但无论是配色，还是排版、布局，都是围绕视觉中心"苦心经营"的过程，最终目的是利用视觉中心强化主题，强化阅读的趣味性。

但由于图表可设计的地方太多了，如果每一个元素都按照相应的标准来设计，最终的呈现效果就可能与最初的目的大相径庭。所以，每一个元素在设计时有自己的准则，但作为图表的一部分，还是应该在保证整体统一的情况下来进行设置。主要应做到配色的统一、格式的统一、名称的统一，以及相同内容的统一，这样制作的图表才和谐、规范。

另外，因为日常使用中往往不是只制作某一张图表。对于复杂数据的分析，常常是多角度，需要用多张图表来进行展示的（当然，图表也不要太多，过多的图表一样会让人无所适从）。所以，也应当注意各图表间的搭配及风格的一致性，并完善主题的一致性，这样整体看起来比较统一、协调，便于读者更好地查看和接受传递的信息。

当图表过多时，有一个统一的标准才不会让人眼花缭乱，主要应从以下几个方面着手进行统一。

1　统一图表类型

有些图表制作者喜欢用柱形图、条形图、饼图等不同的图表类型表现一类数据，并为每张图表设置各种效果，通过各种手段展示图表技能，导致图表看起来杂乱无章，如下图所示。

遇到此类问题，解决方法的第一步就是在相同场景下保持图表类型的一致性。对上图中的图表统一图表类型后的效果如下图所示。

2　统一图表外观

图表的整体外观不统一，会在第一时间就给人不专业的印象，读者甚至会怀疑这些内容是从别的什么地方东拼西凑来的。所以，同一个文件中的图表，或者说明同一个问题的图表，一定要保证图表外围的长宽一致，构图方式一致。是上下排列，还是左右排列，决定好了就统一执行，加强方向视觉秩序。

如果多张图表制作在一个页面上，就还需要调整图表的位置，使其对齐。在 Excel 中，如果需要微移图表，可以先按住【Ctrl】键，再选择图表，这时图表的选中状态和平时有点不一样，在该状态下可以用方向键微移图表，就像微移文本框形状一样。

对上图中的图表进行外观统一后的效果如下图所示。

3　统一配色

根据应用场景，对同一场景中使用的图表进行统一配色，能够增强图表的设计感，显得比较专业。如上图所示的图表数据是对穷游网的用户属性进行分析，所以统一配色时可以结合其企业 LOGO 来做选择，完成统一配色后的图表效果如下图所示。

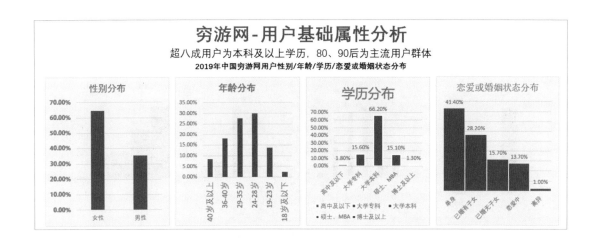

4 统一布局

在对同一应用场景中使用的图表进行布局时,也要考虑到统一性。包括为图表中的相同元素使用一致的字体、配色,对各对象之间的间距、长度、宽度等内容,尽量做到"横向同高,纵向同宽",也就是将横向排列的对象设置为同一高度,纵向排列的对象设置为同一宽度。如上图所示的图表中,虽然所有图表使用的图表类型一致了,但因为绘图区的大小不等,数据系列的粗细不同,坐标轴的大小和位置等不同,导致整体看起来还是不统一。

首先,我们调整图表中所有元素的字体,做到统一,效果如下图所示。

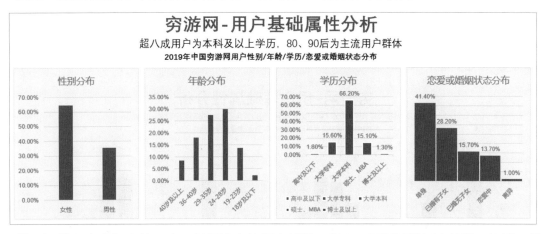

然后调整图表中包含的元素,保证该有的元素都统一拥有,不需要的元素都统一取消,做到版式统一,完成后的效果如下图所示。

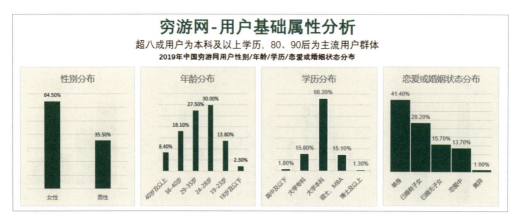

再对图表中各元素的大小和位置进行统一，本例中主要对第一张图表的绘图区大小进行调整，完成后的效果如下图所示。现在，看起来是不是好很多了？

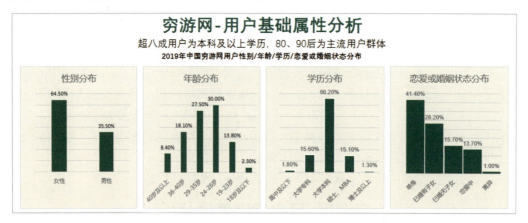

现在这个效果，就是数据条的宽度还没有统一，后续章节将会介绍统一数据条宽度的方法，完成后的效果如下图所示。

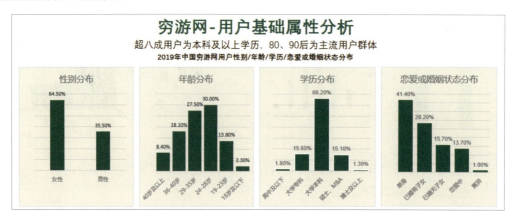

要实现多张图表的统一，最好使用模板。制作或选择一套整体风格和谐的模板，快速实现对所有图表的修改，包括对颜色进行统一、字体进行统一、风格进行统一。需要提醒的是，制作模板时，应当对不同的图表元素有颜色、字体、风格的定义，形成固定模式，而不是仅仅对图表的整体颜色、字体、风格进行定义，对图表元素进行设计时再随心所欲地更换颜色、字体、风格。

小胡对2013—2019年中国AI+教育融资情况进行了数据分析，并制作成如下图所示的普通图表，我们应该如何让图表变得专业一些呢？

高手神器 2：

用 ColorPix 工具快速拾取优秀图表中的颜色

如何给商业图表配色，前面已经介绍了很多色彩理论知识，但对于大多数非设计专业出身的人来说，要想在短时期内掌握配色的技巧，并且设计出高质量的色彩方案，并不是一件容易的事情。值得庆幸的是，我们可以通过取色工具，借鉴网上各专业设计师的精美配色方案。

在计算机中修改颜色，一般是通过 RGB、HEX、HSB、CMYK 等数值来设定。也就是说，只要我们能获取到颜色方案中每个颜色的 RGB/HSB/CMYK 数值或 HEX 颜色码，就可以快速调配出同样的颜色。取色器工具就可以读取颜色色值，最早来源于 Abode 公司的 Photoshop 软件，是一个吸管形式的图标工具。它能够帮助设计者自动识别、锁定目标区域中的颜色，并将其直接应用到目标区域中。这一功能在 PowerPoint 2016 中得到了实践应用，大大提高了 PowerPoint 2016 的设计效率。然而遗憾的是，Excel 目前并不具有这一功能。

现在有很多屏幕取色软件，可以实现精确取色。将鼠标定位在图表的某个颜色上，就可以返回那个颜色的值。在甄别了市面上诸多的取色器工具后，从软件大小、使用便捷性上来说，笔者推荐大家使用 ColorPix 取色器工具。它是一款无须安装，双击即可运行的轻量化软件，具体的使用方法如下。

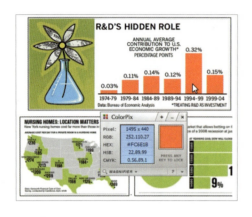

步骤 01　下载 ColorPix 软件并打开，建议大家创建桌面快捷方式。

步骤 02　双击软件运行程序后就会出现一个很小的窗口，它会随着鼠标指针滑动的区域而锁定颜色的参数值。找到需要拾取颜色的图表案例，将鼠标指针移动到需要拾取的颜色上，如左图所示。

步骤 03　按键盘中的任意键锁定该处的颜色，此时 ColorPix 软件的颜色框中就会出现一个锁的图标，代表已经选取了颜色。这时，单击左侧的不同颜色模式后的数据就可以直接复制对应的颜色模式数值到剪贴板，如左下图所示。再按键盘中的任意键又可以解除锁定。

单击窗口右上角的【+】按钮，可以将取色器工具放置在所有程序的最前端。单击并打开取色器窗口下的放大镜按钮，可以激活取色器的放大功能，方便拾取更细微的颜色，如右下图所示。

第 3 章

3

技术剖析：
让动手能力跟上思维的脚步

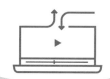

　　通过对前面两章的学习，相信大家已经改变了"Excel 只能制作丑陋图表"的观念。但理论终究要践行才有用，不是重要的事情说三遍，而是重要的事情做三遍，将一些"功法"内化于心，外化于行。本章将回归到实处，主要讲解商务图表的创建方法和各种图表元素的具体操作技巧，让你的动手能力能跟得上你的思维脚步，最终将那些表格数据转换为图表，并且在需要以新奇有趣的方式进行呈现时，能最终实现需要的效果。

　　所有的想法都必须配合高效的执行力，执行落地，才能突显出它的价值和意义。让我们一起成长为优秀的数据搬运工、图表设计师吧！

请带着下面的问题走进本章

① 创建图表的方法有哪些？

② 图表元素不知道如何取舍，各元素的功能你都清楚了吗？

③ 坐标轴用得好，数据才精确，你会用吗？

④ 改变图表的整体效果不过分分钟的事儿！

⑤ 想知道专业商务图表中的标题区和脚注区是如何制作的吗？

3.1　一招破解 Excel 图表创建失败

工作中我们常常会遇到各种各样的数据，为了分析这些数据，往往会将其可视化。数据可视化的第一步就是选择合适的图表类型。

如何选择能直观展现结果的图表，这个过程其实是先有大致的数据分析结果，后用对应的图表来呈现（具体的内容我们将在第 4 章中详细讲解）。可是，这中间经常出现两个问题：一是很多人对于数据的"分类""系列"等一系列人为定义的属性理解不到位；二是有些人并没有深入数据分析这个过程，不知道用什么类型的图表，只是为了作图而作图。这两个问题直接导致制作出的很多图表并不能有效呈现数据。

自从 Excel 2013 上市以后，就不用再为这个问题发愁了。使用 Excel 2013 及以上版本提供的"推荐的图表"功能，可以根据用户当前选择的数据（维度类型 / 个数、指标个数、数据周期性等）进行智能图表类型推荐，用最适合的形态进行当前的数据统计呈现。

举个例子，如果你拿到如下图所示的一组销售数据，不知道需要使用什么类型的图表来直观展现它们。那就使用"推荐的图表"功能，看看系统都为你推荐了哪些图表，具体操作步骤如下。

月份	1月	2月	3月	4月	5月	6月	汇总
产品1	¥ 111,199.49	¥ 177,705.53	¥ 45,645.03	¥ 131,617.85	¥ 57,719.86	¥ 89,938.51	¥ 613,826.27
产品2	¥ 53,115.00	¥ 63,643.48	¥ 191,890.96	¥ 51,905.48	¥ 7,711.39	¥ 145,575.88	¥ 513,842.19
产品3	¥ 91,930.33	¥ 157,673.08	¥ 34,900.50	¥ 169,141.83	¥ 76,590.94	¥ 105,918.16	¥ 636,154.84
产品4	¥ 184,590.11	¥ 147,957.35	¥ 61,573.90	¥ 65,596.35	¥ 156,507.56	¥ 115,751.19	¥ 731,976.46

步骤 01　执行推荐的图表命令。打开"同步学习文件\素材文件\第 3 章\半年销售额汇总.xlsx"，选择数据表格中的任意单元格，单击【插入】选项卡【图表】组中的【推荐的图表】按钮，如左下图所示。

步骤 02　预览图表效果。打开【插入图表】对话框，在【推荐的图表】选项卡左侧显示了系统根据所选数据推荐的图表类型，选择需要的图表类型，就可以在右侧即时预览到对应的图表效果，如右下图所示。对效果满意后单击【确定】按钮，即可在工作表中看到根据选择的数据源和图表类型生成的对应图表。

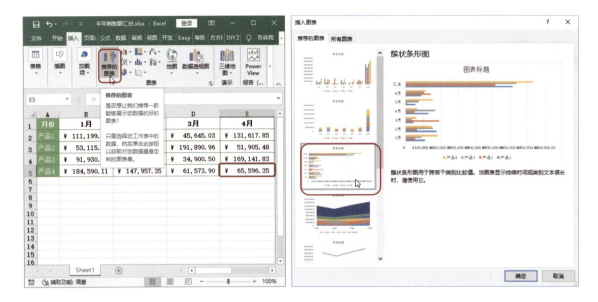

技术看板

在 Excel 工作表中，可以选择全部数据创建图表，也可以只选择部分数据创建图表。只有选择了数据，Excel 才知道如何推荐图表、使用哪些数据创建图表。创建图表时，如果只选择一个单元格，Excel 会自动将紧邻当前单元格的包含数据的所有单元格添加在图表中。此外，如果有不想显示在图表中的数据，用户可以在创建图表之前将包含这些数据的单元格隐藏起来。

3.2　4 种技巧创建图表

　　虽然 Excel 2013 及以上版本能通过"推荐的图表"功能实现自动制作图表，但数据的维度一多，免不了各种调试（当选择的图表不能直观地体现出数据时，再继续选择其他图表进行预览，直到选择合适的图表后才创建）。所以，数据分析师、图表设计者还是应该花点时间对数据的"分类""系列"等概念进行深入理解。

　　一旦了解了数据关系与图表类型选择的对应关系后，你会发现图表的制作很简单，而且实现方式不是唯一的，依照个人的习惯和偏好来操作，不问过程，最终达到目标即可，就连复杂一些的图表制作起来也有条不紊。本节就来讲述 4 种创建图表的方法。

3.2.1 通过按钮直接创建简单图表

当我们知道要对哪些数据使用什么类型的图表来进行展现时,可以直接选择需要的数据,然后在【图表】组中选择相应的图表类型进行创建,如下图所示。

例如,我们要为前面的销售数据创建柱形图,具体操作步骤如下。

步骤 01 执行插入柱形图命令。选择 A1:G5 单元格区域,单击【插入】选项卡【图表】组中的【插入柱形图或条形图】按钮,在弹出的下拉菜单中选择需要的柱形图子类型,这里选择【簇状柱形图】选项,如左下图所示。

步骤 02 查看创建的图表。经过上步操作,即可看到根据选择的数据源和图表样式生成的对应图表,如右下图所示。

3.2.2 通过对话框创建复杂图表

制作有些相对复杂的图表时，通过前面所讲的直接创建法来创建图表，可能得不到期望的图表效果。例如，要对项目进度统计数据创建圆环图，得到的图表如下图所示。

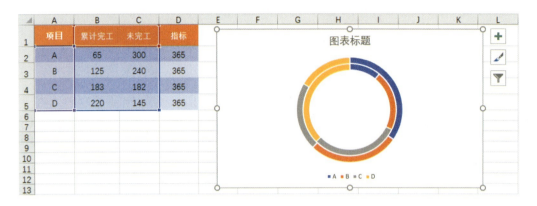

可以看到，图表中的两个圆环均以 A、B、C、D 这 4 个项目的"累计完工"或"未完工"数据作为圆环的构成元素，即将 4 个项目类别并列在一环内，两个数据系列（累计完工、未完工）的关系分别列示在两个同心的圆环图中。显然，这不符合我们的预期需求。我们期望这 4 个项目的数据能够分别显示为圆环图中的一环，像柱形图那样能进行对比。即将两个数据系列（累计完工、未完工）的关系并列在一环内，4 个项目类别分别列示在 4 个同心的圆环图中。

这时，我们就应该通过【插入图表】对话框来创建图表，具体操作步骤如下。

步骤 01 执行查看所有图表命令。打开"同步学习文件\素材文件\第 3 章\项目进度统计 .xlsx"，选择 A1:C5 单元格区域，单击【插入】选项卡【图表】组右下角的【查看所有图表】按钮，如左下图所示。

步骤 02 选择图表类型。打开【插入图表】对话框，单击【所有图表】选项卡，在左侧选择需要的图表类型，这里选择【饼图】选项，在右侧上方选择需要的图表子类型，这里选择【圆环图】选项，在下方可以看到系统根据选择的数据源提供了两种符合要求的圆环图，这里选择第二种效果，单击【确定】按钮，如右下图所示。

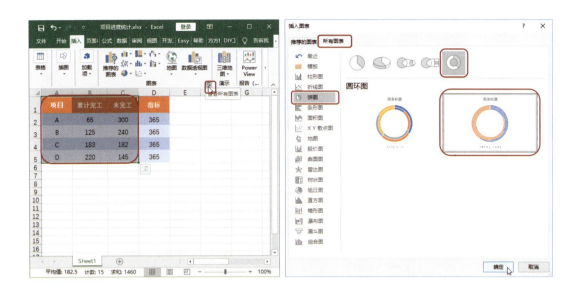

步骤 03 查看创建的图表。经过上步操作，即可看到根据选择的数据源和图表样式生成的对应图表，如下图所示。

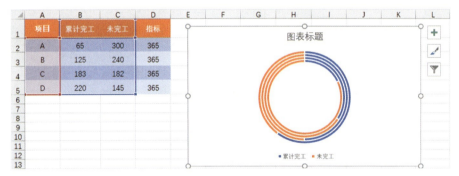

在 Excel 中，在【插入】选项卡的【图表】组中只提供了常用的几种类型。如果要插入样式更加丰富的图表类型及更复杂的图表，可以通过【插入图表】对话框来插入。

3.2.3 通过数据删减法创建图表

在 Excel 中创建图表，是要先输入数据的，并且要选择数据才能创建图表。这样就容易出现图表创建好后，数据不能正确展现的情况。

举个典型的例子，用左下图所示的数据通过按钮直接创建柱形图时，结果如右下图所示。

A产品销量（万件）	B产品销量（万件）	时间
524	415	1月
265	214	2月
425	234	3月
233	254	4月
425	256	5月
364	259	6月
259	548	7月
458	546	8月

这张图表出错的原因，是因为 Excel "不知道"选择的数据中，哪列数据用于分类，作为 X 轴数据（分类轴标签），哪列数据用于系列，作为 Y 轴数据（图例项）。

产生了这样的效果，我们可以通过数据删减法来更改图表的数据源——在当前已经选定的图表类型基础上，重新确认数据源的位置布置。下面以修改右上图为例进行讲解，具体操作步骤如下。

步骤 01 执行选择数据命令。打开"同步学习文件\素材文件\第 3 章\产品销量表.xlsx"，选择图表，单击【图表工具 设计】选项卡【数据】组中的【选择数据】按钮，如左图所示。

步骤 02 分析出错原因。在打开的【选择数据源】对话框中可以发现，原来图表"认为"图例项是"458 546"这两个数据，而水平轴只有"时间"二字，没有具体的时间项目，如左下图所示。

步骤 03 删除数据源。在【图例项(系列)】列表框中选择需要修改的数据系列，单击上方的【删除】按钮，如右下图所示。

步骤 04 单击【添加】按钮。经过上步操作后，图表中的数据已被全部清空，此时在 Excel 图表区域中，将会得到一块空白的"画布"。下面我们只需要在画布上重新按需添加元素即可。单击【图例项（系列）】列表框上方的【添加】按钮，如左下图所示。

步骤 05 添加数据系列。打开【编辑数据系列】对话框，设置【系列名称】为"=Sheet1!$A$1"，【系列值】为"=Sheet1$A$2:$A$9"，单击【确定】按钮，如右下图所示。

步骤 06 继续添加数据系列。返回【选择数据源】对话框，再次用相同的方法添加数据系列，并设置【系列名称】为"=Sheet1!$B$1"，【系列值】为"=Sheet1$B$2:$B$9"，单击【确定】按钮，如左下图所示。

步骤 07 单击【编辑】按钮。返回【选择数据源】对话框，发现水平轴的数据还没有显示为需要的内容。单击【水平（分类）轴标签】列表框上方的【编辑】按钮，如右下图所示。

步骤 08 修改轴标签数据。打开【轴标签】对话框,修改【轴标签区域】为"=Sheet1!$C$2:$C$9",单击【确定】按钮,如左图所示。

步骤 09 确定数据源的修改。返回【选择数据源】对话框,单击【确定】按钮,如左下图所示。

步骤 10 查看调整后的图表效果。修改数据源后,图表的显示状态就变得正常了,效果如右下图所示。

3.2.4 通过改变部分数据的图表类型制作组合图表

在实际应用中,我们往往需要结合某两种图表类型或某三种图表类型,才能让读者在最短的时间内了解到数据所带来的信息。虽然我们可以分别制作一张图表。在《经济学人》等杂志上,所使用的图表类型一般都非常规范,不会有太复杂的情况。但偶尔使用图表与图表之间的组合更能带来令人满意的效果,如下图所示。

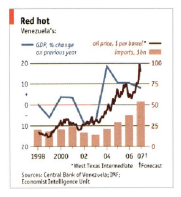
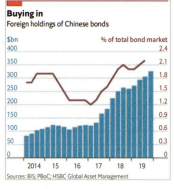
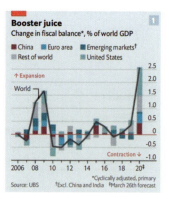

对于单一的可视化图表无法满足需要时，就需要考虑组合展示，也就是我们常说的"组合图""复合图"，即将两种或多种图表类型显示在同一张图表中，主要是实现把不同角度的数据放到同一图表中，以便发现数据之间的关联性。

Excel 中默认制作的图表中的数据系列都只包含了一种图表类型。事实上，在 Excel 中我们可以非常便捷地自由组合图表类型。因为 Excel 图表中的每一个数据序列，都可以单独设置图表类型。

例如，要为销售汇总数据创建组合图表，将图表中的"汇总"数据系列设置为折线图表类型，其余的数据系列采用柱形图，具体操作步骤如下。

步骤 01 执行更改图表类型命令。打开"同步学习文件\素材文件\第3章\半年销售额汇总2.xlsx"，选择图表中需要修改图表类型的"汇总"数据系列，单击【图表工具 设计】选项卡【类型】组中的【更改图表类型】按钮，如左下图所示。

技术看板

单击【插入】选项卡【图表】组中的【插入组合图】按钮，或者通过【插入图表】对话框，可以从一开始就创建组合图。在制作组合图表时，不能组合二维和三维图表类型，只能组合同维数的图表类型。否则，系统会打开提示对话框，提示用户是否更改三维图表的数据类型，以将两张图表组合为一张二维图表。

步骤 02 修改数据系列的图表类型。打开【更改图表类型】对话框，在下方的列表框中找到需要修改的"汇总"数据系列选项，并单击图表类型选择框右侧的下拉按钮，在弹出的下拉菜单中选择需要修改为的图表类型，这里选择【折线图】选项，如右下图所示。

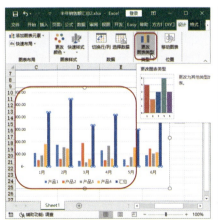 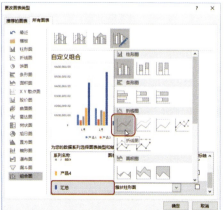

步骤 03 查看调整后的图表效果。单击【确定】按钮后,即可在工作表中看到图表中的"汇总"数据系列已经更改为折线了,如下图所示。

高手自测 4 大家思考一下,本章中举例的"项目进度统计"图表,如果已经将图表制作成左下图所示的效果了,如何通过数据删减法来修改图表效果,最终得到如右下图所示的效果。

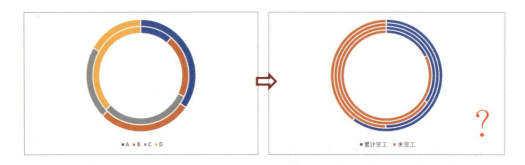

3.3 实现商业图表千变万化的秘诀

图表创建的方法其实很简单,就前面介绍的 4 种,那为什么图表还能变幻出那么多的花样呢?学了本节知识你就知道了。商业图表千变万化的效果,总结下来,也就是对图表元素的取舍、坐标轴的设置、运用填充美化图表、制作数据标记、灵活运用一切 Excel 功能。

3.3.1　14 个必知术语

在前面的章节中,我们曾反复强调过图表元素选择对商务图表专业度的重要性。这就相当于人类的形象设计,时尚人士只选择最有必要的单品进行搭配,反而显得更高级;而不懂时尚的人,会戴上帽子、耳环、项链,穿上复杂的外衣,整体效果却显得十分庸俗。

由于图表中不同的元素有不同的作用,只有弄清楚它们各自的作用,才能在图表设计时进行合理的取舍和布局,这是图表制作专业化的必经之路。许多粗糙图表就在于布局功能重复,或者布局元素太多,没有选择最有针对性的布局来突出图表主题。下面分别介绍图表中的 14 种元素(下图尽量展示了图表中常见的图表元素)对图表的意义。

1 图表区

在 Excel 中,图表是以一个整体的形式插入到表格中的,它的外围有一个灰色的边框,指明这就是图表区,有点类似于一个图片区域。图表所有的元素及其他添加到图表当中的内容均存在于图表区中。在 Excel 中可以为图表区设置不同的边框效果、背景颜色或背景图像。调整图表区的大小就可以调整整张图表的大小。

2　图表标题

图表标题用于说明这是一张关于什么数据的图表,标题一定不能少。当图表只为展示数据状况时,可以拟定一个概括性的标题,如"2020年3月,产品在各地的销量"。

但是,如果图表是为了展示一个结论或强调一个观点,标题就必须与之相对应。如下图所示,图表的目的就是强调销量最多的3个地区。因此,标题拟定随之发生改变。

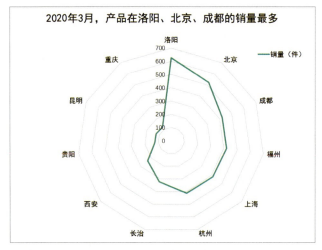

图表标题在图表区中以一个文本框的形式呈现,我们可以对其进行各种调整或修饰。但由于图表自带的标题存在不能移出图表区范围、大小调整受限、字符间距不能灵活设置等问题,所以不建议大家使用直接创建图表产生的图表标题,具体如何操作我们将在后续章节中进行介绍。

3　绘图区

在图表区中通过横坐标轴和纵坐标轴界定的矩形区域就是绘图区,它是图表区域内部较大的一块空间,用于绘制数据系列图形(柱形图、折线图、饼图等)和设置网格线、数据标签、趋势线、误差线等。

在前面展示图表元素组成的图表中,填充了浅蓝色的区域即为该图表的绘图区。绘图区可以像图表区一样调整大小、设置边框和填充效果。

4 数据系列

数据系列是图表必不可少的部分，也是图表用来形象化、可视化反映数据的关键。在数据区域中，同一列（或同一行）数值数据的集合构成一组数据系列，也就是图表中相关数据点的集合，这些数据源自数据表的行或列。它是根据用户指定的图表类型以系列的方式显示在图表中的可视化数据。图表中可以有一组到多组数据系列，多组数据系列之间通常采用不同的图案、颜色或符号来区分。

在前面展示图表元素组成的图表中，不同年份产品的销售数据形成了两个数据系列，它们分别以不同颜色的柱形来加以区分。不同类型的图表，其数据系列的呈现效果会有所不同。例如，柱形图的数据系列显示为柱形，折线图的数据系列显示为折线，饼图的数据系列显示为扇形……在各数据系列数据点上还可以标注出该系列数据的具体值，即数据标签。

5 坐标轴

坐标轴分为纵（Y）坐标轴和横（X）坐标轴两部分，纵（Y）坐标轴通常为数值轴，用于确定图表中垂直坐标轴的最小、最大刻度值和中间值，刻度自下而上，数值由小到大；横（X）坐标轴通常为分类轴，主要用于显示文本标签，对数据系列进行标识。复杂的图表需要构建多个坐标轴。

不同数据值的大小会依据纵（Y）坐标轴和横（X）坐标轴上标定的数据值（刻度）在绘图区中绘制产生。例如，要用柱形图展示 A、B 两分店的营业额大小对比，可以用横（X）坐标轴来确定月份、用纵（Y）坐标轴来确定具体的营业额。

如左下图所示，当图表中显示有纵（Y）坐标轴时，还需要考虑是否要添加坐标轴单位，如果没有单位，可能会让读者对数据的单位或项目名称产生疑问。

当图表数据项目添加了数据标签后，就不再需要通过 Y 轴来确定数据大小了，那么可以考虑不用添加纵（Y）坐标轴，如右下图所示。

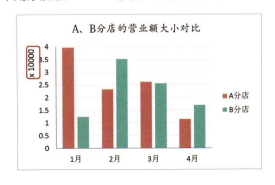
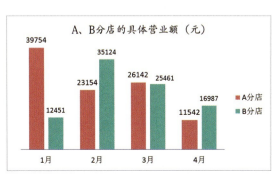

6 轴标题

不同坐标轴表示的数值或分类的含义可以使用坐标轴标题进行标识和说明，尤其在两者都为数值的情况下，为避免误会的发生，务必要清楚标明，避免歧义。例如，横（X）坐标轴代表时间，可添加名称为"时间"的轴标题。大部分时候，横（X）坐标轴通过项目名称就可以轻松判断出这是什么数据。因此，在不影响图表解读的前提下，横（X）坐标轴标题也可以不添加。

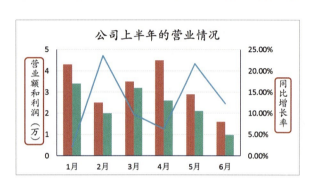

坐标轴标题是可以手动修改的。对轴标题进行命名时，要注意单位的添加，如纵（Y）坐标轴代表销量，那么轴标题应该为"销量（件）"或"销量/件"。

在特殊情况下，坐标轴标题必不可少。举个最典型的例子，如左图所示，在双坐标轴图表中，有两个纵（Y）坐标轴，此时如果不为纵（Y）坐标轴添加轴标题，就很难理解哪个轴代表了哪项数据。

7 数据标签

数据标签可以针对数据系列的内容、数值或名称等进行标识。根据图表类型的不同，可选择的数据标签值和数据标签位置会有所不同。

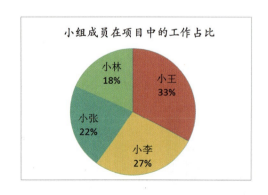

添加数据标签，可以让读者在阅读图表时更好地区分数据项目，了解数据的具体数值。如左图所示，为饼图中的各扇形添加了包含名称和百分比数值的数据标签，这极大地方便了读者了解每一个扇形代表的是什么数据。

需要注意的是，在左图中添加了数据标签后，图例就可以删除了。因为不用对照图例也可以了解各扇形区域代表的是什么数据。

8　图例

图例用于指出图表中不同的数据系列采用的标识方式（颜色、形状、标记点），即为数据命名，通常列举不同系列在图表中应用的颜色。

图例由两部分构成：一是图例标示，代表数据系列的图案，默认为不同颜色的小方块或直线；二是图例项，与图例标示对应的数据系列名称，一种图例标示只能对应一种图例项。如右图所示，图表上方添加了图例：绿色数据系列代表商品 A、红色数据系列代表商品 B、黄色数据系列代表商品 C。

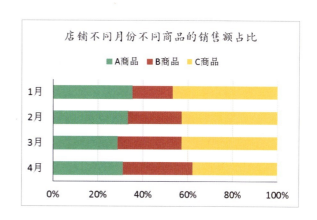

图例是可以根据需要增减或手动补充的。如果图表中的数据系列使用了数据标签等方式，已经能够清楚准确地说明各数据项，则可以不用再添加图例。此外，图表中只有一个数据系列时也可以不添加图例。

9　网格线

网格线分为垂直网格线和水平网格线，再根据主要和次要进行划分，一共包含主要和次要的垂直、水平网格线 4 种。网格线分别对应纵（Y）坐标轴和横（X）坐标轴上的刻度，它贯穿于整个绘图区中。网格线作为数据系列查阅时的参照对象，主要起引导作用，目的是找到数据点对应的纵（Y）坐标和横（X）坐标，从而更准确地判断数据大小。

图表是否需要添加网格线，添加什么类型的网格线，取决于图表所表现的数据项目。例如，右图所示的散点图，其制作目的在于展现城市房价和工资的对应关系。因为散点数较多，如果没有网格线，就容易将数据点混淆。因此，在这张图表中添加了网格线，将每一个数据点定位在"蜘蛛网"中。

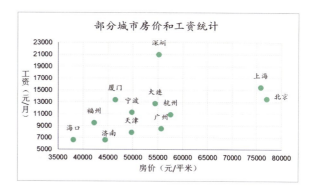

需要注意的是，网格线在图表中只是起辅助的或次要的作用，所以在做商业图表时，要尽量弱化它，而不是反过来强化它。不要给人一种"喧宾夺主"的感觉。

10　误差线

误差线是指显示误差范围的辅助线，通常运用在统计或科学记数法数据中，用来直观地表达数据的有效区域。

当数据分析存在一定误差范围时，需要添加误差线来准确理解图表数据。如下图所示，该数据标题中标注了生长长度有 10% 的误差，既然数据存在误差，就应该将这 10% 的误差用误差线表现出来，才算是准确表现了数据。

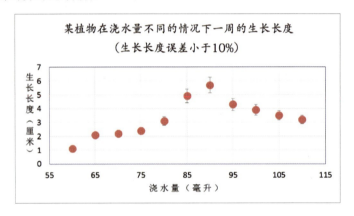

11　线条

线条是图表辅助线中的一种，当需要突出显示图表中的数据时，就可以使用线条来区分。在 Excel 中，线条分为垂直线和高低点连接线两种。

垂直线的目的在于辅助展示数据系列对应的横（X）轴坐标，在折线图中使用最广。当数据项目较多时，为了准确地表现数据，也可以添加线条来有效避免数据"跑偏"。如左下图所示，趋势线上的点较多，为了准确展示趋势点对应的日期，于是添加了垂直向下的线条。

高低点连接线用于连接两个或两个以上不同数据系列的对应数据点。在对两组或多组数据进行对比时，使用高低点连接线，可以使差距更加明显，从而使读者更加直观地了解各组数据的区别，如右下图所示。

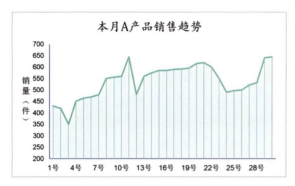
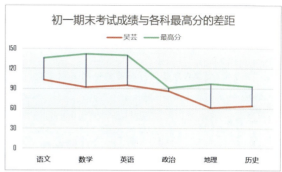

12　趋势线

从字面意思理解，趋势线就是用于显示数据趋势的线。例如，在散点图中，数据系列或数据点较多时，很难从密密麻麻的数据点中直接看出数据系列的呈现规律和发展趋势，这时添加趋势线就可以帮助展示数据趋势。

如下图所示，分别为"奶茶"和"可乐"数据系列添加了趋势线，两种商品的销量趋势便一目了然了，可以快速地对比这两种饮料的销量趋势。

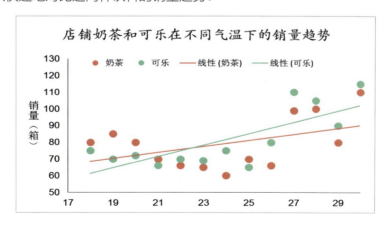

13　涨/跌柱线

涨/跌柱线的作用是突出显示双变量之间的涨/跌量大小。涨/跌柱线只在具有多个数据系列的二维折线图中可用，用于指示第一个数据系列中的数据点与最后一个数据系列中的数据点之间的差异。

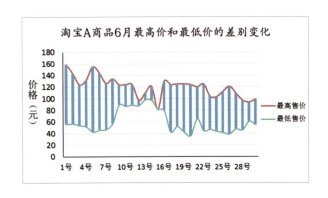

如左图所示，从图表标题中可以得知，该图表的制作目的是显示A商品最高售价和最低售价的变化差值。因此，为了突出高价和低价之间的涨/跌值，便添加了涨/跌柱线。两条折线之间添加的蓝色涨/跌柱线有效地强调了高价与低价的差值。

在股价图中，涨/跌柱线把每天的开盘价格和收盘价格连接起来。如果收盘价格高于开盘价格，那么柱线将是浅色的。否则，该柱线将是深色的。

14 其他

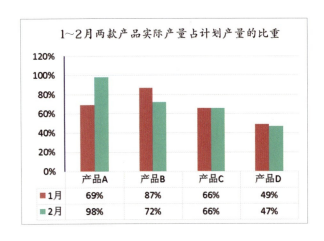

根据数据呈现需要，插入图表的其他内容，如文本框、数据表等；或者记录图表信息的来源、统计数据截止日期、制作单位等内容。这些内容基本上是Excel没有提供的图表元素。

其中，数据表是图表中的表格，通常添加在横（X）坐标轴下方，其中包含的数据都是与数据系列对应的源数据，如左图所示。

因为数据表占据的面积过大，且格式设置的限制较大，建议不要使用。添加数据表的目的不过就是想精确展现各数据项的大小，在进行数据分析工作汇报时，让图表有"数"可依，在必要时能查看到具体数据，通过添加数据标签就可以起到同样的作用了。如果实在需要在图表中添加数据表，也建议单独绘制表格，灵活性更大。

其实，我们只通过改变图表元素，就可以创造出很多种不同形式的图表，这也是Excel区别于其他作图软件的优势。有时，需要表达的内容可以用不同的图表元素来实现，具体如何安排，就需要设计者来权衡了。总之，一方面要标注清楚所有信息，避免发生歧义；另一方面要"省略已知的说明",一切从简,让每个图表元素的存在都有意义,避免设计图表时画蛇添足。越简单的图表,观点越明确。将一切该去掉的元素去掉,该弱化的元素弱化。商业图表中,标题、图例、单位、脚注、资料来源这些图表元素应尽量保留,当然特殊情况也可以不要。

3.3.2 藏在坐标轴里的秘密

横坐标轴和纵坐标轴,别看它在图表中占据的面积很小,可它却是丈量大多数图表数据是否制作精准的标尺。坐标轴的参数非常多,本小节就来介绍几个常用的坐标轴设置技巧。

1 设置坐标轴的数值刻度

在 1.3.5 小节中,已经讲过将 Y 坐标轴的起点设置为 "0" 的重要性。同样,在 1.3.5 小节中还提到,一般情况下坐标轴的主刻度设置为 4~6 个较为适宜,太多可通过调整刻度单位值来减少。

那么,图表坐标轴的数值到底怎么修改呢?

坐标轴的大部分设置都是在如右图所示的界面中完成的,如设置坐标轴选项、刻度线和数字格式等。在图表中双击坐标轴,打开【设置坐标轴格式】任务窗格,在下方选择【坐标轴选项】选项卡,单击【坐标轴选项】按钮 ,即可看到如右图所示的设置界面。

在【坐标轴选项】栏中,可以对最大值和最小值进行设置,这也是坐标轴设置中非常频繁的一个操作。如果每次作图都不细心设置,就不能称为一个合格的图表设计师。这里的最大值和最小值决定了坐标轴可丈量的数据范围。

最小值一般设置为 "0",即让 Y 轴从 "0" 开始,这样才能体现出数据的全面性。如果数据的波动比较小且有意义(如股票市场中的数据),那就只能截断刻度以显示这些差异。

例如,下图所示为反映用户活跃率的图表,由于数据波动比较小,绘制成这样的图表,我们能得出的信息非常有限,仅仅是"活跃率维持在 89% 左右,没有波动"。这样的做法显然是错误的，因为坐标轴范围过大，掩盖了应该突显的信息。那应该如何调整呢？

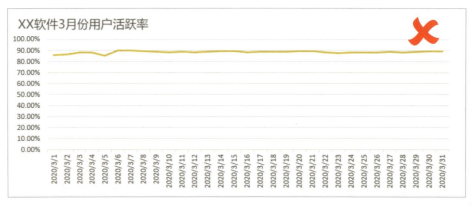

以笔者的经验，先来说一下，判断坐标轴是否设置合理的两个标准。
（1）它是否展现出了足够的差别。
（2）它的范围是否大于数据序列的 4 倍标准差。

首先，要确保坐标轴范围设置好，能够看到数据点之间有明显的差别，这一条件保证了我们需要捕获的信息都已经呈现；其次，要判断是不是做得太细了，导致一些微小的干扰性波动也被放大，此时就要看看设置的坐标轴范围是否大于 4 倍序列的标准差（在 Excel 中，需要使用 STDEV.P 函数计算得到）。

在上述例子中，序列的 4 倍标准差是 4.08%，那么我们设置 5% ～ 10% 的坐标轴范围是比较合适的。根据这个标准重新制作的图表如下图所示。

当然，也可以不用如此精确进行计算，根据数据分析的实际情况进行合理规划就好。但是，如下图所示的效果，将坐标轴范围设置得过于靠近数据实际的取值范围，虽然能够反映波动情况，但肯定也放大了细节数据，是不可取的。

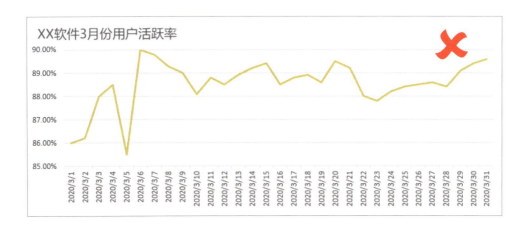

2 通过设置单位简写数据

在坐标轴上添加单位,可以简化一部分图表的数据书写方式。至于单位的设置,必须从"省略已知说明"和"避免歧义"两个原则上来进行把控。以统计销售数据的图表为例(如下图所示),虽然图例中坐标轴数据设置了千位分隔符,但位数太多,为避免读者弄错数值的位数,可以省略过多的 0,如以"千"为单位。

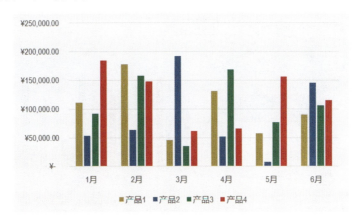

Excel 为图表提供了设置坐标轴单位的操作。例如,双击上图中的坐标轴,打开【设置坐标轴格式】任务窗格,在左下图所示的界面中,先在【数字】栏中设置【小数位数】为"0",然后在【坐标轴选项】栏中的【显示单位】下拉列表框中选择【千】选项,坐标轴就会变成右下图所示的效果。

 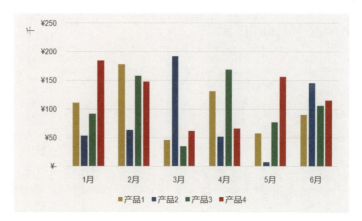

从左上图中可以看出，Excel 默认提供的单位比较有限，而且有些内容也和实际需要有出入。例如，上图的销售表以"万元"为单位，就比"千"更接近实际需求。如果需要添加"单位：万元"等文字，可以先在左上图的下拉列表框中选择【10000】选项，如左下图所示，保证数据舍去位数的正确性，然后直接在已经插入的标签内修改文字。

此外，还可以对标签的显示位置、文字的排列方向、文字字体等进行设置。继续前面的图表设置，修改单位标签中的文字为横向排列，如中下图所示，并调整到坐标轴的正上方进行显示，完成后的效果如右下图所示。如果觉得将单位放在图表区内会缩小绘图区的范围，可以考虑将其放在绘图区的 4 个角落。

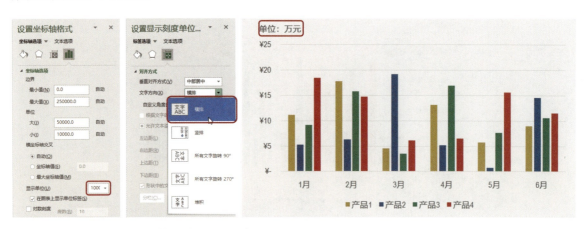

在图表中显示单位的情况有以下几种。

（1）为了明确标记被省略的数值的位数。

（2）位数的表示容易被弄错时。

（3）为了避免百分比或小数位数不清楚。

3　制作简洁的坐标轴标签

专业商务图表的坐标轴设置一般是很简洁的。例如，右上图的坐标轴就还可以更简洁。由于大家对于数值的单位都有大致的概念，所以只要稍作提醒就可以了。右上图单位标签中的"单位："显得有点多余，而且只要单位标签的位置靠近需要解释的坐标轴，读者就能将其理解为"单位"，所以完全可以删除。

另外，Y坐标轴中的数据还常常带有%、$、¥等符号，为所有的数据都添加这些符号会妨碍读者看清真正的数字，省略符号则是很好的方式，图表也会清爽得多。例如，要继续为右上图进行修改，只在最上面的刻度上显示¥符号。这种效果可以通过文本框添加字符，也可以通过自定义数字格式来设置。

例如，对Y轴刻度标签设置自定义格式"[=25]¥0"，Excel将只对25的刻度标签显示前置符号"¥"。具体操作方法为：打开【设置坐标轴格式】任务窗格，在左下图所示的界面中，在【数字】栏的【格式代码】文本框中输入"[=25]¥0"，单击【添加】按钮，将其添加到自定义格式中，完成设置后的图表效果如右下图所示。

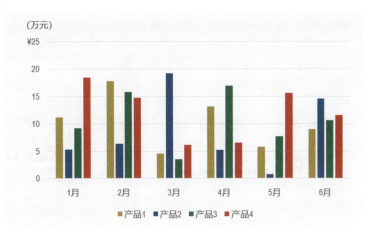

当坐标轴标签为连续的年份时，不要一成不变地写成"2018，2019，2020，…"，可简写为"2018，'19，'20，…"，这样看起来和读起来都更轻松。这只需要对数据源略做修改就可以做到（'为英语输入法下的单引号），如下图所示。

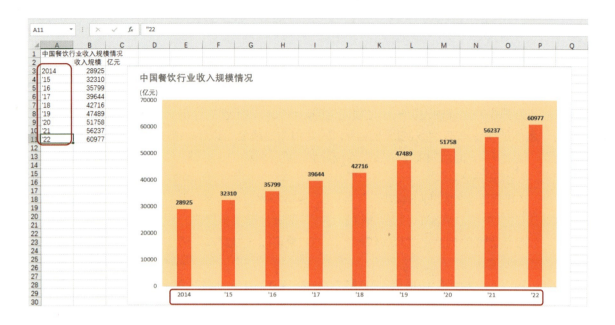

技术看板

在Excel中输入以单引号"'"开始的内容时,系统默认"'"是文本首字符。例如,输入"'15",得到的将是文本类型的数据"15",而不是数字类型的"15"。想要单元格中显示为"'15",实际上输入的是"''15",即输入了两个单引号。

当绘制以日或月为单位的较长周期的时间序列图表时,分类轴标签不要显示过多的时间点,《华尔街日报》中在制作这类图表时甚至只显示首尾或一部分时间点的标签,如下图所示。

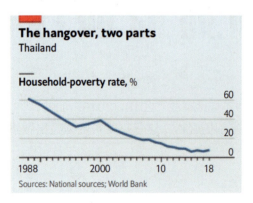

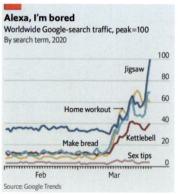

3.3.3　用好填充大法

很多人认为图表的作用，是直观地表达数据信息，所以只要能直观地体现出数据，其他一切都不重要。的确，图表的主要目的是分析数据，但试想一下：下图所示的两张图表，同样的数据和图表类型，哪张图表更受青睐呢？毫无疑问，右边的图表比左边的图表更赏心悦目。

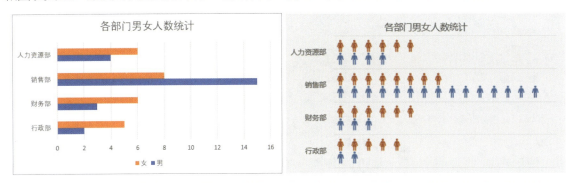

所以，在制作商业图表时，只要能够满足"直观"这一关键词，也可以尝试更多的图表玩法。例如，使用更多其他的形状来进行数据表达。通过这样的改造，不仅能把商业图表做得更加有趣，还能在阅读大量图表时，避免读者的视觉疲劳。

在看"颜"的时代，这也是图表学习的一门必修课了。要获得这样的效果，原理也很简单，就是使用"填充"功能。创建图表后，可以使用 Excel 提供的图表样式快速对图表的整体效果进行美化，如下图所示。

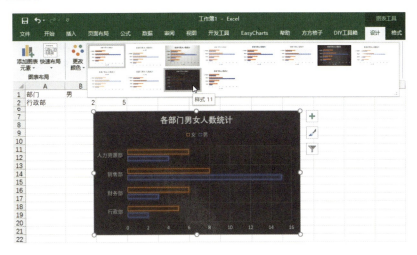

也可以通过图表各元素的任务窗格，根据需要单独对商业图表的各部分进行美化，下图所示分别为【设置图表区格式】【设置绘图区格式】【设置数据系列格式】任务窗格。

在这些任务窗格中都有一个【填充与线条】按钮 ◇，单击它，在出现的面板中就可以对所选图表元素进行填充设置，包括设置填充颜色、图片或纹理、图案填充、修改边框颜色、线条类型等。

要实现前面展示的人物图标表示数据的效果，就需要对数据系列进行图案填充设置，具体操作步骤如下。

步骤 01 创建表格和图表。在 Excel 空白工作簿中输入表格数据，并根据表格中的数据插入条形图表。单击图表外任意单元格，退出图表选择状态。单击【插入】选项卡【插图】组中的【图标】按钮，如左下图所示。

步骤 02 选择在线图标。打开【插入图标】对话框，在左侧选择图标类型，这里选择【人】选项，在右侧选择需要的图标，这里选中男生和女生人物图标对应的复选框，单击【插入】按钮，如右下图所示。

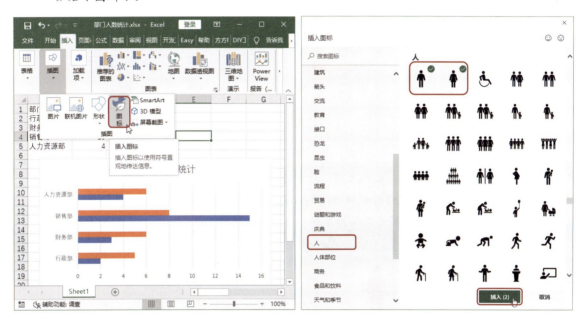

步骤 03 设置图标颜色。选择女生图标，单击【图形工具 格式】选项卡【图形样式】组中的【图形填充】按钮，在弹出的下拉菜单中选择【橙色】选项，为女生图标填充橙色，使用相同的方法将男生图标填充为蓝色。

步骤 04 复制粘贴图标。选择男生图标，按【Ctrl+C】组合键复制，再选择图表中代表"男性人数"的数据系列，按【Ctrl+V】组合键粘贴，如下图所示。直接粘贴完毕后，我们看到图表中的蓝色条形图已经变成了男生图标效果，但整个图标呈现出被拉伸的状态。随着条形图的长短不同，呈现出高矮胖瘦各自不同的效果。对比最终一个个人物整齐排列的效果，这里还是有一些差距的。

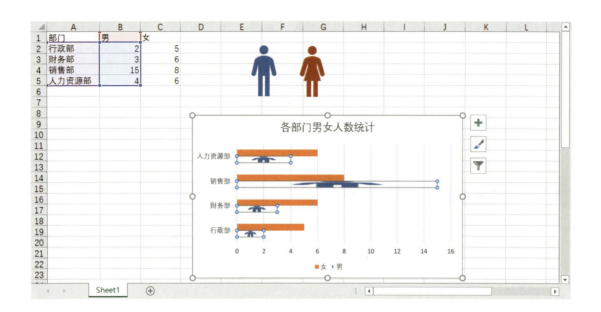

步骤 05 设置图标填充方式。双击数据系列,打开【设置数据系列格式】任务窗格,单击【填充与线条】按钮,在下方的面板中将填充方式设置为"层叠并缩放",这样人物图标将根据实际数据以正常的比例填充到数据系列中,如下图所示。

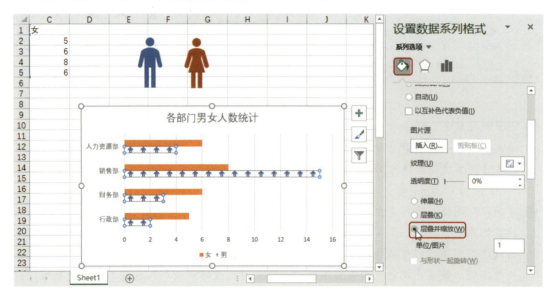

步骤 06 查看图表最终效果。用同样的方法，将女生图标填充到图表的另外一个数据系列中，调整填充方式为"层叠并缩放"。最后再对图表进行适当美化，完成本案例的制作，最终图表效果如下图所示。通过人物图标对比，就能清楚地知道各部门男、女之间的分布了。

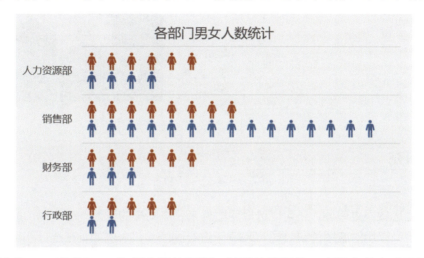

看似通过【Ctrl+C】【Ctrl+V】组合键的复制、粘贴快捷操作，实际上就完成了用图标填充的方式取代原来纯色填充的效果，实现了图表美化的目标。使用这种基本原理，可以用图形、图片、图标来填充数据系列，实现商业图表的美化。

1　图形填充

Excel 中提供了很多图形元素，单击【插入】选项卡【插图】组中的【形状】按钮，就可以在弹出的下拉菜单中看到各种图形元素。选择需要的图形形状，在工作表中拖动鼠标即可完成形状的绘制。需要注意的是，在插入形状时，只需配合【Shift】键即可绘制出"正"形状，如正方形、正六边形、正五角星形、正心形、横平竖直的直线等。

绘制完成以后，选中图形形状，在【绘图工具 格式】选项卡中可以针对图形的"形状填充"和"形状轮廓"等进行细节设置，如下图所示。

左下图所示为用五角星叠放的方式来表示每位滴滴司机的好评情况；右下图所示为用箭头五

边形伸展的方式来表示员工考评成绩的效果。

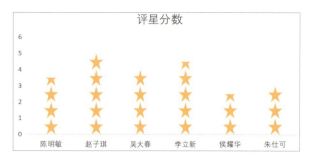
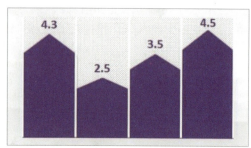

2 图片填充

如果觉得图形效果太单调，还可以选择用图片来完成同样的设置。在这里，推荐大家根据要表现的数据内容，采用对应图片或公司 LOGO 来进行图表美化。例如，在统计羽毛球销售业绩的图表中就可以用羽毛球的图片来填充柱形图，实现图表与具体业务数据的相互呼应，如左下图所示。对于比萨店的销售数据统计，可以用比萨来制作饼图，完成后的效果如右下图所示。

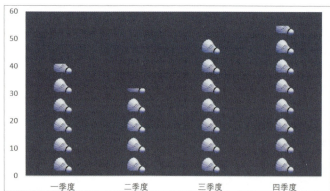

关于图片的获取，可以直接在 Excel 中单击【插入】选项卡【插图】组中的【联机图片】按钮，在线获取图片，也可以先通过百度或专业的图片素材网站，搜索下载到本地计算机，再通过【图片】按钮插入到工作表中。

值得注意的是，很多图片并不能直接用到图表中。例如，左上图所示的案例中，实际获得的羽毛球图片如左图所示，其中包含了底色，还有多余的内容。直接用到图表中，难免显得有些突兀。于是，对图片进行了类似于抠图的操作。

在 Excel 中选择插入的图片,在【图片工具 格式】选项卡中可以针对图片的"颜色""艺术效果""图片样式""图片边框""图片效果"等进行设置,如下图所示。

单击【删除背景】按钮,还可以出现类似于 Photoshop 中的磁性套索工具的虚线标记,它能够沿着图片的边界处进行智能选定,从而实现抠图的效果。左下图所示的图片中玫红色区域就是已经删除的区域,除此之外的原色区域则为保留区域。在删除背景操作过程中,将显示出如右下图所示的选项卡,单击其中的【标记要保留的区域】【标记要删除的区域】按钮,可对抠图的效果进行进一步的细节优化。设置完成后单击【保留更改】按钮即可。

案例中经过删除背景得到的羽毛球图片周围有太多的空白区域,为了让填充后的图表效果比较紧凑,还对图片进行了裁剪,以此来减少上方的空白区域。为了配合抠图后的填充效果,还将图表绘图区的颜色设置为雾霾蓝。

③ 图标填充

图标文件可以存储单个图案、多尺寸、多色板的图标。一个图标实际上是多张不同格式的图片的集合体,并且还包含了一定的透明区域。图标通常以 PNG 格式存在,即调整图标大小时,不会发生图片失真的情况。它比图形和图片的使用更灵活,且可以在图表的制作中直接使用,所以在商务图表制作时使用比较频繁,如下图所示。

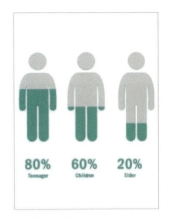
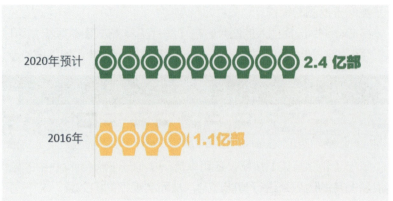

除前面案例中介绍的方法可以在工作表中插入图标外，还可以到专业网站上去搜集合适的图标。这里推荐两个特别好用的 ICON（图标）网站：阿里巴巴的 iconfont 网站和 easyicon 网站。

这两个网站的使用方法基本相同，首先在搜索框中输入搜索关键词，如"人物"，然后找到合适的 ICON，单击直接下载就可以使用了。在打开的下载界面中，可以进一步设置 ICON 的颜色，如下图所示。完成设置后，可选择以 SVG、AI、PNG 等文件格式进行下载。这样就可以下载符合自己图表配色方案的 ICON。此后，就可直接使用到商业图表中。

3.3.4 巧用数据标记

图表中的条形、面积、圆点、扇面或其他符号，代表源于数据表单元格的单个数据点或值，能比较直观地给人解读数据。可是，如果要想使图表与表格一样既能准确表达我们要表达的内容，同时给人以美好的视觉感受，通常还需要在图表中添加数据标记。

商业图表中可添加的数据标记类型有很多，如分类、画框、注释、标记等。有些制作方法很简单，通过 Excel 提供的数据标签设置方法就可以实现，有些效果需要通过插入文本框、形状等来实现。

1 为所有数据添加数据标签

数据标签是图表中用于显示数据点具体数值的元素，添加数据标签后可以使图表更清楚地表现数据的含义。在图表中可以为一个或多个数据系列进行数据标签的设置，不同图表类型提供的数据标签设置也略有不同。例如，柱形图的标签设置有居中、数据标签内、轴内侧、数据标签外、数据标注等格式。

选择柱形图后，单击【图表工具 设计】选项卡【图表布局】组中的【添加图表元素】按钮，在弹出的下拉菜单中选择【数据标签】命令，在弹出的子菜单中即可看到这些选项，用户可以根据需要选择数据标签的位置，如下图所示。

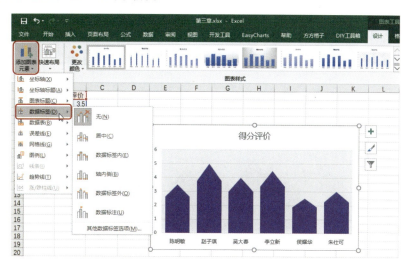

也可以在选择图表后，单击图表区右侧的【图表元素】按钮，在弹出的面板中单击【数据标签】命令右侧的下拉按钮，在弹出的下拉菜单中选择要添加数据标签的位置，如下图所示。

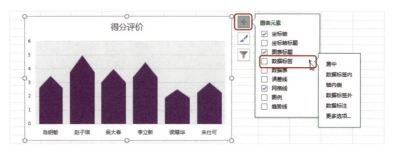

为上面的柱形图添加不同位置的数据标签效果如下图所示。

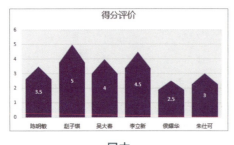

居中

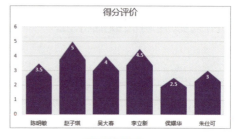

数据标签内

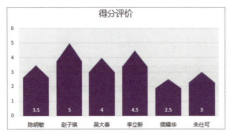

轴内侧

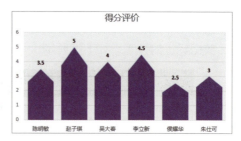

数据标签外

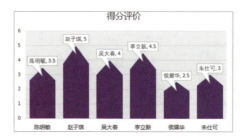

数据标注

> **技术看板**
>
> 在【设置数据标签格式】任务窗格中，可以设置数据标签的数字格式、填充颜色、边框颜色和样式、阴影、三维格式和对齐方式等样式。

2 为所有数据添加数据点标记

有些类型的图表即使添加了数据标签，说明数据的能力也不强。例如，很多新手制作的折线图，其折线的连接点不是很明显，如下图所示。虽然图表中添加了数据标签，但是某些位置的连接点到底在哪里不甚明确，如"主营业务收入"折线上 2018 年 4～11 月的位置、2019 年 4～10 月的位置都没有明显的转折。

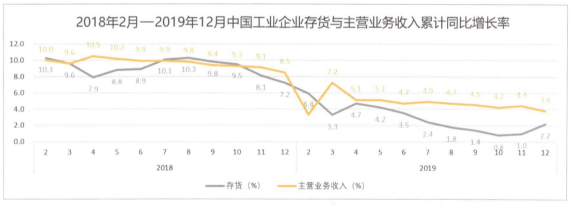

如何让这些连接点更明显一些？是通过添加形状的方式一个数据点一个数据点的添加吗？当然不必这么麻烦。只需要为数据系列设置标记点即可，具体操作方法为：先选择图表中需要添加数据标记的数据系列，打开【设置数据系列格式】任务窗格，单击【填充与线条】按钮，在下方的面板中选择【标记】选项卡，在【标记选项】栏中选中【内置】单选按钮，并在【类型】下拉列表框中选择需要添加的标记形状，在【大小】数值框中设置标记的大小，如下图所示。

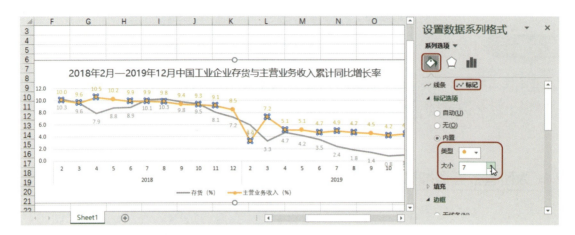

经过上步操作，即可为所选数据系列上的所有连接点添加设置的形状，用同样方法还可以为图表中的另一条折线添加其他数据标记，完成后的效果如下图所示。这样就能让读者更清楚地理解图表数据了。

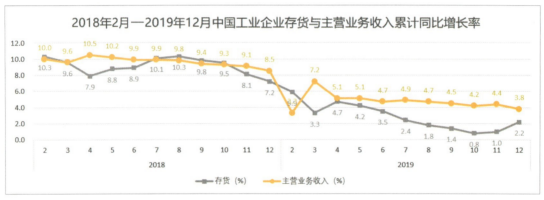

为折线添加数据标记时，数据点的大小要设置得合适，才能使图表既方便阅读又美观。一般情况下，如果数据点比较多，设置的数据标记就不宜太大；如果数据点少，将标记放大一些，并对排版进行合理的设置，反而可以让图表更出彩，如左图所示。

在【设置数据系列格式】任务窗格的【标记选项】栏中，选中【内置】单选按钮后，在【类型】下拉列表框中还提供了一个【图片】选项。选择该选项后，将打开如下图所示的【插入图片】对话框，通过选择就可以插入计算机中的图片、联机图片或图标作为数据标记形状了。

但是，通过这样的方法插入的图片或图标大小一般不合适，调整起来也不灵活。所以，不推荐使用。

如果商业图表的主题内容比较活泼有趣，可以用前面介绍的复制粘贴法来替换数据标记的外观。例如，要将.fbx格式的3D模型插入到图表中，从而制作出水果散点图的具体操作步骤如下。

步骤 01 准备工作。寻找"橙子"和"草莓"的3D模型文件，并保存到计算机中。

技术看板

Excel 2019 支持将 3D 模型直接插入到工作簿中，以阐释一个点。可将模型旋转360°，也可上下倾斜模型，以显示对象的具体特性。插入3D模型可以增加工作簿的可视感和创意感，在 Excel 2019 中可以轻松插入 .fbx、.obj、.3mf 等格式的3D模型。

步骤 02 执行插入3D模型命令。单击【插入】选项卡【插图】组中的【3D模型】按钮，如左下图所示。

步骤 03 插入3D模型。在打开的【插入3D模型】对话框中选择事先保存好的"橙子"和"草莓"3D水果素材文件，单击【插入】按钮，如右下图所示。

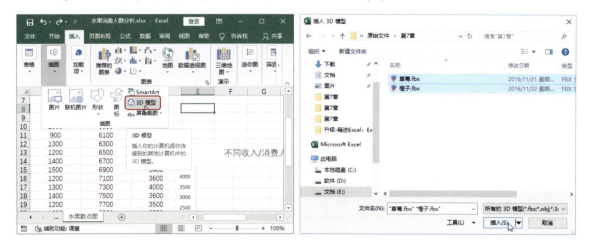

第3章 技术剖析：让动手能力跟上思维的脚步

步骤 04 旋转 3D 模型。在表格中选择插入的"草莓"3D 模型，单击并拖动鼠标使用三维控件向任何方向旋转或倾斜三维模型，直到得到需要的三维效果，如左下图所示。将"草莓"3D 模型缩小到适合图表数据项展示的大小。

步骤 05 调整"橙子"3D 模型。使用相同的方法调整"橙子"3D 模型的旋转效果，然后在【3D 模型工具 格式】选项卡的【大小】组中调整大小参数，让"橙子"3D 模型的大小达到最佳，如右下图所示。

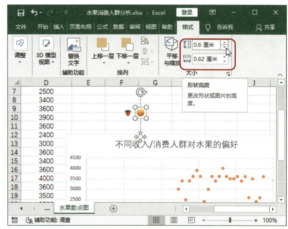

如果事先没有调整被替换图片或 3D 模型的大小，也可以在后续替换图表数据系列后，在如左图所示的【设置数据系列格式】任务窗格中单击【填充与线条】按钮，在【标记】选项卡中，将【类型】修改为圆圈形状，然后调整【大小】参数来调整图片或 3D 模型的大小。

步骤 06 设置散点填充方式。复制"草莓"3D 模型后，选中代表"草莓"的数据系列，按【Ctrl+V】组合键进行粘贴，便可将散点成功替换为"草莓"形状。用同样的方法，将代表"橙子"的数据系列替换为"橙子"3D 模型。添加坐标轴标题，并适当调整坐标轴刻度，最终水果散点图效果如下图所示。从水果的分布来看，收入越高、消费越高的人群越偏爱"草莓"。

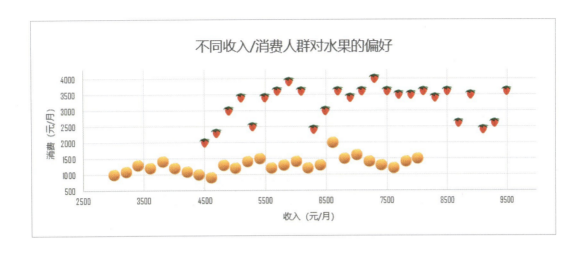

3 单独设置数据标记

如果只需要为图表中的某个数据点添加数据标记，可以在选择数据系列后（单击一次其中的一个数据点），再次单击选择要设置的数据点，然后通过前面介绍的方法为选中数据点设置数据标签和数据标记，实现单独设置数据标记的效果，如下图所示。

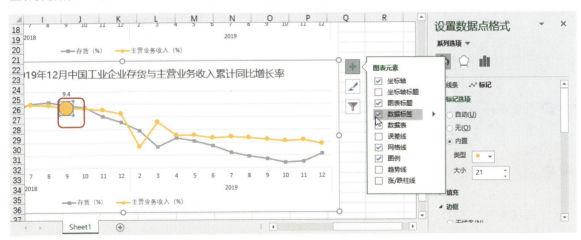

除此之外，还可以通过插入文本框、形状等方式对数据进行标记。这部分在 1.2.4 小节中已经给出了一些示例效果。下面通过一个案例来讲解具体的操作步骤。

步骤 01 调整图表效果。对前面制作的图表进行整体性调整，得到如左下图所示的效果。主要调整了图表的长宽比例，删除了图表标题，添加了网格线，删除了数据标签，并让绘图区右侧出现一片空白区域。

步骤 02 设置条件格式。选择"存货"数据系列的数据源所在单元格区域，单击【开始】选项卡【样式】组中的【条件格式】按钮，在弹出的下拉菜单中选择【最前/最后规则】→【前10项】命令，在打开的【前10项】对话框中为值最大的一项设置格式，如右下图所示。

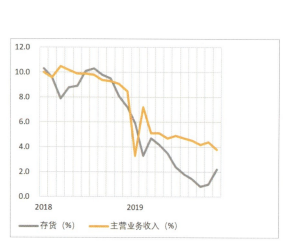

步骤 03 设置条件格式。用同样的方法继续为"存货"数据系列的最小项、"主营业务收入"数据系列的最大和最小项设置条件格式，完成后的效果如左下图所示。

步骤 04 插入形状。选择空白单元格，单击【插入】选项卡【插图】组中的【形状】按钮，在弹出的下拉菜单中选择一种形状，拖动鼠标进行绘制，这里绘制了如右下图所示的形状，再单击【图形工具 格式】选项卡【排列】组中的【旋转】按钮，在弹出的下拉菜单中选择【水平翻转】命令。

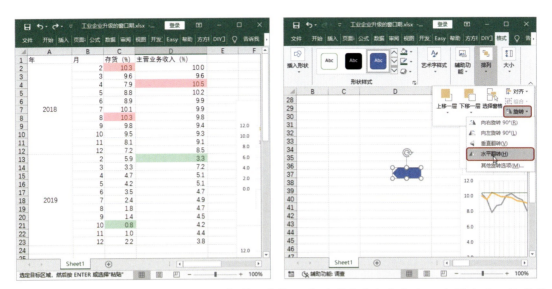

步骤 05 插入文本框。单击【插入】选项卡【文本】组中的【文本框】按钮,在弹出的下拉菜单中选择【绘制横排文本框】命令,在刚刚插入的形状上方拖动鼠标绘制一个文本框,并设置文本框的【形状填充】为"无填充颜色"和【形状轮廓】为"无轮廓",如左下图所示。

步骤 06 组合文本框和图形。修改形状颜色,并在文本框中输入数值。同时选择绘制的形状和文本框,单击【图形工具 格式】选项卡【排列】组中的【组合】按钮,在弹出的下拉菜单中选择【组合】命令,如右下图所示。

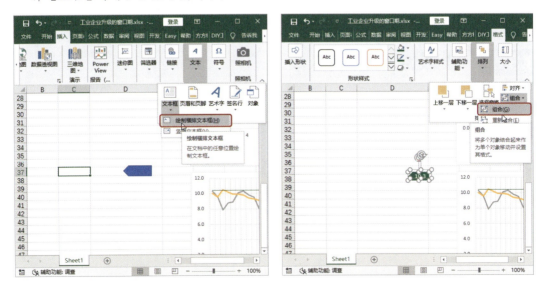

步骤 07 复制组合图形到图表中。将组合后的图形复制到图表中，并移动到绘图区右侧，再在图表中绘制一条直线，用以标注第一个数据点。在图表外侧复制组合图形，并修改颜色和数据，使用相同的方法标注到图表中，最终效果如下图所示。

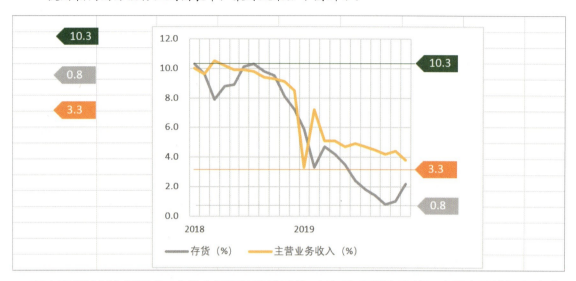

在本案例的制作过程中，有几个需要注意的环节：（1）由于图表中的元素不容易选择和移动，所以需要在图表外先将标注形状制作好，再复制到图表中；（2）直接在 Excel 的形状中输入文本，会有过多的边框距离，而放在图表中的这些元素都很小巧，所以一般是通过文本框来输入文字，再在下方绘制形状做底衬，最后为了使用方便要对插入的形状和文本框进行合并。

3.3.5 制表也要"不择手段"

通过上个案例的制作，以及前面内容的学习，我们大概知道商业图表的制作不仅可以使用"图表"功能去作图，还可以借助图标、图形、图片、文本框来完成。其实，商业图表制作远不止这些。要想图表专业、有特色，还应该想尽一切办法，用尽一切手段。

制作商业图表的过程，只有想不到的，没有做不到的。例如，可以将图片直接与数据紧密结合起来，图即是图表，图表即是图，生动形象。下图所示为俄罗斯人 Anton Egorov 制作的，看起来十分有趣的农业图表作品。

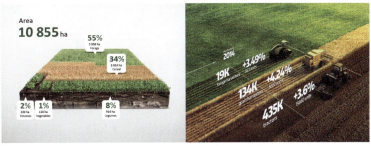

虽然商业图表不需要这么多的设计元素在里面，但基本的设计还是应该要的。

通过借用图标、图形、图片、文本框，可以实现商业图表的大部分效果。但有些效果还是无法完全实现，如我们之前讲过专业的商务图表的布局框架"主标题－副标题－图例区－绘图区－脚注区"，具体是如何实现的呢？

答案是：运用"图表 + 所有 Excel 元素"来作图。除上面提到的对象元素外，Excel 中还有一个更常见、更好用的元素 —— 单元格。

用好单元格，可以让商业图表制作更简单。下面举几个专业的商务图表例子即可明白。为了更好地分析如果这些图表是在 Excel 中完成的，可能是如何制作的，笔者在案例图表的周围加上了行列号，方便查看，如下图所示。

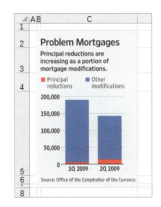

上面两图是《华尔街日报》中的典型图表。图表左侧单独用 B 列来实现所有元素左对齐，再也不需要手动对齐了。图表标题非常突出，尤其左上图中的标题显示为两行，如果仅用图表中自带的标题是很难实现这样的格式的。其实，它并没有使用图表的标题元素，而是将标题放在 C2 单元格中，并设置为灰底黑字的格式。副标题在 C3 单元格中，真正的图表在 C4 单元格中，数据来源在 C5 单元格中，B2:D6 单元格区域全部填充浅灰色。图表是无边框透明的，或者使用与单元格底色相同的填充颜色。整个 B2:D6 单元格区域组合成为一张完整的图表，可以为该区域加上边框线，形成图表的边框。

虽然仅用图表元素也可以做出例图中的效果，但是如果借用单元格来做，操作将更加方便快捷。

右上图的设置基本与左上图相同，只是添加了一行单元格用于放置图例。主标题在 C2 单元格中，副标题在 C3 单元格中，图例在 C4 单元格中，图表在 C5 单元格中，数据来源在 C6 单元格中。整个 B2:C7 单元格区域填充为浅灰色，组合成为一张完整的图表。

图例是不是与我们平时创建的有一点不同？默认情况下创建的图例方块总是比文字小很多，不方便查看。其实，它并没有使用图例元素，两个方块是特殊符号，被设置为与柱形相同的颜色。知道这个方法以后，想将图例设置为方块或圆形或其他形状都可以，显得很有个性。商业周刊的很多图表，经常曲线图的图例是方块，条形图的图例却是圆点，出其不意，给人一些新意。

另外，默认的图例用起来不够灵活，像右上图所示这种文字特别长的图例，用图例元素将会自动换行而不受控制。所以，这里还使用了文本框来放置图例。文本框是完全可控的，使用起来更灵活。

下面两图还是《华尔街日报》中的图表，左下图中的文字比较多，主标题在 C2 单元格中，副标题分别在 C3、C4 单元格中，图表在 C5 单元格中，注释和数据来源在 C6 单元格中。整个 B2:C6 单元格区域填充为浅橙色，组合成为一张完整的图表。

右下图的图表完全靠左对齐，顶部的紫色细条是 B2 单元格的填充色，也是图表编辑们经常用来形成风格的地方。主标题在 B3 单元格中，图例在 B4 单元格中，图表在 B5 单元格中，注释在 B6 单元格中，然后放置了两个文本框在图表中，用于数据注释。

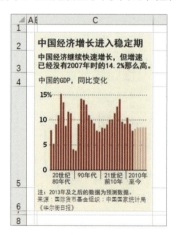
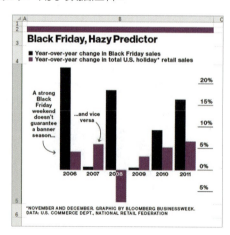

下面两图是《经济学人》中的图表，这个杂志的图表一贯在左上角贴着一块小红块，可以是 B2（右下图是 C2）单元格的填充色，也可以是一个插入的矩形形状。其他部分与上面的做法完全相同，主副标题分别在 C2、C3 单元格中，图表在 C4 单元格中，数据来源在 C5 单元格中。左下图的数据来源分为左右两部分内容，可以通过插入文本框来实现。

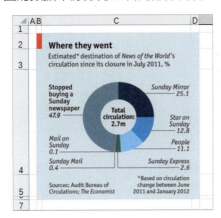
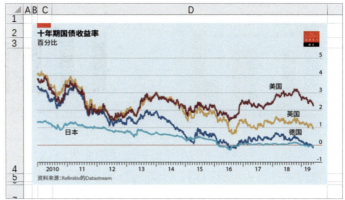

再来看两张《经济学人》中的图表，左下图中的内容比较多，实际还是从上到下安排单元格依次放置图表的主标题、副标题、图例、图表和数据来源等内容，然后调整绘图区的位置，或者直接在右侧单元格中用第 2 章中介绍的"拍照"技术粘贴一个散点图，或者直接再制作一个散点图放在条形图的右侧，并通过添加文本框的形式进行注释说明。右下图的图表中右上角的方块数字编号，也是通过插入文本框来实现的。

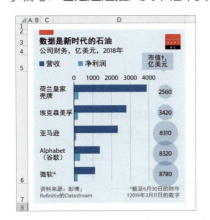
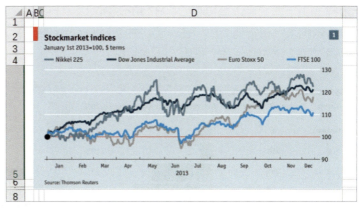

下面列举的是《商业周刊》中图表的典型风格。前两张图表因为需要在图表内部进行左对齐，所以增加了一列作为图表左侧的边框，然后按照前面的方法在单元格中放置图表元素。第一张图表中的主标题区设置为黑底白字的格式，下方安排了两个副标题，分别在 C3、C4 单元格中。这两张图表的图例都是用文本框形式放置在绘图区中的，这样更节省空间。第三张图表的绘图区是放置在整张图表的这一块儿的,左右没有留出空隙。

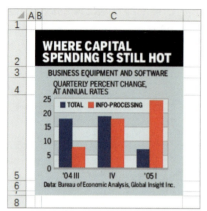 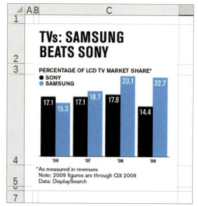 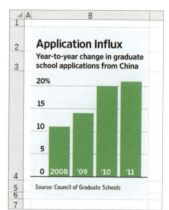

左下图是《彭博商业周刊》最近两年图表的风格,一个表格和图表结合的例子,似图似表,令人耳目一新。先做好表格,然后用 D 列的数据制作一个极度简化、完全透明的条形图,放置在 D 列的位置,调整大小与表格对齐,覆盖住下面的数字,并设置 B2:D11 单元格区域的填充色为"白色",将主标题放在合并后的 B2:D2 单元格区域中,副标题放在合并后的 B3:D3 单元格区域中,注释放在合并后的 B10:D10 单元格区域中,数据来源放在合并后的 B11:D11 单元格区域中,并设置为右对齐。另外,请注意图表上方的横线,它其实只是第 4 行的单元格边框线而已。

右下图还是《商业周刊》中的图表,在该图表的下方有一个数据表,但又比图表中的数据表元素样式更丰富。可以直接在 C4:H7 单元格区域中制作一个表格,然后在 C2:H2 单元格区域中制作一张图表,将它们"放"在一起,并通过 B 列和 H 列来实现图表边框效果。下方的数据表还可以通过第 2 章中介绍的"拍照"技术粘贴到此处。

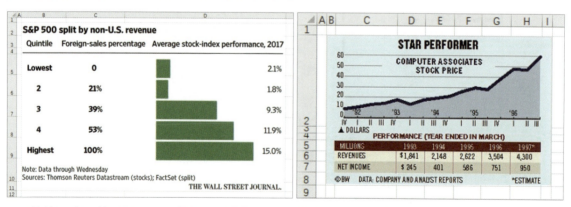

总结下来,就是 Excel 原有的"图表"功能,只用来制作商业图表的核心部分(大概是绘图

区的效果）。要实现一些"特殊"的图表效果，我们要转换一下思路，跳出图表对象的局限——只要能够为图表服务的元素，都应该利用起来创建图表，如单元格、文本框、图标、图形、图片等非图表元素。只要方便我们完成任务，都可以拿来运用，而完全不必受"图表"功能的束缚。

一旦我们从思维方式上突破了这个制图限制，思路就会豁然开朗。

有些人在看到本小节介绍的方法后，可能会有所不齿，认为这样的做法不规范，缺少技术含量。但你想过没有，虽然有些效果我们利用图表自带的元素也可以实现，但位置的移动、格式化的设置都很麻烦。不像单元格、文本框、图标、图形、图片等非图表元素的操作（选择、移动、对齐、换行等）那样方便，更何况很多效果只用图表元素还无法实现。在笔者看来，只要能方便我们快速完成制图任务，一切皆可使用。

小李在《华尔街日报》上看到如下图所示的一张图表，想要在 Excel 中仿制该图表效果，该如何实现呢？

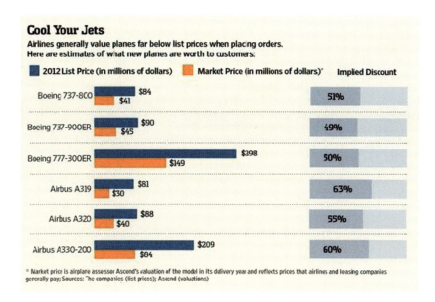

高手神器 3：

用图表秀实现在线制图

图表秀是一款网页版在线图表制作工具，使用它只需在浏览器的地址栏中输入网址，无须下载安装，注册登录即可，简单快捷。

图表秀的操作简单易懂，支持导入 Excel 等多种类型的数据，可根据提供的图表模板，快速在线制作出各种高级可视化图表，同时可以实现多张图表之间联动交互，让数据的变化规律和数据间的复杂关系展现更直观。下图所示为图表秀在线制作界面，左侧设置菜单导航包括我的资源、我的模板、我的收藏、帮助文档、意见反馈、模板库等。在【我的模板】中，单击【新建图表】按钮，即可进入图表编辑界面。

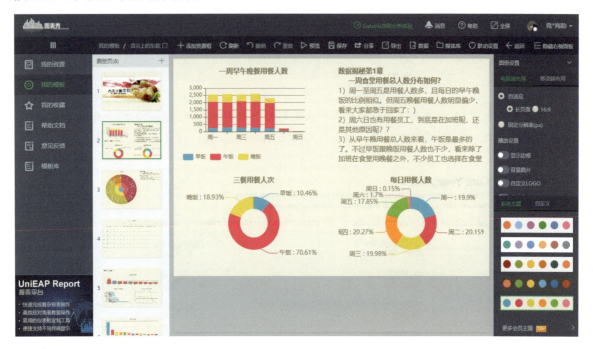

第 4 章

4

循序渐进：
用严谨的数据成就专业图表

我们知道，图表是基于数据来制作的，图表是数据的直观、形象化表现。所以，底层数据才是决定图表高度的标杆。

在实际数据业务处理中，也是以"数据整理→数据分析→数据呈现"为主线逻辑来开展的。我们设计图表常常是以展示数据分析结果为目的的，所以要结合实际情况来做图表。

要想制作的图表具有深层次的意义，就不能简单粗暴地用直接获取到的数据制作图表，还必须对数据进行加工分析，提炼出数据要表达的要点，并针对读者需求，制作出思路清晰、关系明显、外观精巧，又能让读者看得懂的图表。

实际上，专业的商务图表并不在于从外观上是否接近优秀的图表，真正需要下功夫的地方还是对数据的处理和分析。虽然这部分的"功力"并不像数据呈现部分那么容易用肉眼看到，不过要想从根本上提升图表的制作水平，还必须苦练数据分析这种"内功"。

请带着下面的问题走进本章

1 你的图表只是对数据进行直观展现,还是一种数据分析成果展示?

2 你的图表是做给谁看的,他看得懂吗?

3 你知道数据源和图表类型之间的关系是如何对应的吗?

4 还不知道如何收集、处理数据?

5 数据分析就是整理数据逻辑,具体如何提炼数据精华呢?

4.1 业务数据分析应有的思考

故事动不动听，不在于故事的内容有多感人，而在于讲故事的人是不是讲解得生动、形象。制作图表也一样，制作的图表好不好，不在于制作的图表运用了多少制作技巧，制作得有多漂亮，而在于有没有实现有效的沟通，因为我们制作图表的目的不是为了炫耀技术，而是为了更好地讲述内容，传递信息。那么，如何才能制作好图表呢？关键取决于数据分析。

数据分析是指通过恰当的统计方法和可行的分析手段，首先对数据进行收集汇总，然后加工处理，最后对处理过的有效数据进行分析，从而发现问题，找到可行的方案，做出有效的决策，帮助人们采取更科学的行动。

大部分的数据分析是基于业务背景来解读数据，把隐藏在数据背后的信息提炼和总结出来，发现其中有价值的内容。在进行数据分析的过程中，有两个重点需要注意：（1）我们需要提取的是有用的信息，而不是一味"自嗨"；（2）这些信息需要用来指导实践，而不是流于形式。

所以，数据分析时需要本着务实的态度，弄清楚数据分析的目的，了解读者的需要到底是什么，知道用合适的办法来解决问题，并得出结论。

4.1.1 想清楚你要表现什么

平时我们制作图表时，常常整理好数据，选择一个图表类型，很快就完成了。没有深入思考的过程，所以制作的图表也浮于表象，没有内涵。这可是商业图表制作的大忌。事实上，一个完整的从数据到图表的呈现过程应该包含以下几个步骤，如下图所示。

图表制作，尤其是商业图表的制作，首先要对数据进行分析，得出自己的结论，明确图表要表达的主题；然后根据这个主题和数据的关系，决定要选择何种图表类型，以及如何对图表做进

一步的细节处理；最后才是动手制作图表，并进行美化操作。

正所谓"横看成岭侧成峰，远近高低各不同"，同一组数据，可以从不同的角度观察，得出的结论也不同。所以，图表最终制作成什么效果，关键在于你想要表达什么。如果主题都不明确就妄谈图表的制作，没有任何实际意义。关于这点，在第1章中已经强调过。

可是，当面对密密麻麻的数据和各种各样的分析工具时，依然不知数据分析从何下手。

笔者认为，不管什么方法都是"处理数据"的手段，永远别忘记：你是为了解决问题。一个好的数据分析师应该花时间去思考到底是想解决什么问题，养成"先谋而后动"的习惯。基于界定清楚的问题给出一个明确的目标。将问题界定清楚，往往意味着整个问题分析的方向和逻辑也较为清晰了。否则，整个分析过程都将变得盲目，没有明确的数据分析目的，也无法确定使用哪些数据和手段进行分析。

因此，在设计图表之前，先充分理解数据，想清楚你通过图表要展示的目的，如比较功能、趋势功能等。例如，一位大型网店卖家，现在需要通过数据分析增加网店某款商品的转化率，确定这个目标后，就可以收集与转化率相关的数据，如下图所示，而不是像无头苍蝇那样将所有的网店数据都收集起来进行分析。

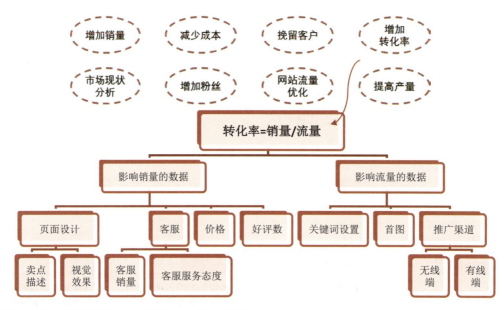

数据分析的目标往往来自以下3种工作场景。
（1）需要对现有的运营模式或对某个产品进行评估，以确定是否需要进行调整或优化。
（2）监控到现有的指标出现了异常，需要通过数据分析找出原因。
（3）公司下达了新目标，需要通过分析研究达成目标的策略。

总结起来，也就是数据分析的3个作用——分析现状、分析原因、进行预测，如下图所示。

数据分析的这 3 个作用之间是递进关系：首先，可以分析当下的情况，如通过分析企业运营数据，衡量运营现状；其次，当对现状有了了解和判断后，就可以进一步分析当下存在的问题，找到问题的根源，也可以分析当下运营良好的原因，找到企业能稳步发展的相关因素；最后，可以分析对策，再预测对策实施后的未来发展趋势。总而言之，数据分析的核心目的是保证事态向更理想的方向发展。

在统计学的领域内，又将数据分析分为描述性统计分析、验证性数据分析和探索性数据分析。这 3 种数据分析类型，基本上又分别对应了数据分析的 3 个作用，并最终决定了制作的图表价值高度，如下图所示。

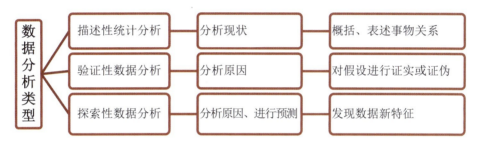

描述性统计分析是应用统计特征、统计表、统计图等方法来概括、表述事物的整体状况及事物间的关联和类属关系，属于最基本的分析统计方法，我们日常学习和工作中涉及的数据分析大多是描述性统计分析，这类图表也是制作得最多的；验证性数据分析侧重于对已有假设或模型进行证实或证伪；探索性数据分析侧重于在数据之中发现新的特征或有用的隐藏信息。验证性数据分析和探索性数据分析相对比较复杂，但是可以深层次挖掘数据，发现隐藏在数据内部的真相，所以制作出的对应图表具有的价值更高。

以目标为驱动的数据分析不仅可以保证信息收集的效率，还可以帮助我们梳理分析思路，并搭建分析框架，把分析目的分解成若干个不同的分析要点，即明确如何具体开展数据分析，需要从哪些角度进行分析，要采用什么样的分析指标，选择何种分析方式和工具，先分析什么，后分析什么，才能使得各分析点之间具有逻辑联系。

下图所示为上面所举网店数据的例子，展开的两个数据分析的具体思路，从中可以看出，数据分析的手段和工具是多种多样的，但是却各有用途。

当然，除掌握这些数据分析的技能工具和分析思路外，一名优秀的数据分析人员，还必须对业务、产品、需求背景有足够的了解，这样才能保证在数据分析之前与需求方的沟通更顺畅，选择更合适的分析方法。

4.1.2 想明白读者关心什么

数据分析人员就像是雕刻师，需要将一堆杂乱无章的数据进行精心打磨，挖掘出数据的隐藏价值。数据分析之前最需要引起重视，也是最容易被忽视的事情，就是思考图表制作的意义，即你制作的这张图表到底是给谁看的，他最关心的是什么，并以此来决定什么是分析的重要内容，做到"对症下药"。如果连读者是谁都不确定，怎么可能做出符合要求的图表。如何去组织内容和确定设计风格？

好的图表不仅要让自己满意，也应该让读者满意。在数据分析之前，通过充分沟通，摸清楚领导、客户、读者对数据的价值期望，才能做出一份令大家都满意的图表报告，如下图所示。

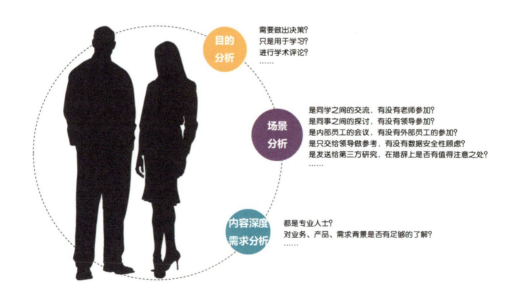

准确把握读者需求并不是什么高深的理论模型，而是一种思维方式，是一种思考角度。要想更好地站在读者的角度思考问题，我们可以从以下这些维度来分析读者。

1　读者是谁

根据图表对查看它的读者所起的作用,可以将图表读者划分为以下几类。

(1)通过查看图表获取信息,做出决策的人,如决策人员、股东(利益相关者)等。

(2)通过查看图表学习新信息的人。

(3)通过查看图表,并结合自己已经知道的情况来评论这个图表的人,这些人一般都对图表所指信息比较感兴趣,或者是个评论家。

图表阅读对象不同,所以制作的效果也应因人而异。例如,提供给财务部领导的财务相关图表可以专业化一些,而提供给其他部门领导尤其对本专业相当陌生的领导的图表则要力求通俗一些。

有的图表只会被少数人,甚至一个人阅读,但是大部分图表会被很多人阅读,例如,为一个组织而进行的分析。另外,还有些图表是任何人都有可能阅读的。提供给不同层次阅读对象的图表,则要求在图表制作前期的分析过程中准确把握好分析的框架结构和分析层次,以满足不同读者的需要。特别是遇到各行各业的人都有可能阅读的图表时,就要考虑读者对图表信息的可接受度了。会有初级的、中级的甚至更多不同级别的读者参与阅读。因为你无法取悦每个人,因此要定位你的读者,即首先关注接收你的信息的最重要的读者,其次关注读者中群体最大的那一部分。

场景分析时,还可以考虑到图表传递的过程,是在一个组织内部自下而上还是自上而下传递,是否需要对图表的安全性或保密性有所顾虑等,这涉及可供分析的数据选择、分析深度等。

2　读者需要什么

一旦清楚图表的目标受众是哪些人,你就应当尝试弄明白他们的特征,包括读者的相关背景、行业、学历、经历等最基本的信息,甚至还需要了解读者的人数及在公司里的职务背景等,因为相同数据的图表,如果对不同背景、职位的读者来说,所呈现的方式也是会有所不同的。

对于一个图表制作者来说,最需要知道的读者特征是,读者对图表信息的主题和其中的呈现方式的接受程度。你可能没办法改变读者对图表信息主题的知识储备,但是你可以通过调整图表的呈现方式帮助读者来理解要表达的内容。

一个图表制作者可能遇到的读者类型包括以下几类。

(1)老板型,这类人很忙,没时间也并不需要查看太多细节的内容、复杂的分析过程,他们需要的是结果，通过结果做出决策。所以，为他们生成简洁直观、清晰明了、美观大方的专业图表，用来复制粘贴到商业计划书、可行性研究报告或专业评论中。尽量不用复杂花哨的图表。

（2）实用型，这类人使用图表主要是能改善其工作质量和效率，他们需要的是直观的解决策略，即执行上的指导性知识。所以，为他们生成的图表必须保证结论清晰，明确行动上需要改进的方向或关键技术，尽量使用常见的图表类型，且同一张图表中不要涉及过多类型的数据信息。

（3）学习型，这类人懂一些知识并且有兴趣慢慢研究。所以，图表中涉及的基本术语必须定义明确，数据必须保证精确度，图表类型上可以选择一些用于宣传和演示类的漂亮图表。

读者的特征为图表的内容、重要信息、呈现方式、整体风格、标题的语调等提供了指导。在整张图表的制作过程中，要一直站在读者的角度去思考，时刻感受到他们的需求，制作的图表才能符合读者的要求，也才能最大程度地吸引读者的注意力，并得到他们的认可，从而将自己需要传递的内容传递给他们。

4.1.3 你的图表真的能让人看懂吗

数据分析后制作出相应的图表，其终极目标是为了满足读者对数据的价值期望，利用数据，借助可视化工具，还原和探索数据隐藏价值，描述数据世界。

但是，这整个过程中涉及不同的人。读者是看数据的人，他们会从自身角度出发提出需求；数据分析师是处理数据的人，他们在实际进行分析的过程中可能会得出更多的分析结论；甚至还有图表设计师，他们是做可视化呈现的人，根据数据分析结论最终制作出图表，或者不同的分析报告。每个人都有自己的立场和看世界的一种准则，不同的价值观、审美观……

那么，问题就出现了 —— 不同的人发现的信息、得出的结论可能不一样。那么，最终制作好的图表读者自己能看明白吗？这些信息与他们得出的结论相同吗？是他们需要的吗？例如，有些图表的推理逻辑甚是混乱，如左图所示，作者为了表达软件开发类不同级别之间的工资巨大差异，居然把最低值、平均值和最高值叠加在一起进行呈现。

还有的图表完全是乱配因果关系得到的效果，国外有个网站（Spurious Correlations）专门收集了一些这类图表，下面展示其中两个。

（1）被床单缠死的人数和人均奶酪消耗量，高度相关，如下图所示。

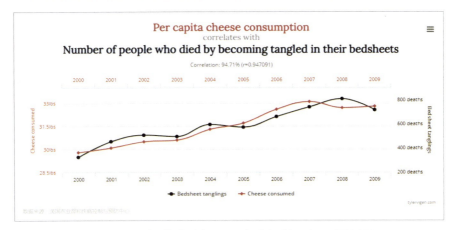

（2）美国缅因州的离婚率和人均黄油消耗量，高度相关，如下图所示。

相关性在探索性的研究中是很有用的，它可以在实践中预示某种关系，指明进一步研究的方向。然而，像上面列举的两个例子，吃奶酪和被床单缠死、吃黄油和离婚，明显是没有因果关系的两件事。如果我们的研究目的是找出被床单缠死、美国缅因州离婚率下降的主因，就需要针对性的调查或试验。而人均奶酪、黄油消耗量与要研究主题之间的相关性太弱，顶多起到提示性的作用（假如有）。例如，研究人员可能会想到，是否有一个第三方因素，导致了被床单缠死的人数和人均奶酪消耗量的共同提升、美国缅因州的离婚率和人均黄油消耗量的共同下降，如经济形势？

一个成熟的数据分析师要懂得避开这些可视化的"坑"，优化读者的体验程度，在确定数据分析思路时，就应该为分析的内容确定合适的数据分析方法，如 PEST 分析法、4P 理论，有时还需要借助专业的数据分析思维，如关联思维、对比思维。由此可见，数据分析最重要的是打开思维，不要局限于一个点，否则很难分析出更多有用的结论。

前面讲过数据分析有 3 个作用，围绕某一个作用将思维打开，可以找到很多突破点，大体的思路如下图所示。

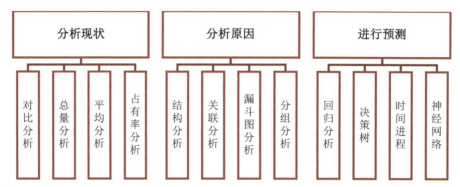

打开思维的秘密在于目的分解，目的分解在于找到数据分析的方法，避免在数据分析时不知从何下手。

1　在线教育用户规模研究

通过前期的数据收集和数据处理，得到了一份 2012—2018 年的在线教育用户数据表，现在需要分析在线教育的用户规模。不要让思维局限于"规模"二字，否则目光就会聚焦在数据表中最近年份的用户数量，从而只得出类似于"2018 年用户数量为 ××× 人"的分析结果。

对"规模"二字进行挖掘、联想，可以发现规模包含"数量规模"和"趋势规模"两个概念，再分别对这两个概念进行拆分，就很容易找到恰当的分析方法来进行数据分析，从而得出分析结论，具体思路如下图所示。例如，当目标拆分到"增长率趋势"时，就可以使用 Excel 计算每年的用户增长率，并且选择使用折线图来进行表现。

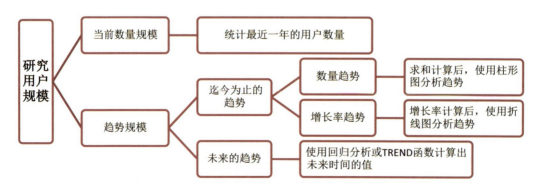

根据这样的分析思路，很容易得出如下图所示的数据分析结论（该图来源于艾瑞网）。

2　网文读者的花费分析

对目的进行分解，不能将目光局限于目的，否则所收集到的数据可能并不能完全满足拆分目标分析的需求。可以适当回顾手中所有的数据，思考一下"利用这样的数据，还可以分析出什么"，如此进行目的的拆分，可以保证数据分析不脱离实际。

着眼于当下数据时，发散思维的方法可以从数据本身出发，寻找数据规律、数据最大值、数据最小值、比例等。具体案例如下。

现在有一份样本数量为1万人的网文读者消费数据，需要利用这份数据分析网友在网文阅读上的花费规律。"网友更喜欢将钱用在哪类网文上"属于网文阅读规律范畴，但是利用现在的数据，显然不能进行此目标的分析。结合目的和数据，可以做的分析方向如下图所示。

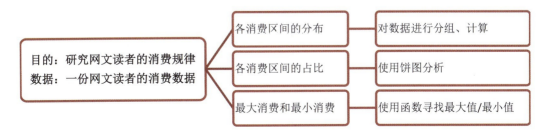

根据以上思路，对这份简单的网文读者消费调查数据进行 3 个方面的分析。对样本数据进行计算处理后，得到的图表和表格如下图所示。从数量分布来看，网友在网文上的消费普遍偏低，消费在 10 元以下的网友数量最多；从比例分布来看，有 82.1% 的网友消费在百元以内；从数据最大值和最小值来看，网友最低花费 0.5 元，最高花费达到了 1958.5 元。从这 3 个方面的分析结果，不仅可以看出网文读者的消费现状，还可以找到网友最容易接受的价格区间，有利于网文营销推广。

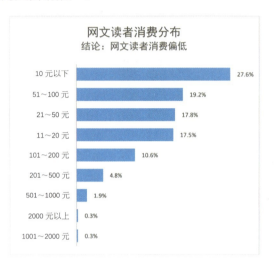
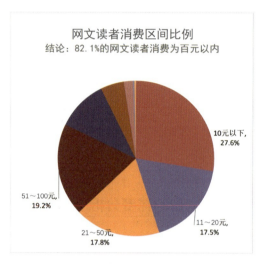

 小张是一名销售人员，现在需要分析季度销售数据，应该按照怎样的分析步骤进行？

4.2 数据处理成就更好的商业图表

图表设计其实是对数据进行二次加工，用统计图表的方式进行呈现，也是数据可视化的核心表现。图表设计既要保证图表本身数据清晰准确、直观易懂，又要在找准用户关注的核心内容基础上对其进行适当的突显，帮助用户通过数据进行决策。

因此，对收集到的大量第一手资料和第二手资料进行处理分析，才能最大化地开发数据资料的功能，发挥数据的作用，最终呈现专业的商务图表。

4.2.1 各类图表应避免的数据错误

在使用 Excel 建立数据表时，养成规范、良好的制表习惯至关重要，这不仅有益于后期数据分析的顺利进行，提高图表的美观程度，而且能体现专业素质。下面介绍一些新手容易犯的数据规范上的错误。

1 将数值和单位放在一个单元格内

制作数据表时，给数据添加单位是一个好的习惯，但是如何添加单位就体现了专业性。如右图所示，将数据和单位放在一个单元格内，虽然表面上看起来没有问题，但是却导致单元格内不是纯数值数据，无法进行计算，图表制作也会出现问题。

商品	销量	销售员
上衣	55件	王丽
长裤	101条	张强
裙子	75条	刘琦
鞋子	89双	赵丽

2 一个单元格输入多行数据

在单元格中输入数据时，按【Alt+Enter】组合键可以换行，但是该功能不能随意使用。通常情况下，只用于标题行。在输入数据时，要避免在一个单元格中输入多行数据。因为 Excel 是以单元格为单位计算的，一个单元格中有多个数据会引起计算错误。如下图所示，将一个店 3 天的销量数据输入一个单元格中，正确的做法是输入 3 个单元格中。

三个主店三天销量统计		
门店	销量（件）	销售员
A店	2515 1245 2514	李丽
B店	1254 1245 3265	刘强
C店	2154 2615 2154	赵奇

3 数据格式不对应

在 Excel 单元格内可以输入不同类型的数据，包括常规型、数值型、货币型、日期型等。不同类型的数据有不同的格式，如日期数据有对应的日期格式、文本数据有对应的文本格式。下面简单介绍一下表格中常用的几种数据类型。

（1）数值型：适用于表示数字的数据，如"4562""7.152"等。数值型数据还可以设置小数位数和使用千位分隔符等。

（2）货币型：适用于表示货币的数据。与数值型类似，不同的是，货币型数据前面会添加货币符号，如"￥1542"。

（3）日期型：适用于表示日期的数据，有多种表现形式，如"2012 年 3 月 14 日""2012/3/14""2012-3"，只需根据日期的长短进行恰当选择即可。

（4）时间型：适用于表示时间的数据，有多种表现形式，如"13:50""1:50 PM"等，根据需要选择即可。

（5）百分比：适用于表示百分比的数据，可以设置小数位数，如"3.25%""95%"等。

（6）文本型：适用于表示文本的数据，如"北京""上海"等。在 Excel 中，当输入数值的位数超过 12 位时，Excel 会自动以科学记数格式显示输入的数值，如"5.13029E+11"，此时也需要设置单元格格式为文本型。

格式设置关系到后期的统计分析能否正确进行，也会影响到图表中某些数据的显示效果。如下图所示，选择日期数据后，在【数字】组中的下拉列表框中可以看到其格式是【文本】格式，这就是一个格式上的错误，后期对数据按照日期进行分析时就可能出错。

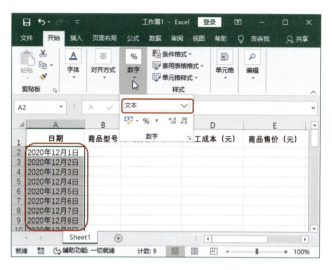

因此，在 Excel 表格中输入数据后，需要查看数据类型是否正确。为表格数据设置数据类型，既可以在输入数据前事先设置单元格的数据格式，也可以在数据输入后再设置数据格式。设置数据格式的方法有两种。

（1）通过菜单命令快速设置数据格式。

单击【开始】选项卡【数字】组中的下拉按钮，在弹出的下拉菜单中提供了常用的数据类型设置命令，但是这种方法只能设置默认类型，没有多种选择。如左下图所示，选择 A 列数据，在下拉菜单中选择【长日期】命令，即可将这列数据调整为日期型数据，如右下图所示。

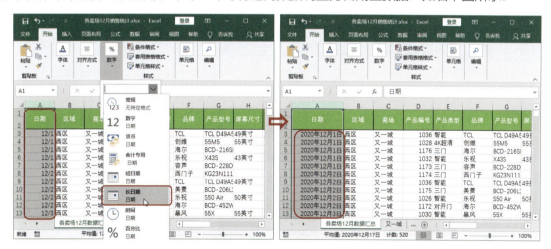

（2）在【设置单元格格式】对话框中设置数据格式。

我们还可以在【设置单元格格式】对话框中设置数据格式，这种方法可以灵活选择。单击【开始】选项卡【数字】组右下角的【对话框启动器】按钮，即可打开【设置单元格格式】对话框。如下图所示，选择 J、K、M 三列数据，打开【设置单元格格式】对话框，在【分类】列表框中选择【数值】选项，并设置【小数位数】为"1"，选中【使用千位分隔符】复选框，如左下图所示，单击【确定】按钮后关闭对话框，即可看到为这几列数据设置数据格式后的效果，如右下图所示。

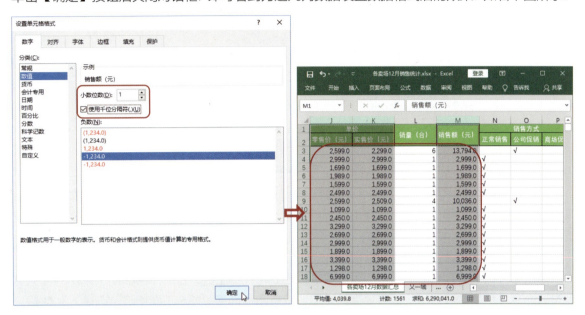

4.2.2 数据收集、清洗、加工全流程

图表设计的过程其实也是数据分析的过程，一般都是基于商业目的，有目的地进行收集、清洗、加工和分析数据，提炼有价值信息的一个过程。它们都是手段，不是目标，真正的目标是做出更好的决策。以目标为导向，任何图表设计的过程都应包括 6 个步骤，按照下图所示的 6 个步骤依次往下走，才不至于在整个过程中手忙脚乱。

本小节先来介绍数据收集、清洗、加工的整个流程。

1 数据收集

数据分析的目标需求按照前面介绍的方法确定以后，就需要开始准备相关的数据了。收集到相关数据是创建图表的第一步，数据分析的目的、行业不同，数据收集的渠道也不同，通常来说有以下 5 个渠道。

（1）内部数据库。

内部数据库是指企业、商家（包括各大中小型公司、事业单位和网店卖家）自成立以来不断积累的数据，主要可分为以下三类。

①传统企业数据：包括 CRM Systems（顾客关系管理系统）的消费者数据、传统的 ERP（企业资源计划）数据、库存数据及账目数据等。例如，每个公司成立以来，专门记录的不同时间段产品的产量、销售和利润等业务相关数据；又如，不同平台的网店卖家，都可以通过后台数据看到网店不同日期、不同产品的销售数据。

②机器和传感器数据：包括呼叫记录、智能仪表、工业设备传感器、设备日志、交易数据等。

③社交数据：包括用户行为记录、反馈数据等。例如，Twitter、Facebook 这样的社交媒体平台等。

（2）互联网。

当今是一个网络时代，很多网络平台都会定期发布相关的数据统计。有效利用搜索引擎，就可以快速收集到这些数据，如电商类数据、舆情数据、金融业数据、房地产数据。下图所示为针对阿里巴巴进货平台的"女式风衣"类商品的销售属性数据。

除通过各统计网站进行数据下载外，还可以通过网络爬虫等技术手段从互联网上取到数据，不过这就需要学习相关技术了。

（3）出版物。

现在有许多出版物中都可以查到相关的数据统计，如《中国统计年鉴》《中国社会统计年鉴》

《世界发展报告》《世界经济年鉴》等统计类出版物。

（4）市场调查。

在统计数据时，如果经过网络、出版物等多方查阅都无法收集到数据，还可以利用市场调查来进行统计，而且其统计的数据还可以保证时效性和真实性。市场调查需要利用科学系统的方式进行记录、收集和整理相关的市场数据，如可以采用问卷调查、观察调查、走访调查等形式。

（5）购买数据。

随着信息时代的到来，每日数据呈现爆发式增长，现在已经有很多专业的数据机构，可以提供各行业、各种类数据获取服务。很多企业在进行数据分析时，为了节约时间成本，且保证数据的可靠性，会选择专业机构购买数据服务。下图所示为专门分析新媒体数据的网站"清博指数"中提供的微信公众号回溯服务，用户付费后，就可以检测到某微信公众号的历史数据，从而判断这个公众号的成长过程。

2　数据清洗

成功收集到的原始数据往往比较杂乱，数据量也很大，此时需要对其进行数据清洗。之所以要进行数据清洗，是因为一份符合分析质量的数据，需要具备准确性、完整性和一致性，而收集到的初始数据，很难具备这 3 个特征。

如果不事先进行数据清洗，会有什么后果？

如下图所示，左边两列数据是未经加工清洗的原始数据，数据中有 3 个错误：一是 "7 月 32 日" 的数据多余（7 月没有 32 日）；二是出现了 "-25" 销量，销量不可能为负数；三是出现了 "0" 销量，而事实上这家公司每天都会有销量，所以 "0" 值是一个错误值。

按照错误的数据进行平均值计算，结果为 "37"，而进行数据加工清洗后计算的平均值为 "41"。两者看起来只相差 4，似乎不是一个大的数量级问题。如果这次平均值计算的目的是要估算全年的销量，那么按照错误数据获得的平均值进行估算的结果将为 37×365=13505（件），而正确的估算结果为 41×365=14965（件）。两者相差了 1460 件，这就不是一个小数目了。

日期	销量（件）		日期	销量（件）
7月25日	25		7月25日	25
7月26日	51		7月26日	51
7月27日	42		7月27日	42
7月28日	52		7月28日	52
7月29日	62		7月29日	62
7月30日	42		7月30日	42
7月31日	51		7月31日	51
7月32日	42	➡	8月1日	52
8月1日	52		8月2日	51
8月2日	51		8月3日	42
8月3日	42		8月4日	25
8月4日	-25		8月5日	26
8月5日	26		8月6日	51
8月6日	51		8月7日	42
8月7日	42		8月8日	23
8月8日	0		8月9日	25
8月9日	25		平均值	41
平均值	37			

数据分析的目的是预测和做出决策，试想如果在本案例中，通过平均值计算出全年的销量，是为了合理订购生产原料、制定生产计划、拟定未来一年的人事计划，那么涉及的因素就非常多了。1460 件的销量误估，就像蝴蝶的翅膀，轻轻煽动就会引起一场可怕的风暴。

再如，某化妆品公司在分析目标客户群体时，使用面对面问卷调查的方式收集到 5000 位消费者的年龄数据。然而公司负责问卷调查的人员是年轻的男士，从心理学的角度来看，大部分女士被陌生的年轻男士询问年龄时会自动将年龄降低 2～5 岁。该公司数据分析师没有从逻辑的角度衡量问卷调查信息的真实性，直接进入数据分析阶段，导致分析结果中，目标客户年龄比实际年龄偏低。

数据清洗的目的在于提高数据质量，使它们更符合数据分析的需要。如果数据质量有问题，那么不管分析图表多漂亮，分析逻辑多严谨，分析方法多适用，得出的分析结论都是徒劳。下面简单盘点一下数据质量存在问题的几个方面，如右图所示。

（1）数据真实性：数据必须真实准确地反映客观的实体存在或真实的业务，真实可靠的原始统计数据是数据收集工作的灵魂，是一切数据分析的前提。

（2）数据准确性：准确性也称为可靠性，是用于分析和识别哪些是不准确的或无效的数据，不可靠的数据可能会导致严重的问题，会造成有缺陷的方法和糟糕的决策。上面列举的案例就是错在数据准确性失误上。

（3）数据唯一性：用于识别和度量重复数据、冗余数据。重复数据是导致业务无法协同、流程无法追溯的重要因素，也是数据清洗过程中需要解决的最基本的数据问题。

（4）数据完整性：不完整的数据所能借鉴的价值就会大大降低，也是数据质量问题最为基础和常见的一类问题，需要在数据清洗过程中进行解决。数据完整性问题包括数据条目不完整，如数据记录丢失或不可用；数据属性不完整，如数据属性为空值。

（5）数据一致性：多源数据的数据模型不一致，如命名不一致、数据结构不一致、约束规则不一致等；数据实体不一致，如数据编码不一致、命名及含义不一致、分类层次不一致、生命周期不一致等；相同的数据有多个副本的情况下的数据不一致、数据内容冲突的问题。

（6）数据关联性：指存在数据关联的数据关系缺失或错误。例如，函数关系、相关系数、主外键关系、索引关系等。存在数据关联性问题，会直接影响数据分析的结果，进而影响管理者做出不同的经营管理决策。

（7）数据及时性：指能否在需要时获取到数据，数据的及时性与企业的数据清洗速度及效率有直接的关系，是影响业务处理和管理效率的关键指标。因为在实际工作中，很多统计、总结类的工作，都是并行开展的。当每一笔业务增减变化时，都会对数据结果产生影响。从一笔合同订单的成交，到每一次业务预算的成本支出，都会对最终的图表造成影响。在工作中，往往会因为统计截止时间的不同，而造成数据呈现结果的变化，进而影响管理决策。

数据清洗的过程就是针对数据质量问题进行一一完善的过程，是数据分析前必不可少的阶段。在实际工作中，数据清洗工作在数据分析整个过程中可能占到 30% 左右的工作量，这并不是浪费时间。经过清洗的数据会更准确、更有规律，能够提高后续分析的质量，节省因错误而返工的处理时间。

3 数据加工

经过清洗后的数据，并不一定是我们需要的数据，还需要根据数据分析的目的对数据进行加工，使它们更符合分析需求，包括对数据进行转换、提取、分类、计算等，如下图所示。

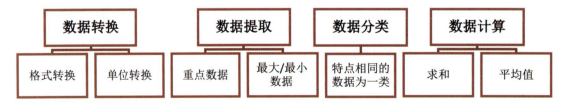

数据加工是启发数据分析灵感的一个步骤。数据本身不会说话，分析师也并不能完全预料数据所呈现的规律特征。如果在数据加工时，对数据重点进行标注，对数据进行分类，对数据进行求和、平均值等计算，那么在后期分析时，常常会发现意料之外的惊喜。例如，发现了特别的数据规律——原来 C 类客户消费额度高于平均值（在此之前，并没有重点关注 C 类客户的消费额度）。

总而言之，数据加工可以增加数据表的信息量，改变数据表的表现形式，可以激发更多的数据分析思路，发现更有价值的数据信息。

4.2.3　制作规范的数据表

日常工作中，我们需要制作的图表大多不是单一的个别图表，而是配合数据分析实现数据可视化的一组或一类图表。所以，进行数据源的整理可以在后续的数据分析和图表制作中省时省力。

企业中使用的表格一般比较多，细心的读者可以发现其中的数据很多是重复的。对于这些需要重复使用的数据，聪明的制表人会将所有表格数据的源数据制作在一张中规中矩的表格中，然后通过归纳和提取有效数据对源数据进行处理，再进一步基于这些处理后的数据制作出在不同分析情况下的对应表格。

在这个过程中需要制作四类表格——原始数据表、源数据表、计算分析表和结果报告表，这也完全符合 Excel 中进行图表制作的操作步骤：数据录入→数据处理（数据清洗 + 数据加工）→数据分析→图表呈现，如右图所示。

1　原始数据表

通过前面介绍的数据收集方法，得到的第一手数据，我们将它们录入或导入到 Excel 中，就形成了原始数据表。这些数据往往不能被直接利用，需要加工后才能用于数据分析。

例如，某电器公司在某市多个商场设立销售点，每个销售点的销售主管每天都需要统计各销售人员的具体销售数据,并汇报给负责该市营销的销售经理。经理在收到各卖场的销售日报表后,可能会将文件名称统一以"月.日"格式进行重命名,然后存放在对应卖场名称的相应月份文件夹下,如下图所示。

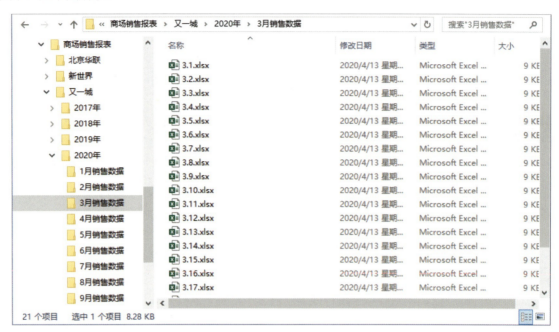

你是不是也经常这样管理自己计算机中的文件呢?是的,这样存放原始数据表已经是很不错的了。文件整理得井井有条。若当初还给各卖场的负责人发送了填写日报表的表格模板,则发送回来的表格格式也是统一的。

原始数据表的要求不高,只是若表格格式更接近于分析所需源数据表的要求,则后续制作起来会更加容易一些。

② 源数据表

如果你的工作内容包括数据分析,那你一定清楚就算我们把所有收到或制作的原始数据表像上图所示那样整理了,也很难快速完成上级领导交给我们的数据分析任务。为什么呢?因为上级领导要看的资料不是各卖场销售主管提交的销售日报表。虽然各卖场销售主管提交的销售日报表对于销售主管来说已经是他提供的结果报告表了,但对于销售经理来说只是原始数据表。销售经理的工作就是需要将每次接到的日报表数据按照上级领导的要求制作出各种结果报告表。若每次都直接根据上司需求收集需要的数据，制作临时的过渡表格，再据以编制出结果报告表，其间有些数据无法实现公式运算，可能需要手动输入或动用计算器来完成，这个工作量可想而知了。

而且，上级领导的要求多变，一会儿让分析 A 卖场 12 月的销售情况，一会儿让查看 B 卖场某产品的销量，一会儿又让对比各卖场某天的销售数据……反正有无穷尽不重样的要求。但是通过上面那种接近于手动操作的方法，要完成上级领导下达的任务，每次都需要重新建立临时的过渡表格，这些表格几乎没有被再利用的价值。

该怎么办，该怎么办？除了加班，还是加班……错！你只是缺少了一张源数据表。

什么是源数据表？它最理想的状态是一张表，该表中包含了我们预先可以想到的后期用于数据分析的各种基础数据，等于汇总了所有原始表格数据中的各种明细数据，这些数据在后期是可以重复使用的，如下图所示。源数据表一般是不对外报送的，只作为基础数据的录入，而且对表格的格式有一定的要求。

	B	C	D	E	F	G	H	I	J	K	L	M	N	O
1	日期	区域	商场	产品编号	大类	品牌	产品类型	产品型号	屏幕尺寸	总容积(升)	零售价	实售价	销量	销售额
2	12/1	东区	又一城	1036	电视	TCL	智能	TCL D49A561U	49英寸		2599	2299	6	13794
3	12/1	东区	又一城	1028	电视	创维	4K超清	55M5	55英寸		2999	2999	1	2999
4	12/1	东区	又一城	1176	冰箱	海尔	三门	BCD-216SDN		216	1699	1699	1	1699
5	12/1	东区	又一城	1032	电视	乐视	智能	X43S	43英寸		1989	1989	1	1989
6	12/1	东区	又一城	1173	冰箱	容声	三门	BCD-228D11SY		228	1599	1599	1	1599
7	12/2	东区	又一城	1174	冰箱	西门子	三门	KG23N1116W		226	2499	2499	1	2499
8	12/2	东区	又一城	1036	电视	TCL	智能	TCL D49A561U	49英寸		2599	2509	4	10036
9	12/2	东区	又一城	1175	冰箱	美菱	三门	BCD-206L3CT		206	1099	1099	1	1099
10	12/2	东区	又一城	1026	电视	乐视	智能	S50 Air	50英寸		2450	2450	1	2450
11	12/2	东区	又一城	1172	冰箱	海尔	对开门	BCD-452WDPF		452	3299	3299	1	3299
12	12/3	东区	又一城	1030	电视	暴风	智能	55X	55英寸		2699	2699	1	2699
13	12/3	东区	又一城	1033	电视	飞利浦	智能 UHD	55PUF6056/T3	55英寸		2999	2999	1	2999
14	12/3	东区	又一城	1027	电视	小米	智能	L43M3-AA	43英寸		1899	1899	1	1899
15	12/4	东区	又一城	1182	冰箱	美的	双开门	BCD-516WKZM(E)		516	3399	3399	1	3399
16	12/4	东区	又一城	1171	冰箱	美的	三门	BCD-206TM(E)		206	1298	1298	1	1298
17	12/4	东区	又一城	1170	冰箱	西门子	对开门	KA92NV02TI		610	6999	6999	1	6999
18	12/5	东区	又一城	1028	电视	创维	4K超清	55M5	55英寸		2999	2949	4	11796
19	12/5	东区	又一城	1184	冰箱	容声	双开门	BCD-516WD11HY		516	2999	2999	1	2999
20	12/6	东区	又一城	1185	冰箱	松下	三门	NR-C32WP2-S		316	3990	3990	1	3990

… | 北京华联 | 悦城 | 新世界 | 各卖场12月数据汇总

3 计算分析表

在制作好的源数据表基础上，通过归纳和提取其中的有效数据，又可以自行编制成分析用的工作底稿，即计算分析表，下图所示便是一个典型的计算分析表。计算分析表一般也是不对外报送的，只存在于数据分析者的计算机中。

4　结果报告表

这个表格就是要对外提供的（如发送给上级领导看的）数据分析结果报表。其实，只需要基于计算分析表中的数据，再进行美化和适当说明，以便于对方查看和理解，或者以更容易理解的图表方式等进行展示，便可制作出在不同分析情况下的对外提供的分析结果报表了。

结果报告表的格式是按照查看者的需求进行设置的，从数据分析的角度来讲，没有任何格式要求，而且通常不会以工作簿的形式传递出去，一般会进一步加工成 PPT 文件或 Word 文件。下图所示便是对上图的计算分析表再加工美化后的最终提交结果报告的图表形式。

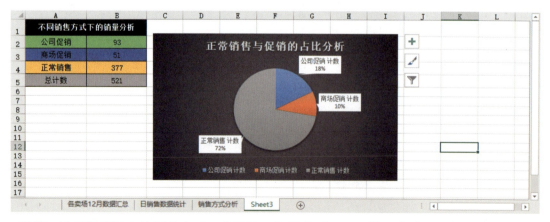

当然，这只是理论上的划分方式。实际同一张报表对于不同的用户或不同的环境来说，可能是任何一类表格，如卖场主管根据各销售员提供的当日数据制作的日报表，再上交给他的销售经

理，该表格对于卖场销售主管来说已经是结果报告表了，但对于销售经理来说却仅仅是原始数据表。有时，即使是同一个人分析同一张表格中的数据，该表格也可能属于不同的表格类型。

我们分析一张表格的设计是否合理，首先要判断清楚这张表格是什么类型的表，因为对于原始数据表、源数据表、计算分析表、结果报告表的格式要求是不一样的。在这4张表格中，源数据表是很多人没有制作，却用途最大的表格。下面来看看这张表应该如何制作。

（1）将数据汇总到一张源数据表中。

要想在制作计算分析表时只考虑调用对应数据，使用合适的公式和数据分析功能进行制作即可轻松完成，制作源数据表时就最好在一张表格中汇总各项数据。若分别记录在多张表格中，就失去了通过源数据表简化其他计算分析表制作的目的。

汇总多张有关联表格数据的方法就是添加字段。例如，要将前面提到的每日销售数据（多个工作簿）汇总到一张表格中，形成当月的销售数据，先将工作表数据汇总到一个工作簿中，然后在表格中添加一个"日期"字段即可，如下图所示。

在上面表格的基础上，再添加一个"商场"字段，便可将各商场当月的数据（多个工作表）汇总到一张工作表中了，如下图所示。

按照这样的方法，我们还可以继续整合，逐步将多张工作表中的文件合并到一张工作表中，再将多个工作簿中的文件合并到一张工作表中，甚至将多个文件夹中的文件合并到一张工作表中。

（2）补齐分析必须的字段。

要想分析某类数据，就必须在源数据表中有该字段的数据记录才行。所以，在创建源数据表时应该具有大局思维，提前考虑表格将来可能涉及的分析范畴，然后查看对应的关键字段是否缺少，如果缺少就需要添加相应的字段。

表格设计之初，数据的完整性是第一考虑要素。你需要清楚自己制作的是一张什么表，能够记录什么，可能用于分析什么，应该怎样记录。如果实在茫然，最好的办法就是将你能收集到的所有数据都分门别类地记录下来。源数据表中包含的内容越多、越丰富越好。

例如，在前面介绍的销售数据汇总表中没有添加销售区域的字段，而以后可能会根据区域对数据进行汇总，那么，就应该在源数据表中添加"区域"字段，完成后的效果如下图所示。

（3）规范字段设置。

从简单的层面来讲，源数据表中应该将同一种属性的数据记录在同一列中，这样才能方便在计算分析表中使用函数和数据透视表等工具对同一类数据进行分析。所以，手动建立数据表的第一步便是为数据命名，数据的名称在 Excel 表格中称为字段，后期数据分析计算均是以字段为依据进行的。

为了后期数据分析不会出现混乱现象，为字段命名时必须规范，主要应做到以下 3 个要点，如下图所示。

源数据表中的字段数据以后都是需要参与数据分析的，所以字段内容不能是简短的评论或句子，要做到言简意赅，能用两个字概括清楚的，就不要用 3 个字。例如，一组车间产量数据，可以命名为"产量（件）"，就不要命名为"XX 企业车间产量（件）"。字段名称也不能是一些代表符号（如√），每个数据都应该是有明确表述意义的，即具有单一的数据属性。

一份合格的数据，一定要有规范的单位，同样的数据、不同的单位，其数据含义也不同。由于单位不可以和数据放在同一单元格中。因此，在命名时，可以将单位放在括号中，或者放在"/"后面。在为数据命名时，有一个注意事项：数据超过3位时，尽量选择更大的单位，方便阅读和统计。例如，销售额数据是5位数，使用"万元"为单位，而非"元"，可避免数字位数太多引起的阅读困难。当然，数据的小数也要相应地进行移动，如下图所示。

不同的行业有不同的标准规范和习惯用语，在为数据命名时首先要考虑使用专业术语，如金融行业的"汇报利率""专家报价""价格趋势分离"等。在没有专业术语的情况下，要选择大家都惯用的通用书面语，如统计员工信息时，使用"性别"来记录员工性别，而不是使用"男女""Sex"（除非是英语国家的数据分析，否则使用中文）。选择通用语，还有一层意义，在企业内部做数据分析时，优先选择企业的通用语，而非地区、国家的通用语。例如，某企业为商品的销售额数据命名为"金额/元"，那么在数据输入时，最好遵从这一企业规范。这样做也方便将企业的其他表格统计到一起，而不会出现字段有出入的情况。

综上所述，注意以上几点就能正确地为数据命名，规范命名效果如下图所示。在这张表格中已经完成了数据命名，接下来只需要按照名称在下方单元格中输入数据即可。

	A	B	C	D	E	F	G
1	日期	商品型号	广告费用（元）	人工成本（元）	商品售价（元）	销量（件）	利润（元）
2							
3							

另外，表格中字段的顺序也是不容忽视的，为什么成绩表中通常都把学号或姓名作为第一列？为什么语文、数学、英语科目的成绩总排列在其他科目成绩的前面？

如果表格中的字段顺序安排不合理，不仅会影响数据录入者的正常思维，还会让他们在忽左忽右的输入过程中浪费大量时间。所以，设计表格时需要分清各字段的关系、主次等，按字段的重要程度或某种方便阅读的规律来排列字段，每个字段放在什么位置都需要仔细推敲。最好能根据填表流程和工作流程等关系来合理安排字段的顺序，让人觉得源数据表的录入过程犹如生产线上的产品一样，从开始到结束一气呵成。

例如，上图所示的表格中就可以根据常用的思维模式，将"广告费用"列和"人工成本"列的位置互换，完成后的效果如下图所示。

	A	B	C	D	E	F	G
1	日期	商品型号	人工成本（元）	广告费用（元）	商品售价（元）	销量（件）	利润（元）
2							
3							

（4）使用单层表头。

表头用于指明表格行列的内容和意义，通常是表格（数据所在的连续区域）的第一行或第一列。Excel 默认空白工作表的首行和连续数据区域的首行为表头，用于区别每列数据的属性，是筛选和排序的字段依据。例如，下图所示的调查表中第一行的内容有“群体”“10～20 岁”“21～30 岁”等，其作用是标明表格中每列数据所代表的意义，所以这一行则是表格的表头。

群体	10～20 岁	21～30 岁	31～40 岁	41～50 岁	50 岁以上
女性	21%	68%	45%	36%	28%
男性	18%	58%	46%	34%	30%

再来看看下图所示的表格，是不是和前面说的有一点不一样？对，它有两层表头。作为对外报送的结果报告表，只要能把问题表述清楚，报表使用者能够接受，使用这样的双层或更多层的表头都不是问题，但作为源数据表就不同了，源数据表中只能使用单层表头。

	B	C	D	E	F	G	H	I	J	K	L	M	N	O	P
1	日期	商场	产品编号	产品类型	品牌	产品型号	屏幕尺寸	总容积（升）	单价		销量	销售额	销售方式		
2									零售价	实售价			正常销售	公司促销	商场促销
3	12/1	又一城	1036	智能电视	TCL	TCL D49A561U	49英寸		2599	2299	6	13794		√	
4	12/1	又一城	1028	4K超清电视	创维	55M5	55英寸		2999	2999	1	2999	√		
5	12/1	又一城	1176	三门冰箱	海尔	BCD-216SDN		216	1699	1699	1	1699	√		
6	12/1	又一城	1032	智能电视	乐视	X43S	43英寸		1989	1989	1	1989	√		
7	12/1	又一城	1173	三门冰箱	容声	BCD-228D11SY		228	1599	1599	1	1599	√		
8	12/2	又一城	1174	三门冰箱	西门子	KG23N1116W		226	2499	2499	1	2499	√		
9	12/2	又一城	1036	智能电视	TCL	TCL D49A561U	49英寸		2599	2509	4	10036		√	
10	12/2	又一城	1175	三门冰箱	美菱	BCD-206L3CT		206	1099	1099	1	1099	√		
11	12/2	又一城	1026	智能电视	乐视	S50 Air	50英寸		2450	2450	1	2450	√		
12	12/2	又一城	1172	对开门冰箱	海尔	BCD-452WDPF		452	3299	3299	1	3299	√		
13	12/3	又一城	1030	智能电视	暴风	55X	55英寸		2699	2699	1	2699	√		
14	12/3	又一城	1033	智能 UHD电视	飞利浦	55PUF6056/T3	55英寸		2999	2999	1	2999	√		
15	12/3	又一城	1027	智能电视	小米	L43M3-AA	43英寸		1899	1899	1	1899	√		
16	12/4	又一城	1182	双开门冰箱	美的	BCD-516WKZM(E)		516	3399	3399	1	3399	√		
17	12/4	又一城	1171	三门冰箱	美的	BCD-206TM(E)		206	1298	1298	1	1298	√		
18	12/4	又一城	1170	对开门冰箱	西门子	KA92NV02TI		610	6999	6999	1	6999	√		
19	12/5	又一城	1028	4K超清电视	创维	55M5	55英寸		2999	2949	4	11796			√
20	12/5	又一城	1184	双开门冰箱	容声	BCD-516WD11HY		516	2999	2999	1	2999	√		
21	12/6	又一城	1185	三门冰箱	松下	NR-C32WP2-S		316	3990	3990	1	3990	√		
22	12/7	又一城	1025	智能电视	小米	L48M3-AF	48英寸		2099	2079	5	10395			√

又一城　北京华联　悦城　新世界　各卖场12月数据汇总

上图所示的表格中，有着双层内容的部分，第 2 行看似表头，实际上仅仅是些文字说明，对 Excel 识别某列数据的属性并没有任何帮助，特别是在后期需要调用筛选等功能制作其他数据分析表时，因为 Excel 无法自动定位到正确的数据区域，需要手动设置才能完成，这就无形中增加了我们的工作量。而 Excel 默认首行为表头，就是为调用菜单命令及自动识别数据区域提供方便。因此，我们也应按照 Excel 的默认设置，仅仅使用一行内容作为表头。

实际上，上图所示的表格中只有第 1 行的表头才是真正的标题行，第 1 行的文本是对第 2 行表头的文本说明。而源数据表只是一张明细表，除使用者本人会使用外，一般不需要给别人查看，所以这样的文本说明也是没有太大意义的。直接将第 1 层的“单价”数据删除，保留第 2 层的“零售价”和“实售价”表头即可，如下图所示。

日期	产品类型	品牌	产品型号	屏幕尺寸	总容积(升)	零售价	实售价	销量
12/1	智能电视	TCL	TCL D49A561U	49英寸		2599	2299	
12/1	4K超清电视	创维	55M5	55英寸		2999	2999	
12/1	三门冰箱	海尔	BCD-216SDN		216	1699	1699	
12/1	智能电视	乐视	X43S	43英寸		1989	1989	
12/1	三门冰箱	容声	BCD-228D11SY		228	1599	1599	
12/2	三门冰箱	西门子	KG23N1116W		226	2499	2499	
12/2	智能电视	TCL	TCL D49A561U	49英寸		2599	2509	
12/2	三门冰箱	美菱	BCD-206L3CT		206	1099	1099	
12/2	智能电视	乐视	S50 Air	50英寸		2450	2450	
12/2	对开门冰箱	海尔	BCD-452WDPF		452	3299	3299	
12/3	智能电视	暴风	55X	55英寸		2699	2699	
12/3	智能 UHD电视	飞利浦	55PUF6056/T3	55英寸		2999	2999	
12/3	智能电视	小米	L43M3-AA	43英寸		1899	1899	
12/4	双开门冰箱	美的	BCD-516WKZM(E)		516	3399	3399	
12/4	三门冰箱	美的	BCD-206TM(E)		206	1298	1298	
12/4	对开门冰箱	西门子	KA92NV02TI		610	6999	6999	
12/5	4K超清电视	创维	55M5	55英寸		2999	2949	
12/5	双开门冰箱	容声	BCD-516WD11HY		516	2999	2999	

双层表头中常见的还有一类，就是将第二层表头用于分化为多个类别，下方的具体数据用图标的形式来进行记录，如上上图所示的“销售方式”列效果。这样的记录方式在结果报告表中经常出现，尤其在将明细数据打印张贴供人自查时，分列记录并打钩显示是非常清晰直观的。而源数据表制作的目的是要进行下一步的数据分析，这样将同属性的数据分别显示在多列中，就为数据筛选、排序、分类汇总设置了障碍。所以，在改进这类型的多层表头时，还需要考虑将同类型的数据记录在同一列中。

本例中，可以先使用替换功能将图标替换为对应的说明文字，得到如左下图所示的效果。然后通过合并列的方法，将多列数据合并到一列中，并将多余的表头和数据删除，得到如右下图所示的效果。

日期	零售价	实售价	销量	销售额	销售方式		
					正常销售	公司促销	商场促销
12/1	2599	2299	6	13794		公司促销	
12/1	2999	2999	1	2999	正常销售		
12/1	1699	1699	1	1699	正常销售		
12/1	1989	1989	1	1989	正常销售		
12/1	1599	1599	1	1599	正常销售		
12/2	2499	2499	1	2499	正常销售		
12/2	2599	2509	4	10036		公司促销	
12/2	1099	1099	1	1099	正常销售		
12/2	2450	2450	1	2450	正常销售		
12/2	3299	3299	1	3299	正常销售		
12/3	2699	2699	1	2699	正常销售		
12/3	2999	2999	1	2999	正常销售		
12/3	1899	1899	1	1899	正常销售		
12/4	3399	3399	1	3399	正常销售		
12/4	1298	1298	1	1298	正常销售		
12/4	6999	6999	1	6999	正常销售		
12/5	2999	2949	4	11796			商场促销
12/5	2999	2999	1	2999	正常销售		

日期	屏幕尺寸	总容积(升)	零售价	实售价	销量	销售额	销售方式
12/1	49英寸		2599	2299	6	13794	公司促销
12/1	55英寸		2999	2999	1	2999	正常销售
12/1		216	1699	1699	1	1699	正常销售
12/1	43英寸		1989	1989	1	1989	正常销售
12/1		228	1599	1599	1	1599	正常销售
12/2		226	2499	2499	1	2499	正常销售
12/2	49英寸		2599	2509	4	10036	公司促销
12/2		206	1099	1099	1	1099	正常销售
12/2	50英寸		2450	2450	1	2450	正常销售
12/2		452	3299	3299	1	3299	正常销售
12/3	55英寸		2699	2699	1	2699	正常销售
12/3	55英寸		2999	2999	1	2999	正常销售
12/3	43英寸		1899	1899	1	1899	正常销售
12/4		516	3399	3399	1	3399	正常销售
12/4		206	1298	1298	1	1298	正常销售
12/4		610	6999	6999	1	6999	正常销售
12/5	55英寸		2999	2949	4	11796	商场促销
12/5		516	2999	2999	1	2999	正常销售

（5）禁止随意插入空行或空列。

很多新手在制表时容易随意插入空行或空列，认为这样可以更有条理地显示数据，如下图所示。

	A	B	C	D	E	F	G	H	I	J	K
1	日期	区域	商场	产品编号	产品类型	品牌	产品型号	屏幕尺寸	总容积(升)	单价	
2										零售价（元）	实售价（元）
3	2020年12月1日	西区	又一城	1036	智能	TCL	TCL D49A5	49英寸		2,599.0	2,299.0
4	2020年12月1日	西区	又一城	1028	4K超清	创维	55M5	55英寸		2,999.0	2,999.0
5	2020年12月1日	西区	又一城	1176	三门	海尔	BCD-216SI		216	1,699.0	1,699.0
6	2020年12月1日	西区	又一城	1032	智能	乐视	X43S	43英寸		1,989.0	1,989.0
7	2020年12月1日	西区	又一城	1173	三门	容声	BCD-228D		228	1,599.0	1,599.0
8											
9	2020年12月2日	西区	又一城	1174	三门	西门子	KG23N111		226	2,499.0	2,499.0
10	2020年12月2日	西区	又一城	1036	智能	TCL	TCL D49A5	49英寸		2,599.0	2,509.0
11	2020年12月2日	西区	又一城	1175	三门	美菱	BCD-206L		206	1,099.0	1,099.0
12	2020年12月2日	西区	又一城	1026	智能	乐视	S50 Air	50英寸		2,450.0	2,450.0
13	2020年12月2日	西区	又一城	1172	对开门	海尔	BCD-452W		452	3,299.0	3,299.0

事实上，这样的空行或空列完全没有添加的意义，反而人为将一个完整的数据表"切"得七零八落。在数据之间插入空行或空列，会导致很多分析功能受到影响，如无法使用"分类汇总"和"透视表"功能分析数据。最直接的影响，就是当我们选择了这些区域中的任意单元格后，再按【Ctrl+A】组合键将只能选择该单元格所在的这一个数据区域的所有单元格。这是因为 Excel 是依据行和列的连续位置来识别数据之间的关联性，而人为设置的空行和空列会打破数据之间的这种关联性，导致 Excel 认为它们之间没有任何联系。

若实在需要在源数据表中区分部分数据，可以通过设置单元格格式来进行区分。

（6）禁止单元格合并。

单元格合并操作在源数据表中是完全禁止的，因为单元格合并后虽然我们肉眼看到是多个单元格为一个相同的数据，但 Excel 却理解为"只有合并后的首个单元格中有数据，其他的都是空白单元格"。如此一来，就会导致数据分析的结果出入很大。

另外，合并单元格还造成整个数据区域的单元格大小不一，在使用"排序""透视表""分类汇总"功能时受限，在使用函数计算数据时也会有局限性。如左下图所示，加了一列"利润统计"，以 7 天为周期对利润进行求和计算。如此一来，表格的后续操作将受到限制。解决方法是删除这一列，使用"透视表"功能查看利润的统计数据。

有时，我们为了图一时方便，会习惯性在表格的第一行甚至前几行添加上表格标题，如右下图所示。

日期	人工成本（元）	广告费用（元）	商品售价（元）	销量（件）	利润（元）	利润统计
6月1日	150	526	152	56	7836	
6月2日	150	524	165	75	11701	
6月3日	150	152	187	84	15406	
6月4日	150	415	198	85	16265	
6月5日	100	526	159	95	14479	90208
6月6日	100	324	159	75	11501	
6月7日	100	152	158	84	13020	
6月8日	150	154	156	85	12956	
6月9日	150	214	187	101	18523	
6月10日	150	152	198	152	29794	
6月11日	200	632	159	124	18884	156184
6月12日	200	957	187	152	27267	
6月13日	200	854	198	154	29438	
6月14日	150	562	159	126	19322	
6月15日	150	42	159	215	33993	
6月16日	150	15	158	421	66353	
6月17日	150	42	187	524	97796	
6月18日	100	62	198	154	30330	346803
6月19日	150	52	159	125	19673	
6月20日	150	58	187	254	47290	
6月21日	150	754	198	264	51368	

销售数据分析表

日期	人工成本（元）	广告费用（元）	商品售价（元）	销量（件）	利润（元）
6月1日	150	526	152	56	7836
6月2日	150	524	165	75	11701
6月3日	150	152	187	84	15406
6月4日	150	415	198	85	16265
6月5日	100	526	159	95	14479
6月6日	100	324	159	75	11501
6月7日	100	152	158	84	13020
6月8日	150	154	156	85	12956
6月9日	150	214	187	101	18523
6月10日	150	152	198	152	29794
6月11日	200	632	159	124	18884
6月12日	200	957	187	152	27267
6月13日	200	854	198	154	29438
6月14日	150	562	159	126	19322
6月15日	150	42	159	215	33993
6月16日	150	15	158	421	66353
6月17日	150	42	187	524	97796
6月18日	100	62	198	154	30330
6月19日	150	52	159	125	19673
6月20日	150	58	187	254	47290
6月21日	150	754	198	264	51368

你以为这样就方便了后期使用表格时能快速找到吗？错！下面就来说说为什么不能在源数据表中添加表格标题。

首先，Excel 默认空白工作表的首行和连续数据区域的首行为标题行，用于区别每列数据的属性，是筛选和排序的字段依据。虽然右上图所示的表格中那样专门设计了表格标题并不会对源数据表造成破坏，也基本不影响计算分析表的制作，但在使用自动筛选功能时，Excel 无法定位到正确的数据区域，还需要手动进行设置才能完成。

其次，源数据表本身就是一张明细表，除使用者本人外，一般不需要给别人查看。所以，设置表格标题主要是提醒使用者自己。那么，完全可以直接使用 Excel 提供的标题记录方式——设置合适的工作簿和工作表名称。

如果不是制作源数据表，而是制作结果报告表，那使用合并单元格就确实可以使表格数据显得更有逻辑性，也美化了工作表。先选择需要合并的单元格区域，然后单击【开始】选项卡【对齐方式】组中的【合并后居中】按钮即可合并这些单元格。选择合并后的单元格，再次单击【合并后居中】按钮又可以取消合并单元格。

（7）删除多余的合计行。

在制作数据表时，为了方便查看数据汇总，有的新手会在原始数据记录表中进行汇总，导致数据记录和汇总记录混合，如左下图所示。虽然表格中按照每 5 天进行了一次"小计"计算，但是却破坏了数据输入的规律，影响后面数据分析。

即使只在源数据表的表尾制作"总支出"，如右下图所示，也没有必要。这样的汇总完全可以在制作计算分析表时使用"透视表"功能快速查看。有时，做表做习惯了，忘记了源数据表还是计算分析表，有些人边录入源数据边开始汇总统计。因为他们之前可能就混淆了这两种表的区别，所以需要刻意留意一段时间如何来制作这两种表格。

日期	网页流量（个）	商品转化量（件）
2020/6/1	1524	52
2020/6/2	5214	41
2020/6/3	5214	52
2020/6/4	5214	62
2020/6/5	2514	52
小计	19680	259
2020/6/6	2514	42
2020/6/7	2524	5
2020/6/8	1254	441
2020/6/9	1254	52
2020/6/10	1254	66
小计	8800	606

年度	2011	2012	2013	2014	2015
企业租金	20000	24000	24000	28000	30000
广告费	50000	45000	48000	46000	49000
营业费	34000	36000	40000	32800	35000
调研费	8050	10000	9200	8600	10000
工资	34500	36200	35800	36000	35400
税金	8000	8000	10000	10000	11000
其他	6000	8000	7000	7800	8200
总支出	160550	167200	174000	169200	178600

4.2.4　清洗、加工数据

将收集到的原始数据制作成规范的数据源表格时，同时需要进行数据的清洗和加工操作。目的是将重复的、错误的数据清洗出去，留下有价值的数据，并补充缺失的数据。数据清洗时借助 Excel 工具来进行，能保证清洗效果且高效完成。

1 数据去重

在统计数据过程中，同一份数据可能由于获取渠道的不同而进行了多次统计，在输入数据时，也可能因为操作失误重复输入了数据……种种原因造成数据表中的数据存在重复现象。删除重复数据是数据清洗的首要任务，数据去重有以下 4 种方法。

（1）使用"删除重复项"功能删除重复项。

删除重复项是 Excel 提供的数据去重功能，可以快速删除重复项。单击【数据】选项卡【数据工具】组中的【删除重复值】按钮，如左下图所示，在打开的【删除重复值】对话框中，根据需要选择有重复数据出现，且重复数据没有意义的列作为删除依据字段即可。例如，需要删除某表格中重复统计的商品数据，就在右下图中选中"商品编码"列数据（【列 A】复选框），取消选中【数据包含标题】复选框，单击【确定】按钮即可。

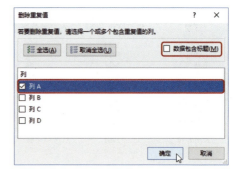

（2）使用排序的方法删除重复项。

使用排序的方法删除重复项的原理是，按照一定的顺序对工作表中的数据进行重新排序，将数据内容相同的信息排列在一起，方便用户一眼看出哪些数据是重复的，哪些数据不是重复的。

这种方法适用于需要人工判断无用重复项的数据。例如，要删除重复员工信息，员工姓名相同可能是巧合，也可能是重复数据，这就需要人工进行判断，不能让系统直接删除重复项。

（3）使用"条件格式"功能删除重复项。

使用排序的方法删除重复项有一个问题，当数据是一串编码时，依然难以一眼看出重复的编码。此时，建议用"条件格式"功能先自动找出重复的数据，再手动判断是否需要删除。如左下图所示，选择数据后，单击【开始】选项卡【样式】组中的【条件格式】按钮，在弹出的下拉菜单中选择【突出显示单元格规则】→【重复值】命令，再在打开的【重复值】对话框中设置重复值单元格格式，即可快速发现重复数据，如右下图所示，最后根据需要删除多余的数据。

（4）使用公式删除重复项。

在 Excel 中还可以使用函数公式来查找重复项，原理就是通过统计函数对单元格区域中的数据出现的频率进行计算，主要会用到 COUNTIF 函数，这个函数用于对单元格区域中满足单个指定条件的单元格进行计数。其语法结构为 COUNTIF(range,criteria)，可以简单理解为 COUNTIF(要检查的数据区域 , 要查找的内容)。

使用公式删除重复项需要先建立辅助列，用于放置统计数据，然后根据统计的重复值找到相应的重复数据项手动判断是否需要删除。如左下图所示，要先统计员工姓名重复的数据值，将 E 列作为辅助列，在 E2 单元格中输入公式"=COUNTIF(A:A,A2)"，并复制到该列其他单元格中，然后找到统计结果不为"1"的那些数据项，手动判断是否为重复数据，是就直接删除，如右下图所示。

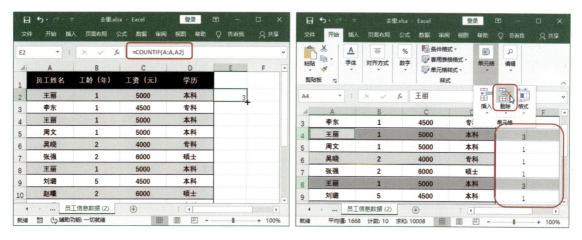

2　处理缺失数据

Excel 将单元格划分为两大类：空白单元格和非空单元格。尤其很多函数的参数是有明确规定的，参与的单元格是空白单元格还是非空单元格，若是要求参数为非空单元格，而其中包含了空白单元格，那么就会影响到数据分析结果了。

因此，源数据表中的明细数据必须有一条记录一条，所有单元格中都应该记录有数据，每一行数据都必须完整且结构整齐。即使需要记录的数据为空，也需要填写。例如，在数据区域数值部分的空白单元格中输入"0"值，在文本部分的空白单元格中输入相应的文本数据或"="""（英文输入法下的半角双引号，在 Excel 中输入空文本时，我们看到的单元格依然是空白的，只是在编辑栏中可以看到其中的内容为"="""，不过 Excel 会认为该单元格中包含有数据，并将它理解为空文本）。

在记录数据时，一旦数据量增加，难免出现数据缺失或输入了默认值的情况。大多数时候这类默认数据会以空白单元格显示。此时，不仅需要将默认数据检查出来，还要选择合理的处理方式，让默认数据对数据分析的影响降到最小。

（1）一步找出默认值。

在 Excel 中寻找默认值的方法是利用查找和定位功能进行快速定位，如果是要寻找确定的默认值，直接使用查找功能即可。如果是要找出缺失数据，就用定位功能快速定位到空白单元格。

如左下图所示，数据表中存在空值，按【Ctrl+G】组合键打开【定位】对话框，单击【定位条件】按钮，在打开的【定位条件】对话框中选中【空值】单选按钮，如右下图所示，单击【确定】按钮，表格中所有是空值的单元格都会被查找出来。

（2）3 种方法处理默认值。

缺省数据或显示为默认数据时，一般有 3 种处理方法，如下图所示。

替换默认值　删除默认值　忽略默认值

在这3种方法中，替换默认值是最常用的方法。替换默认值可以用平均数替换，如一组销量数据有缺省值或显示为默认值时，可以用平均销量来进行替换；替换默认值也可以用回归分析后的数据模型来替换，如连续时间段内的销量数据有缺省值或显示为默认值时，通过数据预测回归分析法计算出默认值进行替换；替换默认值还可以先检查为什么这里的值默认，然后找到正确的数据进行替换，如员工的工龄数据默认时，就可以通过查询企业人事资料将正确的值补上。

删除默认值是指删除包含有缺省值或默认值的一组数据，样本数据充足时可以这样做。如果样本数据量很大，也可以选择忽略默认值。

例如，要用平均值一次性替换所有默认值，可以先计算出表格数据的平均值，然后用定位法定位空值，此时表格中的默认值单元格处于选中状态，如左下图所示。保持空值选中状态，输入平均值，如中下图所示。按【Ctrl+Enter】组合键，即可在所有选中的空值单元格中批量填充平均值，效果如右下图所示。

商品编码	流量	商品编码	流量	商品编码	流量
125465	21542	125465	21542	125465	21542
214254	12546	214254	12546	214254	12546
124156		124156	38421	124156	38421
321546	24514	321546	24514	321546	24514
265412	52614	265412	52614	265412	52614
124561	52641	124561	52641	124561	52641
326542	62451	326542	62451	326542	62451
124587	25146	124587	25146	124587	25146
412546	19845	412546	19845	412546	19845
521542		521542		521542	38421
621542	62451	621542	62451	621542	62451
625415	62451	625415	62451	625415	62451
2612458	26425	2612458	26425	2612458	26425
平均值	38421	平均值	38421	平均值	38421

3　深度检查数据逻辑

原始数据表中可能存在不符合逻辑的数据。例如，商品的生产量是500件，销量却达到了600件，这明显不符合逻辑。要想检查出数据的逻辑是否正确，逐一核对数据实在不太可能，此时要灵活使用公式、条件格式等方法来实现快速判断。

（1）使用函数检查逻辑。

IF函数是一种常用的条件函数，它能对数值和公式执行条件检测，并根据逻辑计算的真假值返回不同结果。在遇到因指定的条件不同而需要返回不同结果的计算处理时，就可以使用IF函数来完成。其语法结构为 IF(logical_test,[value_if_true],[value_if_false]),可以简单理解为 IF(条件,真值,假值),当"条件"成立时,结果取"真值",否则取"假值"。

例如,某企业市场部统计了 3 月的推广费用,但实际上在 3 月的这 31 天中,财务部对市场部的推广费用拨款均小于 2000 元 / 天。所以,从逻辑上讲,推广费用应该大于 0 小于 2000。现在使用 IF 函数来判断当月登记的推广费用逻辑上是否正确,正确则返回"正确"二字,反之则返回"错误"二字。

如左下图所示,A、B 列是 3 月的推广费用数据。C 列用于返回逻辑值,在 C2 单元格中输入函数"=IF(AND(B2>0,B2<2000)," 正确 "," 错误 ")"。复制公式到其他单元格,即可判断出其他日期登记的费用是否符合逻辑,如右下图所示。显示为"错误"的数据就需要再进行核对。

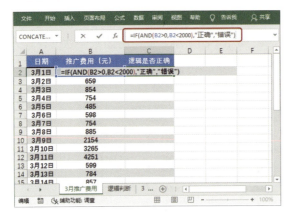

使用 IF 函数不仅可以判断数值是否符合特定的范围要求,还可以判断文字是否正确。例如,

一张企业员工信息表中,员工"性别"一栏的值只能是"男"或"女",如果出现其他文本信息都是错误的。此时,需要在 IF 函数中嵌套使用 OR 函数,如左图所示。增加 E 列作为逻辑值返回列,在 E2 单元格中输入公式"=IF(OR(B2=" 女 ",B2=" 男 "),""," 错误 ")",该公式表示如果 B2:B10 单元格区域内的值等于"男"或"女",则什么都不返回(空白单元格),反之则返回"错误"二字。复制公式即可轻易看出"性别"列数据逻辑有误的地方。

(2)使用条件格式检查逻辑。

使用条件格式也可以检查逻辑。例如,前面介绍的推广费用数据进行逻辑检查的案例,我们可以选择要验证数据逻辑的数据后，单击【开始】选项卡【样式】组中的【条件格式】按钮，在弹出的下拉菜单中选择【突出显示单元格规则】→【大于】或【小于】命令，为大于或小于某个数值的数据进行条件格式设置。如为数值大于 2000 的单元格设置浅红填充色，为小于 0 的单元格设置浅绿填充色，这样 B 列推广费用区域的数据中，小于 0 和大于 2000 的数据就被特定的单元格格式标注出来了，一眼就可以看出哪些数据不符合逻辑，如右图所示。

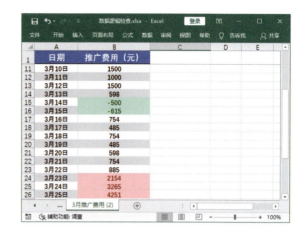

4 不要忘记检查数据的格式

不同类型的数据需要应用相应的数据格式，数据的格式如果设置有误，将会影响后期对数据的分析运用。因此，进行数据检查时，千万不能忘记对数据格式的检查，下图所示的 5 个格式问题尤其应该引起注意。

日期格式　时间格式　数值格式的小数位数　数值格式的千位分隔符　百分比格式

数据格式检查的方法比较简单，只需要选择数据，在【开始】选项卡【数字】组中的下拉列表框中就可以查看到所选数据应用了何种数据格式。如下图所示，选中数据列，在【数字】组中显示格式为【百分比】格式，说明该数据列格式无误，无须更改。

如果发现数据格式不对,直接在该下拉列表框中修改数据格式即可。必要时,也可以打开【设置单元格格式】对话框来调整数据格式。

日期数据的格式修改相对复杂,尤其是当日期的书写方式不统一时,有时直接更改格式依然不能使日期格式统一,如运用了不规范的日期格式,如"2012.3.14""12/3/14""20120314""2012\3\14"等。此时,可以使用"分列"功能来实现日期格式的修改。选择数据后,单击【数据】选项卡【数据工具】组中的【分列】按钮,在打开的向导界面中根据提示进行设置即可。

5 数据计算

数据计算是最基本的数据加工方法,包括计算数据项目的乘积、和、平均数、众数和中位数等。这些计算涉及公式和函数的使用,限于篇幅,这里就不再展开了。大家在学习函数使用时,一定要建立在理解的基础上再进行运用。

6 数据转换

由于数据的统计者不同、标准不同,可能导致数据的记录方式不同。例如,A 用 "1" 和 "0" 分别表示 "可行" 和 "不可行",而 B 用文字 "是" 和 "否" 分别表示 "可行" 和 "不可行"。当我们将 A 和 B 的数据统计到一起时,就需要转换数据的记录方式,让整张数据表统一。

面对记录方式不统一的数据表,可以使用替换的方法来快速实现统一。替换数据听起来并不复杂,但是将该功能使用到极致,可以实现很多效果。利用替换功能来实现数据记录形式的统一,可以有如下图所示的思考过程。

7 数据分类

数据分类是通过一定的标准,将数据项目归到不同的组别,从而判断数据的表现情况,再根据数据的表现不同,采取不同的分析方式及优化策略。例如,一位优秀商品运营专员,会根据商品的销量,将商品分为"优等商品""问题商品"和"正常商品",如下图所示,对优等商品采取稳定销售的策略,对问题商品采取放弃或增加广告的策略,对正常商品采取促销优惠策略,从而提高全店的销售总业绩。

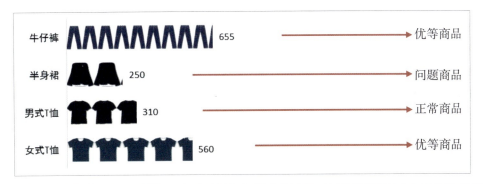

面对一张数据表中数百项数据,如何快速实现分组呢?答案是使用 VLOOKUP 函数。这个函数是 Excel 中的一个纵向查找函数,可以在某个单元格区域的首列沿垂直方向查找指定的值,然后返回该列所需查询序列所对应的值。其语法结构为 VLOOKUP((lookup_value,table_array,col_index_num,range _lookup)。

使用 VLOOKUP 函数进行数据分类,要先设置一个条件区域,目的是告诉函数用什么依据来为数据进行分类。如左下图所示,条件区域中的"阈值"表示该组数据的最小值。在 C2 单元格中输入公式"=VLOOKUP(B2,$E$3:$F$6,2)",表示要根据 B2 单元格中的数据在 E3:F6 单元格区域中寻找相匹配的阈值,然后返回与阈值对应的第 2 列数据。例如,B2 单元格数据为 125,所匹配的阈值为 101,该值所对应的第 2 列数据为"中品"。因此,返回"中品"级别。向下复制公式,快速完成所有数据的分组,效果如右下图所示。

第4章 循序渐进:用严谨的数据成就专业图表 215

8　数据重组

根据数据分析目标的不同，所需要的数据字段也不同。但在统计原始数据时，会将所有可能用到的数据都统计到一起，这难免会出现数据多余、数据字段不符合分析需求等情况，此时就需

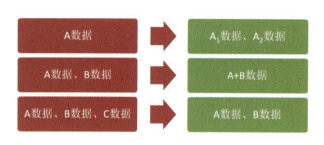

要重新组合现有数据，使其更符合数据分析的需要。

数据重组主要可以从 3 个方面来考虑，即将一个数据拆分成两个数据、将两个数据合并成一个数据、从多个数据中抽取部分数据，如左图所示。

（1）数据拆分。

在收集到的数据表中，一列数据项可能包含多种类型的信息。此时，推荐使用 Excel 的 "分列" 功能，对数据进行拆分。

当需要拆分的数据列没有统一的字符宽度，但是有固定的分隔符号时，可以使用分隔符号拆分方式。如左下图所示，需要拆分的"客户所在地"数据列中，地域名称文字长度不统一，如"石家庄市"和"广州市"。但是，各级行政区域间有空格相隔，那么就可以用空格作为依据，将数据拆分成多列。选择"客户所在地"列，单击【数据】选项卡【数据工具】组中的【分列】按钮，在打开的对话框中选中【分隔符号】单选按钮，单击【下一步】按钮进入【文本分列向导-第2步，共3步】界面，如中下图所示，选中【空格】复选框，单击【完成】按钮，即可将该列数据拆分成 3 列，如右下图所示。

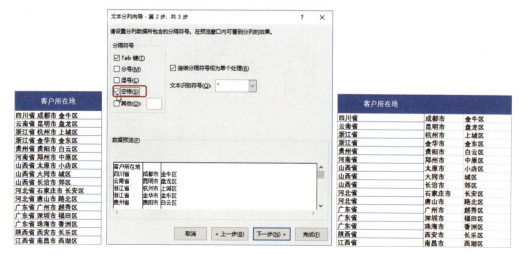

当需要拆分的数据有固定的字符宽度时，可以用固定宽度拆分方式进行拆分。如左下图所示，需要在员工信息表中统计出员工的出生年份、月份、日期，就可以将身份证号拆分成多列。而身份证号是字符宽度固定的数据，所以可以使用固定宽度拆分方式。选择"身份证号"列，单击【数据】选项卡【数据工具】组中的【分列】按钮，在打开的对话框中选中【固定宽度】单选按钮，单击【下一步】按钮进入【文本分列向导 - 第2步，共3步】界面，如中下图所示，此时需要手动设置字符拆分宽度。在【数据预览】任务窗格中，在需要拆分的字符之间单击鼠标，表示从这里对数据进行分列显示。使用相同的方法继续设置其他拆分线，完成拆分宽度设置后，单击【完成】按钮，即可将所选字符按照固定的宽度拆分成多列，效果如右下图所示。

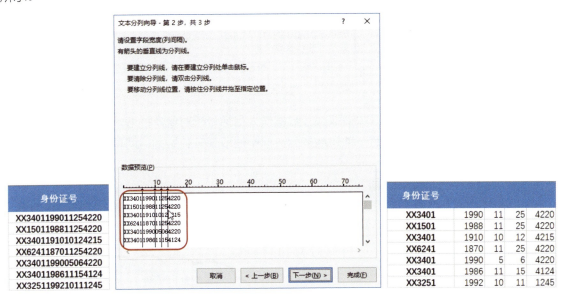

（2）数据合并。

数据合并是指将多列数据合并为一列。例如，将省份列、城市列数据合并为"省份+城市列"数据。又如，将年份、月份数据合并为"年份+月份"数据。在进行数据合并时，需要灵活使用逻辑连接符和文本转换函数，如下图所示。

通过这3种方法便可合并数据了，在实际使用中，可以联合使用逻辑连接符与函数来完成数据合并。直接合并数据有时会出现合并后的文字表述不清晰的情况，此时可以考虑添加个别字词进行连接，只需要将要添加的字词放在英文双引号中进行合并即可。

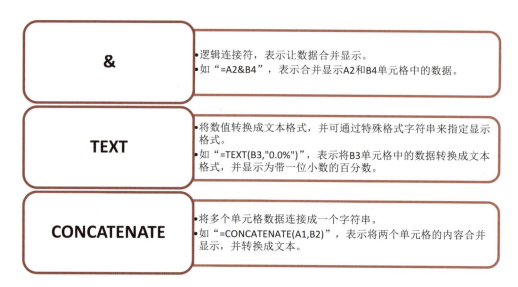

（3）数据抽取。

数据抽取是指从现有原始数据中抽取部分数据作为目标分析对象。抽取情况分为两种，一种是从一列数据中抽取部分数据，另一种是从多列数据中抽取部分数据列。两种抽取方式都需要借助函数来实现。

①从一列数据中抽取部分数据。

一列数据中可能包含多个项目信息。例如，"第 1 销售部 A 组"包含了销售部和销售组信息，如果只需要提取销售部信息怎么办？解决思路如下图所示。

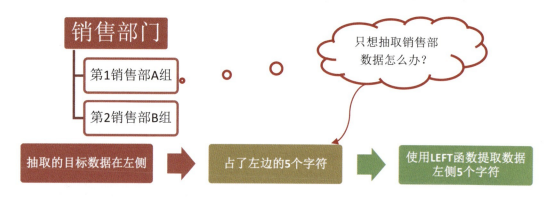

LEFT 函数的作用是从一个文本字符串的左边开始，返回指定个数的字符。如下图所示，在 C2 单元格中输入公式"=LEFT(A2,5)"，表示返回 A2 单元格左边的 5 个字符，刚好就是所属销售部数据。

同样的道理，如果需要抽取销售组数据，销售组数据在这列字符串右边，有两个字符，那么可以使用 RIGHT 函数。该函数的作用是从一个文本字符串的右边开始，返回指定个数的字符。因此，A2 单元格的销售组数据提取公式为"=RIGHT(A2,2)"。

②从多列数据中抽取部分数据列。

在收集原始数据时，收集到的数据可能包含多项数据，如果数据分析只需要其中几项数据，可以使用 VLOOKUP 函数，通过数据匹配的思路来实现数据抽取。

例如，现在收集到原始数据表 A 表和 B 表，根据分析目标，需要从两张表中提取数据组成新的 C 表。经过观察，可以发现如下图所示的数据抽取思路。

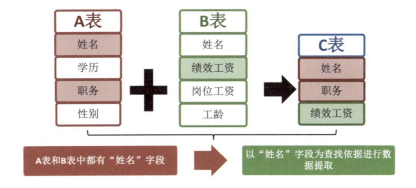

 高手自测 7 ● 下面两份数据分别是原始数据和处理后的数据，对比一下，看看有什么区别？

加工处理前

月 份	消费者信心指数			消费者满意指数			消费者预期指数		
	指数值	同比增长	环比增长	指数值	同比增长	环比增长	指数值	同比增长	环比增长
2020年11月份	121.3	11.69%	-2.10%	116.3	11.51%	-1.77%	124.6	11.75%	-2.35%
2020年10月份	123.9	15.58%	4.47%	118.4	15.40%	4.13%	127.6	15.79%	4.68%
2020年09月份	118.6	0.13	3.40%	113.7	13.47%	3.18%	121.9		3.66%
2020年08月份	114.7	8.62%	0.09%	110.2	8.46%	-0.18%	117.6	8.59%	0.17%
2020年9月	114.60	7.30%	1.15%	110.4	7.92%	1.75%	117.4	6.92%	0.86%
2020年06月份	113.3	10.11%	1.16%		9.49%	0.56%	116.4	10.33%	1.48%
May-17	112	12.22%	-1.23%	107.9	13.34%	-0.83%	114.7	11.58%	-1.46%
2020年04月份	11340%	0.12	2.16%	108.8	13.93%	2.45%	116.4	11.17%	1.93%
2020年03月份	111	11.00%	-1.42%	106.2	11.91%		114.2	10.44%	-1.72%
2020年02月份	112.6	7.85%	3.11%	107.3	6.55%	2.78%	116.2	8.70%	3.38%
2020年1月	109.2	5.00%	0.74%	104.4	4.09%	0.68%	112.4	5.44%	0.81%
2019年12月份	10840%		-0.18%	103.7	3.08%	-0.58%	111.5	5.39%	0.00%
2019年11月份	108.6	4.32%	1.31%	104.3	4.09%	1.66%	111.5	4.60%	1.18%

月 份	消费者信心指数			消费者满意指数			消费者预期指数		
	指数值	同比增长	环比增长	指数值	同比增长	环比增长	指数值	同比增长	环比增长
2020年11月份	121.3	11.69%	-2.10%	116.3	11.51%	-1.77%	124.6	11.75%	-2.35%
2020年10月份	123.9	15.58%	4.47%	118.4	15.40%	4.13%	127.6	15.79%	4.68%
2020年09月份	118.6	13.38%	3.40%	113.7	13.47%	3.18%	121.9	13.29%	3.66%
2020年08月份	114.7	8.62%	0.09%	110.2	8.46%	-0.18%	117.6	8.59%	0.17%
2020年07月份	114.6	7.30%	1.15%	110.4	7.92%	1.75%	117.4	6.92%	0.86%
2020年06月份	113.3	10.11%	1.16%	108.5	9.49%	0.56%	116.4	10.33%	1.48%
2020年05月份	112	12.22%	-1.23%	107.9	13.34%	-0.83%	114.7	11.58%	-1.46%
2020年04月份	113.4	12.28%	2.16%	108.8	13.93%	2.45%	116.4	11.17%	1.93%
2020年03月份	111	11.00%	-1.42%	106.2	11.91%	-1.03%	114.2	10.44%	-1.72%
2020年02月份	112.6	7.85%	3.11%	107.3	6.55%	2.78%	116.2	8.70%	3.38%
2020年01月份	109.2	5.00%	0.74%	104.4	4.09%	0.68%	112.4	5.44%	0.81%
2019年12月份	108.4	4.53%	-0.18%	103.7	3.08%	-0.58%	111.5	5.39%	0.00%
2019年11月份	108.6	4.32%	1.31%	104.3	4.09%	1.66%	111.5	4.60%	1.18%

加工处理后

4.3 提炼商业图表设计的要点

做好数据源的准备工作后，接下来就要进入正题，开始整理数据之间的逻辑关系，进行数据分析。这一步也是商业图表设计最关键的一步，图表内容是否经过提炼，是决定图表是否专业的根本因素。本节将从数据提炼的道与术两方面展开讲解。

4.3.1 对数据逻辑进行整理

数据分析工作无外乎从分析现状、分析原因、进行预测3个方面来展开。

1 分析现状

拿到规范的数据源，首先应该进行最基础的统计，然后分类看看，再对特征进行分析。
（1）基础统计。
想要了解数据，最直接的做法就是进行基础统计，常用的方法有求和、求平均、最大值、最小值、中位数、众数、方差、增长率、类型占比、分布、频率、频次等，这里不展开讲解了。下面仅对几个常见、但常用错的统计类专业术语做介绍，正确理解这些术语有助于打开分析的思路。

① 众数。

众数是一组数据中出现次数最多的数值，代表着数据的集中趋势。有时，在一组数据中可能存在多个众数，也可能出现极端情况，如果数据集合中每个数值都只出现了一次，那么这组数据就没有众数。

右图所示为市场营销人员统计的商品购物消费者的年龄数组，从中可以发现"25"岁出现的次数最多，即这组数据的众数是25。那么，可以初步推断，这款商品受到了25岁消费群体的青睐。众数还可以用来分析销售商品最多的尺码、单位中人数最多的工资数额、一个测试中出现次数最多的成绩……

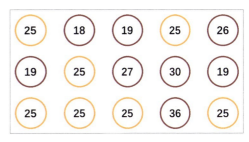

用众数来分析一组数据的规律，其优点是方便计算，众数出现的次数越高，代表性越强，越能说明问题。缺点是有局限性，如果数组中的众数出现不够频繁，就不能用众数来判断数据规律。

② 中位数。

一组数据按照大小顺序排列后，处在最中间的数据（或中间两个数据的平均数）称为这组数据的中位数。中位数只能有一个，它也能体现一组数据的集中趋势。

中位数的计算方法有两个步骤：一是先将数据按照大小排列为 $X_1, X_2, X_3, X_4, X_5, \cdots, X_n$；二是根据数组中数据奇偶个数进行计算。当数据个数为奇数时，中位数 $=X(n+1)/2$；当数据个数为偶数时，中位数 $=(X(n/2)+X(n/2+1))/2$。

例如，现在对某企业50位员工的工资进行统计调查，得到的数据组如下图所示。图中的数据数量为50，是偶数，那么中位数等于第25位数加上第26位数的和除以2，即(4000+4500)/2=4250。由此可见，该企业中，有一半员工的工资低于4250元，有一半员工的工资高于4250元。

月收入	3000	3500	4000	4500	5000	5500	5800	6000
人数	5	10	10	12	7	3	2	1

③ 绝对值与相对值。

在进行数据分析时，将绝对值与相对值结合进行分析是常用的一种分析模型。例如，分析A部门业务量时，先分析A部门在某时间段的业务量大小（绝对值），再将A部门与其他（B、C）部门的业务量大小比较（相对值），从而综合判断A部门的业务表现。

绝对值反映的是客观现象在特定时间段、指定环境条件下的规模数据指标，如"今年公司的营业额是6千万元""第三季度消费者人数为10万人"等，如下图所示。

相对值是将两个有关联的数据进行比较后得到的指标，反映的是数据间的客观关系。相对值＝比较数值（比数）/基础数值（基数），其中分母为用作对比标准的指标数值，一定要注意选择具有可比性的数据。相对值可以用倍数、百分比、成数（表示一个数是另一个数的十分之几的数）来表示，如"今年上海地区的营业额是北京地区的1.5倍""第一季度A产品的销量比B产品多10万件"等，如下图所示。

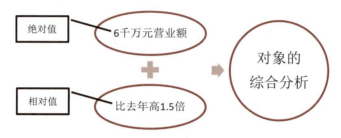

④百分比与百分点。

百分比是相对值的一种，也称为百分率或百分数，表示一个数是另一个数的百分之几，用百分号（%）来表示。而百分点是指不同时间段百分比的变化幅度，1个百分点就是1%的百分比变化幅度。

百分比和百分点的概念容易在阐述数据分析结论时发生混淆，记住，表示幅度变动不宜用百分比，而应该用百分点，如下图所示。

⑤比例与比率。

比例表示总体中各部分数值占总体数值的比重，反映的是部分与整体的关系，通常用于反映总体的构成和结构。而比率表示总体中不同类别数值的比较，反映的是部分与部分的关系。

例如，数码商场统计手机商品和iPad商品的销售数据时，手机销量/(手机销量+iPad销量)＝手机销量比例，手机销量/iPad销量＝手机与iPad销量比率，如下图所示。

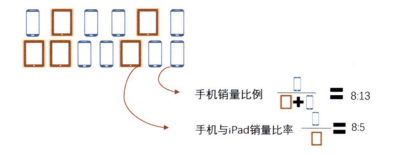

（2）聚类。

数据分析不仅要研究总体的数量特征和数据关系，还要深入分析总体的内部属性。此时，就需要进行分类。数据分类可以将大量、杂乱的数据按照一定的逻辑进行归类，便于发现数据分布上的特点，进行数据类之间的对比，找出类与类之间的属性特征，以实现数据的深入分析，发现细节问题。数据分类时需要注意以下3个关键点。

①数据分类的第一步是确定分类依据。同一份数据可以有多种分类方式，关键在于分类是否有实际意义、是否对分析有用。分类依据决定了数据分析的后期过程及结果，需要根据数据内容和数据分析的目的来进行定夺，具体思路如下图所示。首先审视现有数据的内容包括哪几个方面，然后再结合分析目的确定分类依据。

②确定分类依据后，就可以着手数据分类了。将一份数据分为几类，取决于类数与类距的设置。

类数设定应适中，如果类数太少，数据的分布就会过于集中，反之，数据的分布就会过于分散，都不便于观察数据分布的特征和规律。

③类距是指一类数据中最大值与最小值的差值。根据各类数据的类距是否相等，又可以分为等距数类和异距数类。如下图所示，通常情况下，会将数据划分为等距数类；特殊情况下，当数据分布不均匀，或者为了更好地归类数据时，可以将数据划分为异距数类。

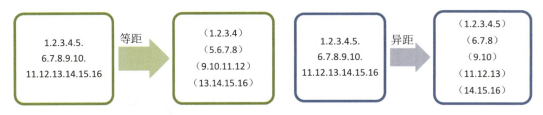

(3) 特征分析。

特征分析是一项庞大的工程，包含了特征提取和特征选择。特征分析的思路有很多，在进行数据分类时也可以发现一些特征。另外，可以通过对比思路、平均思路和交叉思路来发现数据的特征。

①对比思路。

对事物做出客观判断的主要方法便是对两个或多个相互有联系的数据进行比较。数据对比的基本原则是要保证数据的单位和计算方法必须一致，否则就不是可以进行对比的数据。

如左下图所示，将广州 GDP 与上海 GDP 增长率进行对比，错在数据的单位没有统一，正确的对比如右下图所示。

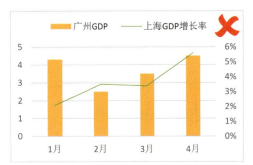

如左下图所示，将青年就业率与老年出行率进行对比，单位虽然是统一的，但错在这样的对比没有意义，因为青年就业率与老年出行率之间没有必然的联系，正确的对比如右下图所示。

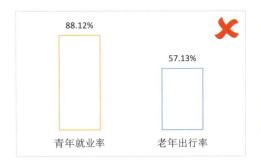

②平均思路。

关注数据的平均数，是数据分析的常用方法。使用平均数指标，可以了解数据的大体情况，也可以对比单项数据的表现。

常用的平均数指标包括算数平均数、几何平均数、中位数和众数 4 种。其中，算数平均数是最常用的指标，也是最重要的基础性指标，它代表了整体的综合水平，其计算公式为：算数平均数 = 数据总值 / 数据总个数。

关注数据的平均数，第一个作用就是衡量事件的整体水平；也可以将不同事件的平均数指标进行对比，如不同地区的平均消费水平对比、不同单位的平均工资对比，可以掌握不同事件的发展现状及规律；还可以将事件各组成部分的指标与平均数指标对比，从而判断出各组成部分所处的发展水平和趋势，进一步判断事件的组成部分是否符合要求、是否需要改进。

③交叉思路。

在进行数据分析时，常常需要找到数据变量之间的关系，从而发现数据特征、找到异常数据，此时就需要使用交叉分析法。它是从大量数据中发现多种数据之间关系的一种方法，其本质就是对数据从多个维度进行交叉展现，进行多角度的结合分析，从中发现最为相关的维度来探索数据变化的原因。

简单的交叉分析法建立在纵向分析法和横向分析法的基础上，从数据交叉的点出发，进行数据分析。此时，可以借助表格（由于表格刚好分为横向、纵向两个维度）来体现数据的交叉关系。

左下图所示为某商店统计到的商品销售数据。初看表格中的数据，有日期、品类、销量、地区、售价、退货量共 6 个方面的信息，很难找到这些数据信息之间的关系。此时，使用交叉分析思路，将表格中的数据两两组合，就可以得到一些交叉关系，如右下图所示。需要注意的是，数据之间的交叉是建立在实际意义上的，如日期&销量的交叉可以探寻不同日期下的销量变化。

两项关系的二维表格还可以进行扩展，进而展现更丰富的维度。其方法是在表格的行列中分

层放置多个维度,这需要借助 Excel 的"数据透视表"功能来提高分析效率。如下图所示,将上面案例中的原始数据做成透视表,从而展示了商品不同品类的退货量、销量、售价与地区之间的关系,一共有 4 个数据项目。数据项目虽然多,却不显得混乱,通过单击折叠按钮,可以用"总—分"的视角来分析数据关系。例如,折叠按钮后,观察不同地区的总退货量和销量大小,找到退货量较大且销量较小的地区,再打开折叠按钮,分析是哪类商品出现了异常的退货量和销量。然后再结合地区,分析这款商品为什么在这个地区的销售会出现异常。

行标签	求和项:退货量(件)	求和项:销量(件)	求和项:售价(元)
⊟成都	2	131	1183.5
外套	0	51	226.5
羽绒服	2	80	957
⊟广州	14	327	727
T恤	2	113	138
打底裤	5	52	88
棉衣	7	162	501
⊟杭州	3	181	245
T恤	0	45	69
打底裤	3	136	176
⊟昆明	21	203	1525.5
风衣	10	104	594
外套	2	57	453
羽绒服	9	42	478.5
⊟上海	18	344	784
保暖衣	15	178	378
衬衫	2	104	247
牛仔裤	1	62	159
⊟重庆	6	149	441.5
衬衫	1	42	123.5
牛仔裤	5	107	318
总计	64	1335	4906.5

② 分析原因

通过对现状的分析,我们大概知道一些正常与异常的数据(通常更加关注异常),下一步就该对这些数据进行分析了——它发生了什么,才导致最终成了现在的样子;为什么发生,找出原因。进行原因分析时主要可以从以下几个方面进行考量。

(1)同比和环比。

这是很简单的方法,即观察过去和其他周期的情况。

同比是指今年某个时期与去年相同时期的数据比较,如今年 6 月与去年 6 月相比、今年第一季度与去年第一季度相比、今年上半年与去年上半年相比等。同比数据主要是为了消除季节变动的影响,用以说明本期发展水平与去年同期发展水平的相对发展情况。

环比是指与前一个统计时期的数据进行比较,如今年 6 月与今年 5 月相比、今年第三季度与今年第二季度相比、今年下半年与今年上半年相比。环比反映的是事物逐渐发展的趋势和速度。

同比和环比的概念总是被混淆，要想准确区分，可以使用联想法。如下图所示，环比有一个"环"字，联想到圆环，将圆环的 A 段与 B 段进行对比，就是环比。

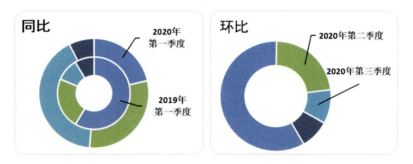

（2）下钻。

下钻是最常运用、行之有效的找原因的方法，即一层层抽丝剥茧，直到找到根源。只是在下钻的过程中，需要注意下钻的区域和方向，就同挖井一个道理，不是随便找个地方向下挖就能出水的。为了帮助大家进行下钻分析，下面介绍两个下钻常用的分析思路。

①杜邦分析思路。

最开始杜邦分析法是用来评价公司盈利能力和股东权益回报水平的，是从财务的角度评价企业绩效的经典方法。杜邦分析法的核心思想是将企业的权益净利率使用结构化的相关因素表现出来，并通过加减乘除等运算符号体现因素间的内在联系，结构如下图所示。

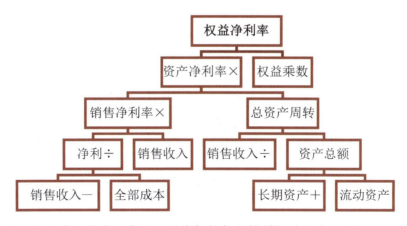

现在，杜邦分析思路可以广泛应用于现代各行各业的数据分析中。例如，要分析某公司市场占有率下降的原因，首先要找出决定市场占有率各项因素的内在关系，其结构如下图所示。市场占有率 = 本公司用户数 / 所有公司用户数，然后往下层层分解，可以清晰地分析出市场中所有公司及所有业务占有的用户数情况。找出不同公司子业务的用户数变化，就能分析出为什么本公司的用户数出现了下降。例如，A公司的业务2拓展，使用户数增长了20%。相应地，其他公司的用户就会出现流失，也就是说，这很有可能导致本公司的用户数下降。

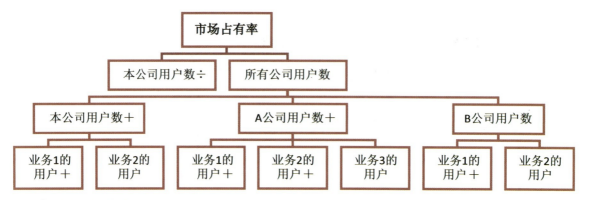

②漏斗分析思路。

漏斗分析思路是一套流程式数据分析方法，它将产品中的某一流程抽象出来，观察流程中每一步的转化与流失，可以找到问题阶段所在，方便做出针对性改进措施。漏斗分析思路被广泛应用于网站数据分析、电商数据分析、流量监控、目标转化等领域中。

漏斗分析思路经常需要制作一个漏斗图来进行分析，如下图所示，该模型图用来分析一款直播产品的用户转化率，目的是找到转化方向。在漏斗图中，将用户使用产品的完整流程呈现出来，并统计出各阶段的用户数。从漏斗图中可以发现，最开始所有的用户都激活了这款产品App，但是最终只有21%的用户购买礼物。在这个过程中，用户损失最大的环节是进入直播间到开始互动的环节，损失率为35%，可见这款直播产品需要优化的环节在"开始互动"。

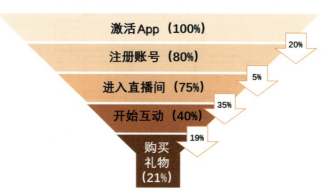

（3）相关分析。

相关分析是对不同特征或数据间的关系进行分析，发现业务的关键影响和驱动因素。相关分析的方法很多。例如，使用折线图或散点图来分析，可以快速发现数据之间的关系，如正相关、负相关或不相关。使用 Excel 中的分析工具——方差分析、协方差、相关系数、回归分析等，可以对数据间关系的强弱进行度量，如完全相关、不完全相关等。还有更高级的方法，它们可以将数据间的关系转化为模型，并通过模型对未来的业务发展进行预测，这里就不一一展开了。

3 进行预测

深层次的数据分析与诊断，一方面是为了精确找出问题的出处，便于改进；另一方面是根据现在和过去的已知数据，对未来进行预测，实现合理规划、理性决策的目的。

（1）预测分析的要素。

预测分析有 3 个关键点：一是数据在时间上的连续性，二是数据的数量，三是数据的全面性，如下图所示。连续性越高、时间点上的数据越多、全面性越好，预测结果越准确。

以销量预测为例，需要收集的数据是现在和过去连续时间段内的销量数据。但是，这还不够，影响销量的因素是多种多样的。例如，1 月销量 5000 件，价格为 20 元 / 件；2 月销量 6000 件，价格为 20 元 / 件……此时，要预测未来月份的销量，但是售价提高到 50 元 / 件，还能按照过去的销量进行预测吗？当然不能。

因此，在使用预测思维进行数据分析时，要将目标分析对象最重要的影响因素列出来，查看所收集到的数据中，是否包含了全面的分析数据。如下图所示，通过销量数据可以预测销量波动趋势，加上客流量数据可以预测客流量对销量的波动影响，再加上价格因素对销量的波动影响，三者综合，可得出更为客观的预测分析结果。

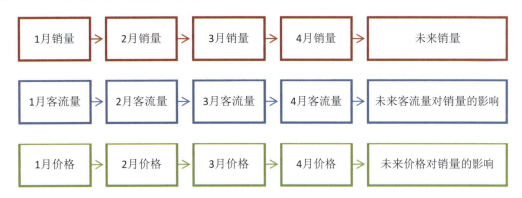

（2）预测分析的主要方法。

进行趋势分析是最简单、最基础，也是最常见的数据监测与数据分析方法，一般用于核心指标的长期跟踪，如点击率、活跃用户数。通常在数据分析过程中会建立一张数据指标的折线图或柱形图，然后持续观察，分析数据有哪些趋势上的变化，有没有周期性，重点关注异常值，并分析背后的原因。

预测的方法还有很多，如定性预测法、数学模型法、模拟模型法等。这些方法听起来似乎很复杂，可能会让非科班人员摸不着头脑，那么至少把预测分析的基本分析思路装进脑海：列出并分析现有数据→寻找计算手段→得出结论。如下图所示，现有数据是每年的利润大小，只有一个变量，于是继续思考如何进行单变量的数据预测（借助网络查询），可以发现利用 TREND 函数就可以解决。

时间	利润（千万）
2011年	2.16
2012年	3.22
2013年	3.56
2014年	3.64
2015年	3.82
2016年	4.02
2017年	4.39
2018年	4.8
2019年	5.2
2020年	6.4
2021年	
2022年	
2023年	

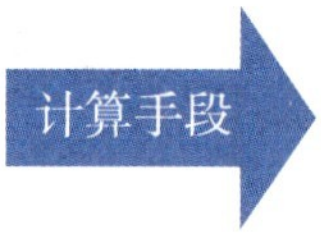

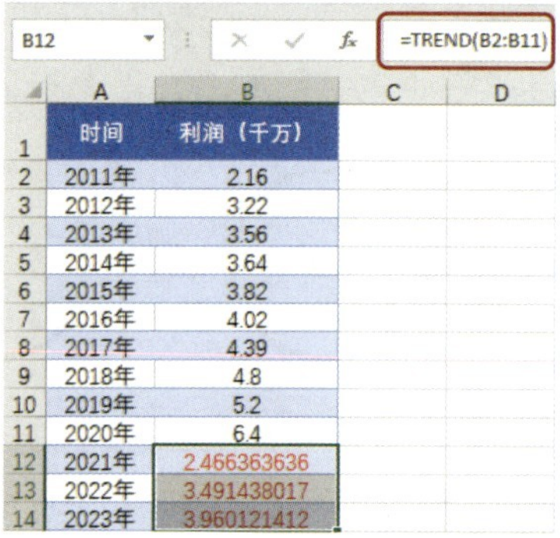

B12 =TREND(B2:B11)

	A	B	C	D
1	时间	利润（千万）		
2	2011年	2.16		
3	2012年	3.22		
4	2013年	3.56		
5	2014年	3.64		
6	2015年	3.82		
7	2016年	4.02		
8	2017年	4.39		
9	2018年	4.8		
10	2019年	5.2		
11	2020年	6.4		
12	2021年	2.466363636		
13	2022年	3.491438017		
14	2023年	3.960121412		

4.3.2 5 个数据分析基本工具

现在，你应该已经对数据分析的思路有了一个大概的了解。但是，数据分析的实际问题还没有解决，即如何使用实际的分析工具来实现这些分析思路，最终围绕业务发现问题并解决问题。下面为大家介绍 Excel 中常用的 5 个数据分析工具。

1 海量数据的克星 —— 数据透视表

数据透视表是一种交互式的表，可以对数据的不同项目进行快速统计，并且动态地改变数据的版面布置，以不同的角度来分析数据。透视表的基本概念，听起来比较抽象，下面来看一个实例。

服务公司的货物销售数据量十分庞大，每天都会产生大量的销量数据，下图所示的仅仅只是销售数据的冰山一角。面对这样的海量数据，如何进行快速分析，如统计出不同日期、不同商品的销量，不同地区的销量，不同商品的售价波动情况，不同地区的退货量，不同销售员的总销量，不同销售员的退货总量。

	A	B	C	D	E	F	G
1	日期	品类	销量（件）	地区	售价（元）	退货量（件）	销售员
2	12月1日	外套	15	昆明	226.50	0	王强
3	12月1日	衬衫	42	上海	123.50	1	李梅
4	12月1日	T恤	62	广州	69.00	2	赵丽
5	12月1日	羽绒服	51	成都	478.50	1	王强
6	12月1日	牛仔裤	42	重庆	159.00	5	赵丽
7	12月1日	打底裤	52	杭州	88.00	1	李梅
8	12月1日	风衣	4	昆明	198.00	5	赵丽
9	12月1日	保暖衣	52	上海	126.00	4	王强
10	12月1日	棉衣	15	广州	158.00	5	李梅
11	12月2日	外套	42	昆明	226.50	2	赵丽
12	12月2日	衬衫	62	上海	123.50	1	赵丽
13	12月2日	T恤	51	广州	69.00	0	李梅
14	12月2日	羽绒服	42	昆明	478.50	9	赵丽
15	12月2日	牛仔裤	62	上海	159.00	1	赵丽
16	12月2日	打底裤	52	广州	88.00	5	王强

将海量数据制作成数据透视表，可以通过选择字段的方式，快速切换数据版面，以不同的角度汇总商品数据。下图所示为不同日期下不同商品的销量。

数据透视表中还提供了交互工具——切片器，以便动态地查看数据，如下图所示，选择需要查看的条件（王强销售员的相关数据），就能快速显示出符合条件的数据。

综上所述，Excel 的数据透视表是一个强大的数据分析工具，它不仅可以将海量数据制作成各种报表，并实现报表数据的快速切换，也可以对数据进行统计、排序和筛选。使用交互工具，如

切片器、日程表，还可以从项目名称和时间的角度动态地查看数据。

2 让抽象数据直观展现的"利器"—— 图表

数据分析少不了图表分析，图表不仅是后期制作数据报告时数据呈现的重要形式，还能在数据分析过程中以直观的方式带给分析者"灵感"，使其发现数据中隐藏的信息量。

3 简单工具也能有大用处 —— 条件格式

Excel 中提供的"条件格式"工具操作简单，能提高数据分析的效率，适用于表格数据的分析。通过更改表格数据的格式，让分析者快速掌握表格数据的概况。"条件格式"工具的操作选项如左图所示。

利用 Excel 中的"条件格式"工具，可以完成以下操作。

（1）快速找出符合要求的数据。使用【突出显示单元格规则】菜单中的子命令，可以快速找出符合一定数值范围、包含某些文本、根据发生日期或数据重复的单元格数据，并为这些数据所在的单元格设置单元格格式以突出显示。

（2）找出数值排名靠前、靠后的数据。利用【最前/最后规则】菜单中的子命令，可以突出显示数值排名靠前/靠后多少位、高于/低于平均值的单元格数据。

（3）根据单元格数据大小添加长短不一的数据条，通过数据条的长度来快速判断单元格数据的大小，方法是使用"数据条"功能。

（4）根据单元格数据大小填充颜色深浅不一的单元格背景色，通过单元格填充颜色的深浅来快速判断单元格数据的大小，方法是使用"色阶"功能。

（5）为单元格中的数据添加不同类型的图标以示区分，方法是使用"图标集"功能。

（6）通过函数实现更复杂的数据突出显示功能。选择【新建规则】命令，可以在打开的对话框中编写函数，以实现更复杂的单元格数据突出显示。

4 麻雀虽小，五脏俱全 —— 迷你图

表格单元格中的数据可以帮助分析者清楚了解具体数值的大小，图表数据可以帮助分析者直观地了解数据概况。如果既想了解具体数值，又要求查看数据概况，那就要使用迷你图了。

迷你图是 Excel 中提供的微型图表工具，可以在单元格中绘制图表。它虽然是微型的，但具有图表的大多数功能。使用"迷你图"工具，不仅可以在单元格中制作柱形图、折线图和盈亏图，还可以设置图表中的数据高点、低点和坐标轴等元素。"迷你图"保留了图表的主要功能，可谓是表格数据的优秀"伴侣"，两者相辅相成，让数据分析尽善尽美。下图所示的表格数据显示了每个业务员的具体销量，分析迷你图中的销量趋势，还可以快速判断业务员在这段时间内的销售情况。

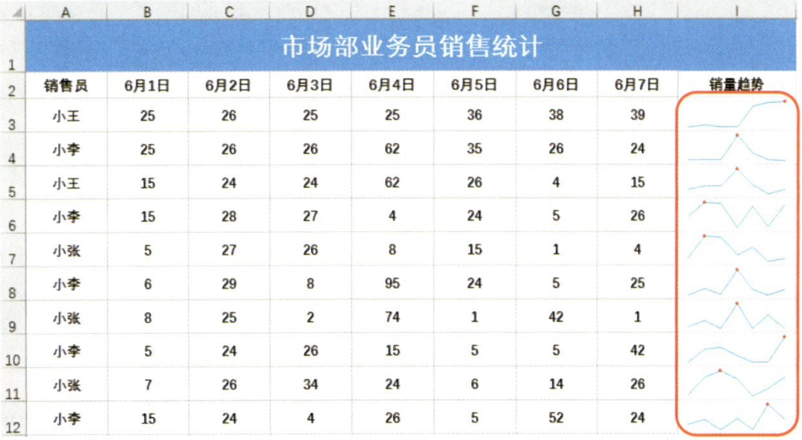

	A	B	C	D	E	F	G	H	I
1	市场部业务员销售统计									
2	销售员	6月1日	6月2日	6月3日	6月4日	6月5日	6月6日	6月7日	销量趋势
3	小王	25	26	25	25	36	38	39	
4	小李	25	26	26	62	35	26	24	
5	小王	15	24	24	62	26	4	15	
6	小李	15	28	27	4	24	5	26	
7	小张	5	27	26	8	15	1	4	
8	小李	6	29	4	95	24	5	25	
9	小张	8	25	2	74	1	42	1	
10	小李	5	24	26	15	5	5	42	
11	小张	7	26	34	24	6	14	26	
12	小李	15	24	4	26	5	52	24	

5 数据归类统计利器 —— 分类汇总

"分类汇总"功能，可以方便数据以不同的形式进行汇总。在数据分析时，如果需要统计不同数据项目的总和，以便对数据的总值有一个了解，同时又要对比各项目的总和大小，就可以使用"分类汇总"功能。

例如，在原始表格中包含多个项目，如销售员姓名、销售部门、产品名称、销售月份、销售额等。使用"分类汇总"功能，不仅可以汇总不同部门的销售额总值（效果如左下图所示），还可以汇总每个月不同部门的销售额总值（效果如右下图所示）。针对一份数据的不同汇总要求，均能快捷简便地实现。

高手自测 8 某公司产品销量下降，那么可以使用什么分析思路找出销量下降的原因？

4.4 根据数据选择图表

数据分析是带有一定科学技术含量的工作，完成分析后，还应该知道用什么方法来让别人知道你发现的问题。根据数据制作出可视化的图表，配以文字说明是最常用的手段之一。

4.4.1 Excel 中的常见图表类型

Excel 2019 中提供了 16 种图表类型，每种类型下又细分为 1～7 种。下面对职场中常用的几大图表类型进行简单介绍。

1 柱形图

柱形图用于显示一段时间内的数据的变化或说明各项之间数据的比较情况，利用柱子的高度，反映数据的差距，用来比较两个或两个以上的数值。下图所示为使用柱形图对各部门上半年和下半年的人员数量进行分析。

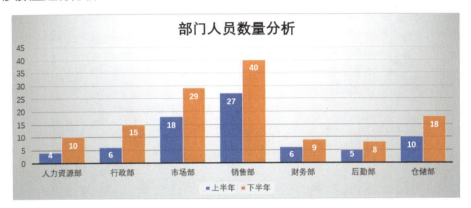

2 条形图

条形图用于显示各项目之间数据的差异，它与柱形图具有相同的表现目的，不同的是，柱形图是在水平方向上依次展示数据，条形图是在纵向上依次展示数据，如下图所示。

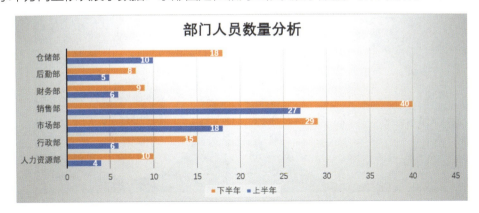

3　折线图

折线图是将同一数据系列的数据点在图上用直线连接起来,以等间隔显示数据的变化趋势,非常适用于显示在相等时间间隔下数据的变化趋势,如下图所示。

4　饼图

饼图主要用于展示数据系列的组成成分,或者部分在整体中所占的比例。它以圆形或环形的方式直接显示各个组成部分所占的比例,各数据系列的比例汇总为100%,如下图所示。

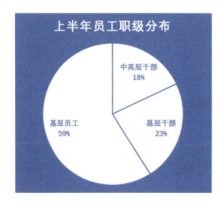
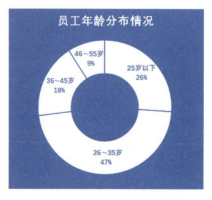

5 面积图

面积图与折线图类似,也可以显示多组数据系列,只是将连线与分类轴之间用图案填充,主要用于表现数据的趋势,如下图所示。

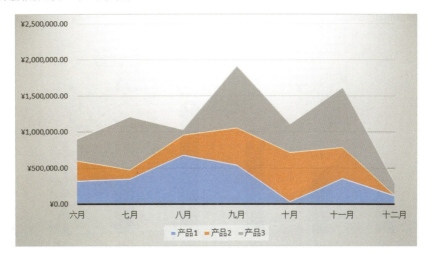

6 XY 散点图

XY 散点图主要用来显示单个或多个数据系列中各数值之间的相互关系,或者将两组数字绘制为 XY 坐标的一个系列,如下图所示。

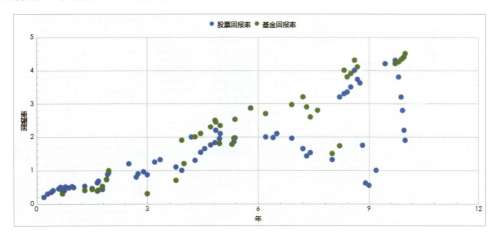

7 组合图

组合图是指在一张图表中应用了两种或两种以上的图表类型来同时展示多组数据。组合图可以使得图表类型更加丰富，还可以更好地区别不同的数据，并强调不同数据关注的侧重点，下图所示为使用柱形图和折线图一起分析员工人数净增长变化的效果。

Excel中还提供了直方图、箱形图、瀑布图、漏斗图等，这些图表一般在专业领域或特殊场合中使用。例如，箱形图主要用于显示一组数据分散情况资料的统计，瀑布图用于表现一系列数据的增减变化情况及数据之间的差异对比，如下图所示。

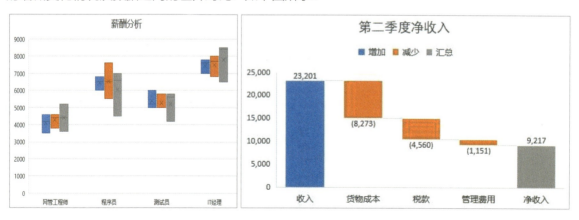

Excel 中还提供了一些三维图表类型,但从实际运用的角度来看,其实质还是二维的平面坐标系下建立的图表。

如右图所示的三维气泡图只有两个数值坐标轴。而如下图所示的三维柱形图、三维折线图、三维面积图、三维曲面图中,虽然显示了 3 个坐标轴,但是 X 轴为分类轴,Y 轴为系列轴,只有 Z 轴为数值轴,使用平面坐标的图表也能完全表现出来。

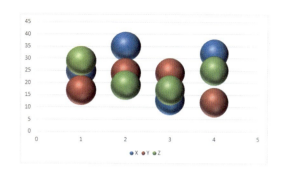

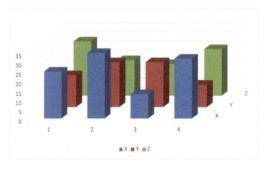
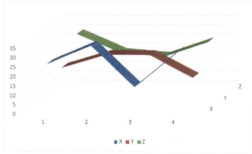
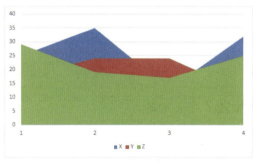
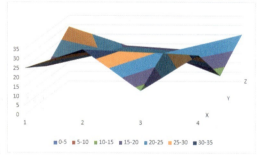

通常情况下,建议使用二维图表,尽量不用三维图表。虽然三维图表看起来美观,但也容易分散读者对数据本身的注意力。此外,在三维空间上读图,还可能出现阅读障碍。对比下图所示的两张图表,二维图表明显比三维图表更直观易读。

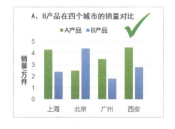
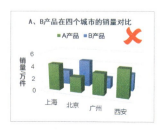

第4章 循序渐进:用严谨的数据成就专业图表　　239

4.4.2 两种方法摆脱选择困难症

如此种类丰富的图表,对于很多人来说,要把数据转换成合适的图表进行表达是困难的。可是,只有将数据信息以最合适的图表类型进行显示时,才会让图表更具有阅读价值,否则再漂亮的图表也是无效的。

要想让数据对号入座,图表类型选择是制图的第一步。第一步出错,后面的工作做得再完美也是徒劳。下面介绍两种选择图表的方法,一种是系统推荐法,另一种是经验判断法。

系统推荐的图表能满足普通要求,如果希望用图表展现较为复杂的数据,或者有特别的展现意图,就要在熟悉和掌握数据与图表类型之间对应关系的基础上,做出选择。

尽管 Excel 中提供的图表种类繁多,但其基本类型只有几种。下图所示为可视化专家 Andrew Abela 整理出来的基于四大情况的图表选择方向。

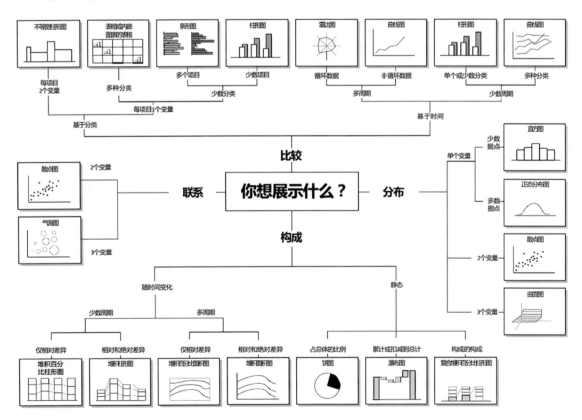

通过上图大致能够知道，无论数据总量和复杂程度如何，数据间的关系大多可以分为四类，即比较、分布、构成和联系。所以，图表类型的选择主要基于你要展示什么样的数据，这些数据之间存在什么关系，这些内容也是我们在数据分析阶段就已经厘清了的，所以图表制作离不开数据分析。选择好大的方向，再从需要展示的字段数量上来进一步判断更为合适的图表类型即可。上图中包含的数据量非常大，建议大家反复查看。为了方便大家理解，笔者基于此图表，制作了一张图表类型选择速查表，把常用的数据关系和图表类型进行了归纳，如表4-1所示。

表4-1 图表类型选择速查表

数据关系			图表类型
比较	基于分类	少数项目	柱形图
		多个项目	条形图
	基于时间	循环数据	雷达图
		非循环数据	折线图
构成	静态	占总体的比例	饼图
	随时间变化	少数周期	堆积柱形图
		多周期	堆积面积图
联系	2个变量		散点图
	3个变量		气泡图

总之，选择合适的图表类型要分三步走，一看数据类型，二看数据维度，三看要表达的内容。

需要说明的是，由于分布类型的图表涉及复杂的计算，也不是常用图表类型，所以这里不展开讲解。

4.4.3 细节决定图表方向

本书到目前为止，图表制作的大方向已经讲透彻了。要让制作的商业图表更专业，就需要大家在具体实践时花更多的心思在细节处理上。前几章中也在反复强调细节处理的问题，本书后续章节也会讲解更多的细节处理技巧。这里主要从作图数据和文字提炼两个方面进行介绍。

1 整理作图数据

与图表相对应的数据被称为作图数据，它是从原始数据中重新组织、整理、编排而来的，专门为制作图表而准备的数据。

前面介绍了制作源数据表的方法，以及清洗、加工数据的操作，但这并不算完成图表作图数据的准备工作，这一步只是将作图的原始数据呈现在大家眼前，进行数据分析是完全够了，但很多这样的原始数据都不适合作图。用于作图的数据大多是分析过程中，根据制图者的表达目的经过整理、编排的分析数据，如采用函数计算、数据排序、数据筛选、数据分类汇总、数据分离或数据透视等方法处理后的数据。即使如此，仍然有一部分数据是不能直接用来作图的。例如，需要的作图数据是表格中的一部分，但是又不便因为作图需要而进行相应调整。使用这样的数据创建图表，就会在很大程度上限制了图表的选择和制作。

所以，绘制图表的第一要素就是分析数据适合使用什么类型的图表，然后为图表准备专门的作图数据，如果数据结构不够优秀，可以尝试修改数据结构。例如，前面介绍过简化年份类图表坐标轴标签的方法，要将"2018，2019，2020，…"简写为"2018，'19，'20，…"，就需要对作图数据进行编辑。再举个例子，假设需要在柱形图中，根据各种产品、不同销售部门的销售业绩情况，分别呈现出不同的图表效果。如果直接使用数据分析过程中用到的数据透视结果，制作的图表将是数据透视图，其中包含很多固定元素，不是很美观，如下图所示。

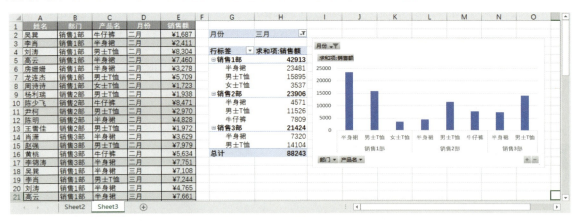

如果想制作成普通的图表效果，就需要把数据透视得到的数据结果整理为普通表格数据，如左下图所示；如果想制作出理想的柱形图，就需要对数据源进行再加工，将业绩情况分别放在不同的部门、不同的产品数据列上，这样才能实现不同销售部门不同填充颜色的效果，如右

下图所示。

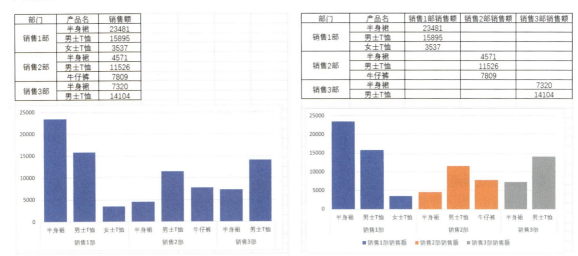

经过良好组织的作图数据可使图表思路更清晰，一些精巧的组织更可完成精巧的图表。实际上，在制作专业图表时，往往需要使用个性化的辅助列，以帮助我们实现图表的呈现效果。例如，要为柱形图设置一条目标线，查看各部门业绩完成情况，如下图所示，这时就需要添加一列辅助列来放置目标数据。通过插入辅助列，还可以实现图表的动态展示，后续章节将会讲解具体的操作步骤。

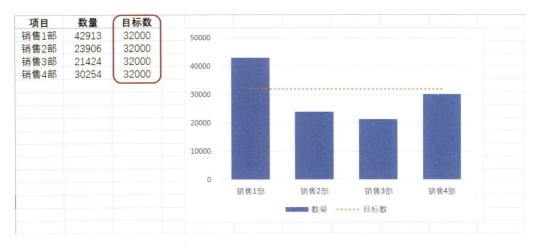

再如，前面我们讲专业图表中各组成元素最好能对齐呈现，文本的对齐放置一般是通过鼠标调节位置实现的，但条形图中坐标轴内的文字要想对齐，就必须手动在表格中设置文字的对齐方式——在单元格中文字之间插入空格，强行对齐文字，如中下图所示。而在表格制作时，为了方

便数据分析，是绝不允许这样对齐的，正确的设置方法为：选择需要对齐的单元格区域，打开【设置单元格格式】对话框，在【对齐】选项卡中设置【对齐方式】为"分散对齐（缩进）"，如右下图所示。

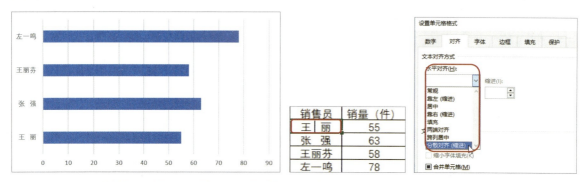

总之，作图数据完全是为了图表制作更灵活，最大程度上方便图表的选择和制作来设计的。

2 把握图表中文字说明的"度"

商业图表中除图表数据外，文字也占了比较重的比例。例如，标题、图例、坐标轴、数据标签、注释、脚注等都可能用到文字。

图表的本质在于可视化，就是把晦涩难懂的抽象文字、数字转化为图形、图表，使不易理解的内容变得通俗易懂，让读者轻松记忆，达到高效传递信息的目的。所以，图表中的文字不能太多。在图表中使用文字，应该掌握以下几个特征。

（1）功能性：图表中的文字是对图表进行补充说明的，以便帮助读者理解图表内容。

（2）识别性：图表中的文字必须特征鲜明，容易识别，才能更好地起到辅助作用。

（3）显著性：图表中的大部分文字是需要引起读者注意的内容，因此其设置需简练、清晰。如果是图表上的补充性注释内容，还可以为其设置美观的外表，如填充醒目的颜色、添加显示背景图形或边框等。

（4）准确性：无论要说明什么、注释什么，其内容必须准确、能直击重点。避免意料之外的多解或误解，最好能符合读者的心理和认知能力，采用通俗易懂的语言进行表述，以便读者能在极短的时间内一目了然、准确领会。

（5）简洁性：图表中并不需要用文字将所有的内容全部展示出来，只需要把重要内容的关键点提取出来即可。当然，简写的前提是"不会造成信息量的损失"。要确保读者仍旧能一下就看懂图表。

为了给更重要的数据展示腾出更多的空间，图表中文字的使用必须掌握好"度"，既要做到"简明扼要"，又要准确表达图表的含义。在介绍标题的制作时，已经介绍过一些方法了，这里主要就所有文字的使用进行补充说明。

在准备图表的文字内容时，如何化繁为简？主要把握"删""缩""拆"三个原则。

（1）删：与图表主题无关的内容，删；过度引申的多余内容，删；可说可不说的内容，删。"的"字能不要就不要，标点符号可用空格代替，略去读者都明白的主语……只要不造成阅读歧义、理解偏差，该删就删。

（2）缩：根据文意精炼语言，尝试用最少的文字表达原意。某些能够转化为符号的内容，转化为符号呈现，如占比情况；某些能够转化为图形表示的内容，转化为图形呈现，如用图形填充数据系列……想方设法去缩减画面上的文字。

（3）拆：没有办法删除的内容、不得不讲述的内容，可以将其拆分在主标题、副标题、注释、脚注部分来表达。此外，还可以将一些并不那么重要的内容拆分到其他图表中，更好地贯彻一张图表一个主旨的观点。

 如何将下面这张图表修改得更专业？

 高手神器 4：

职场中 5 种常用的数据分析模型

由于数据分析过程中，数据是客观的，人是主观的，因此同样的数据不同的人解读出来的结论可能不一样，甚至完全相反，但结论本身没有对错，关键在于有没有抓住数据分析的本质。这也是为什么反复强调数据分析要有目标导向的原因。

即使知道了目标导向的重要性，很多新手入门数据分析时，还是要么胡子眉毛一把抓，要么无从下手，这都是没有拟定好分析框架的表现。根据笔者的经验，掌握数据分析方法有一条好的捷径 —— 套用分析模型，对新手来说几乎是百试百灵。

模型是从宏观角度出发，从管理和业务的角度提出的，用来建立数据分析框架的工具。通常情况下，数据分析所使用的模型都是经过前人推敲总结出的经典模型。这些模型可以从宏观层面指导数据分析师进行一次完整的数据分析，有助于分析者厘清分析思路，以全面的眼光看待问题，找到正确的分析方向，并将问题分解成系统化的结构。

在众多模型中，营销管理类模型运用得最多，因为利用数据做出商业上的正确决策是数据分析应用的一大领域。下面介绍几个经典实用的营销管理类模型，只要掌握了它们，基本上可以应对工作中的所有业务分析场景。

1　SWOT 模型

SWOT 模型又称为态势分析法，是一种能够较客观而准确地分析和研究一个单位现实情况的方法。如下图所示，SWOT 模型中分为内部因素和外部因素，从优势（Strength）、劣势（Weakness）、机会（Opportunity）、威胁（Threat）4 个方面分析内外环境。其中，优势和劣势属于内部因素，机会和威胁属于外部因素。

外部环境 O/T \ 内部环境 S/W	S（优势）	W（劣势）
O（机会）	SO 战略 发挥优势，利用机会	WO 战略 克服劣势，利用机会
T（威胁）	ST 战略 利用优势，回避威胁	WT 战略 减少劣势，回避威胁

SWOT 模型适用于宏观分析。在利用数据分析帮助企业制定战略时，该模型的使用频率较高。一般来说，优势与劣势会一起进行分析，是从整个价值链的每个环节上，将企业与竞争对手做详细的对比，如产品是否新颖、制造工艺是否复杂、销售渠道是否畅通、价格是否具有竞争性等。相对的，机会与威胁也会一起进行分析，威胁指的是环境中一种不利的发展趋势所形成的挑战，

如果不采取果断的战略行为，这种不利趋势将导致企业的竞争地位受到削弱。机会就是对企业行为富有吸引力的领域，在这一领域中，该企业将拥有竞争优势。

在使用 SWOT 模型进行企业数据分析时，要通过数据精准定位企业的优势、劣势、机会和威胁，然后将内外因素相组合，形成战略。

2　PEST 模型

PEST 模型也适用于宏观分析，主要从政治（Politics）、经济（Economy）、社会（Society）、技术（Technology）4 个方面分析内外环境，如右图所示。该模型适合用来分析企业所处的客观背景，通过对环境的把控来进行用户行为分析。

对宏观环境因素做分析时，由于不同行业和企业有其自身特点和经营需要，分析的具体内容会有差异，但一般都应对政治、经济、社会、技术这四大类影响企业的主要外部环境因素进行分析。

（1）政治环境。

政治环境是指企业所在国家的政治制度，包括政府态度、法律和法规。

分析政治环境时，要关注的指标包括政治环境是否稳定、政策对企业是否友好、政府实行的经济政策是什么、政府与其他组织签订的贸易协议有哪些、税收制度如何、产业政策如何等。

（2）经济环境。

经济环境包括宏观上国家整体的经济状况和微观上地区的经济水平。

分析经济环境时，需要关注的指标包括 GDP 及增长率、利率水平、财政货币政策、通货膨胀率、居民可支配收入水平、劳动成本、失业率和就业率、市场需求等。

（3）社会环境。

社会环境是指国家或地区的文化背景、人口结构和规模、受教育程度、信仰和习俗、价值观、消费观等社会因素。

分析社会环境时，需要关注的指标包括地区人口规模、居民对商品的需求、居民教育程度、居民年龄分布、地区城市特点、居民富裕程度等。

（4）技术环境。

技术环境是指企业拥有的生产技术及与市场上相关产业拥有的新技术、新工艺、新材料和技术发展趋势。

分析技术环境时，需要关注的指标包括新技术的发明与进展、国家支持项目、技术与成本的关系、技术与销售渠道的关系、技术传播和更新速度、专利保护情况等。

通过 PEST 模型规划数据分析思路，可以全面地分析企业所处的环境。以某奢侈品公司为例，采用 PEST 分析法整理分析思路，进行奢侈品行业环境分析，可分析的方面如下图所示。

政治环境	经济环境	社会环境	技术环境
• 国家出台了哪些商品贸易政策 • 国家政策对奢侈品销售的影响 • 销售奢侈品的税率情况	• 国家GDP处于什么水平 • 国家消费指数大小 • 失业率和就业率情况 • 居民可支配收入情况 • 奢侈品市场需求	• 地区居民的性别、年龄比例 • 地区居民的消费习惯、购物观念、生活方式 • 地区居民的教育状况、文化习俗	• 奢侈品生产工艺水平 • 新的生产工艺技术

3 5W2H 模型

5W2H 模型又称为七问分析法，从 What、Why、Who、When、Where、How、How much 七个常见的维度分析问题，如下图所示。该模型简单、方便、容易理解，且富有启发意义，广泛应用于企业问题分析、决策措施寻找、疏漏问题弥补等情况的数据分析。

```
What——对象是什么？目的是什么？做什么工作？
Why——为什么要做？可不可以不做？有没有替代方案？
Who——谁？由谁来做？
When——何时？什么时间做？什么时机最适宜？
Where——何处？在哪里做？
How——怎样做？如何提高效率？如何实施？方法是什么？
How much——多少？做到什么程度？数量如何？质量水平如何？费用产出如何？
```

根据 5W2H 模型的指导，可以知道在具体进行数据分析时应该从哪些方面进行思考。下面以营销策略为目标分析对象，通过数据分析判断其可行性和效果。这时，需要从营销策略的具体内容、方法、执行人员、时间、地点/渠道、方式、成本/利润几个指标开始建立分析框架，再将框架进行细化，形成数据化的指标，从而对营销策略进行客观的分析和评价。具体分析框架如下图所示。

What
- 营销策略是什么
- 营销目标是什么
- 营销重点是什么
- 营销对象是谁

Why
- 为什么采用这种营销方法
- 为什么采用这样的流程
- 为什么安排这些人员

Who
- 谁来执行营销方案
- 各流程谁负责

When
- 何时开始
- 何时完成
- 各步骤时间点
- 一共需要几天

Where
- 线上/线下哪里开展营销
- 为什么选择这些地点/渠道
- 不同地点/渠道的资源

How
- 怎样最省力
- 怎样最有效果
- 怎样避免失败
- 怎样改进

How much
- 成本多少
- 利润多少
- 销量多少
- 人员多少

4　4P 营销理论模型

4P 营销理论模型是随着经典营销组合理论的提出而出现的，该模型常用于企业营销状况分析和商品销售策略分析。

经典营销理论认为，产品、价格、渠道、宣传是影响市场的重要因素。在营销领域，这种以市场为导向的营销组合理论，被企业应用最普遍。所以，4P 营销理论模型也由这 4 个要素构成，即产品（Product）、价格（Price）、渠道（Place）、宣传（Promotion），如下图所示。

4P 营销理论模型是从管理决策的角度来分析商品的市场营销问题，其数据分析对象是商品的 4 个可控制因素，具体内容如下。

（1）产品（Product）：指企业向市场提供的各种有形和无形的产品。分析内容包括产品的品种、规格、包装、质量、卖点、品牌、售后服务等因素。

（2）价格（Price）：指企业在销售产品时制定的价格，包括基本价格、折扣价格、批发价格、付款方式等因素。

（3）渠道（Place）：指企业销售产品所选择的分销渠道和商品的流通方式。在互联网时代，渠道包括线上和线下两大渠道，具体包括渠道覆盖面、商品流转环节、中间商、网点设置、运输方式等因素。

（4）宣传（Promotion）：指企业使用的传播产品信息的方式，从而达到刺激消费者购物的目的。宣传方式包括线上和线下的推广方式，其中有广告的发放、线下地推人员促销、卖场促销、媒体宣传等因素。

可以说，企业的一切营销行为都是在围绕着 4P 理论进行，也就是说，只要让产品、价格、渠道、宣传四者结合、协调发展，就能提高企业的市场份额，达到最终获利的目的。利用 4P 营销理论模型对某企业商品销售进行分析，具体的分析模型如下图所示。

产品	价格	渠道	宣传
•产品性能如何 •产品特点如何 •产品包装如何 •产品品牌效应如何 •产品服务如何进行	•产品售价如何 •产品利润如何 •产品价格竞争策略	•在哪些网络平台销售 •在哪些线下渠道销售 •如何发货	•如何通过在线媒体宣传 •线下广告如何制定 •广告效果如何评估

5 逻辑树模型

逻辑树模型又称为问题树、演绎树或分解树模型,是一种通用的分析模型,广泛适用于各种情况下的问题分析,其作用在于层层分解、追本溯源,找到问题的症结所在。

逻辑树的基本结构是,将问题的所有子问题分层罗列,从最高层开始,逐步向下扩展分解。即将一个已知的大问题当成树干,然后考虑与该问题相关的因素,每考虑到一个点,就添加一根"树枝"到树干上,以此类推,将每个问题都细化到最小处,最终形成一棵"逻辑树"。逻辑树分析模型框架如下图所示。

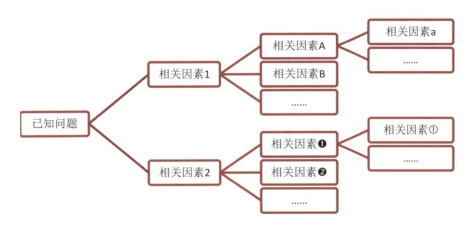

逻辑树模型可以帮助分析师在数据分析时厘清思路,不再重复、混乱地思考,而且可以确定各环节的重要程度,做到主次分明、责任落实。使用逻辑树模型分析问题时,需要先将相同问题总结归纳成要素,以便将各要素组成框架,而关键在于寻找各问题之间的关联关系。在罗列各要素时注意不要重复、不要遗漏。在实际使用中,最容易出错的部分就是遗漏了涉及的相关问题,所以在使用该模型时,应时刻提醒自己尽量把涉及的问题或要素考虑周全,保证数据分析的全面性，不遗漏任何细枝末节。

利用逻辑树模型对某企业策划团队的创新能力进行分析，具体的分析模型如下图所示。

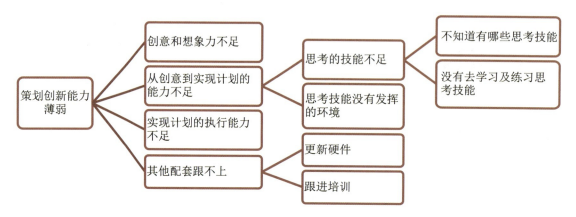

数据分析的理论看起来很深奥，但当将其运用到现实生活中时，就可以发现它实际上是"无所不能，无处不在"的。例如，数据分析可以改进优化业务、帮助业务发现机会、创造新的商业价值模式，以及发现企业自身的问题和预测企业的未来等。

 高手神器 5：

用 XMind 思维导图软件整理思路

进行数据分析时由于需要从不同角度切入分析，这就使得涉及的相关数据来源可能会比较复杂，进而导致制作源数据表的过程变得比较烦琐。为了确保分析师可以建立清晰的工作思路，处于一定的高度去分析问题，可以通过使用思维导图来规划整个数据分析过程，将每一个分析点都列举清楚，从而确保分析工作能有条不紊地进行下去。

思维导图就是用图形结合的方式，通过层级结构将各个主题的关联关系表现出来。思维导图的特点是将关键词与图形、图像、颜色等相结合，从而帮助使用者能以轻松的方式建立记忆链接。

自由发散联想是人类大脑的自然思考方式，每一种进入大脑的资料，不论是感觉、记忆或想法——包括文字、数字、香气、食物、颜色、意象、节奏等，都可以成为一个思考中心，并由此中心向外发散出成千上万的节点，每一个节点代表与中心主题的一个连接，而每一个连接又可以成为另一个中心主题，再向外发散出成千上万的节点，呈现出放射性立体结构，而这些节点的连接可以视为人的记忆，也就是大脑数据库。

思维导图正是将这种自由发散联想具体化，让思维可视化的工具，能够帮助我们有效思考，激发创造性。

思维导图软件有很多，如 XMind、MindManager、iMindMap 等，操作界面大同小异，使用软件做思维导图更方便。例如，当需要对销售情况进行分析时，可以创建如下图所示的思维导图来帮助明确分析点，制定数据收集计划。

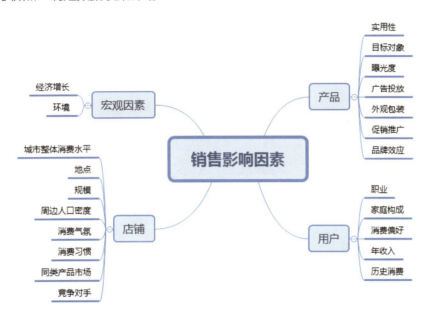

第 2 篇

实践应用篇

到现在为止，我们已经完全突破了 Excel 图表功能的默认常规和种种限制，知道了仿制专业商务图表的很多技巧和心法。但要把商业图表做到真正高效、高级和专业，还有很多制图的硬核技术需要掌握。本篇将详细介绍不同类型图表的制作技巧，以及动态图表的制作方法。希望在学习之后，你也能创建出真正专业的商务图表。本篇包含以下内容。

- 第 5 章　**数据对比**：越简单的图表越容易踩雷
- 第 6 章　**体现趋势**：折线图和面积图的 n 种姿态
- 第 7 章　**数据比例**：70% 的人只会一种饼图
- 第 8 章　**数据关系**：不要看到散点图就头痛
- 第 9 章　**技术升级**：用高级图表惊艳四座

第 5 章

5

数据对比：
越简单的图表越容易踩雷

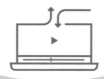

　　日常数据分析中，比较类的数据很多。因为只有通过对比，才能更清楚地知道当下的情况。与昨天／与过去对比，可以知道今天／现在是进步了，还是落后了；与他人／与竞争对手对比，可以知道我／产品在整个群体或行业中所处的水平，优势、劣势在什么地方……

　　正因为需要比较的数据很多，所以在所有图表类型中，柱形图的使用率是最高的。它主要用来反映分类项目之间的比较，也可以用来反映时间趋势。与它用法相似的还有条形图，也用来反映分类项目之间的比较。

　　当数据需要进行对比时，常常有人不知道应该选择柱形图还是条形图来展现。本章就来讲解这两类图表的不同，以及各自制作时的注意事项，进一步制作成专业的商务图表还需要注意的细节。

请带着下面的问题走进本章

1. 选柱形图还是条形图？

2. 制作商务柱形图有哪些注意事项？

3. 制作商务条形图有哪些注意事项？

4. 数据对比的其他图表有哪些？

5. 如何制作更专业的商务柱形图 / 条形图？

5.1 做好简单对比图的 4 个要点

在项目分类关系中,如果想比较事物的大小或排列顺序,如"5月份,A产品和B产品的销售额相差无几""销售额中顾客的回报排名第三""3个部门的营业额落差较大""畅销产品TOP10"等这类基于分类比较的数据,涉及大小、排列等关键词的数据分析展示,都可以采用柱形图或条形图来进行对比。要做好对比图需要注意以下4个要点。

5.1.1 选柱形图还是条形图

如果你在柱形图与条形图之间纠结,不知道选择哪种图表类型,那就首先看数据中是否需要基于时间数据进行对比,如果需要,那肯定选柱形图。此外,柱形图和条形图都可以表示分类项目的比较,如何在二者之间进行选择呢?

从外观上看,柱形图和条形图十分相似,只是柱条方向不同而已。它们的主要使用场景区别如下图所示。

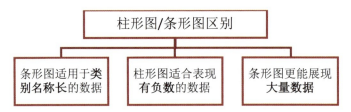

1　用条形图表现类别名称长的数据

当需要对比的类别不是时间,同时类别名称比较长时,采用柱形图就会导致名称显示拥挤,甚至会出现坐标轴标签重叠或倾斜,需要读者歪着脑袋看图表,如左下图所示。这种情况就应该将柱形图转换为条形图。如右下图所示,转换为条形图后,类别名称即使再长也能正常显示,这也是柱形图与条形图的一大区别。

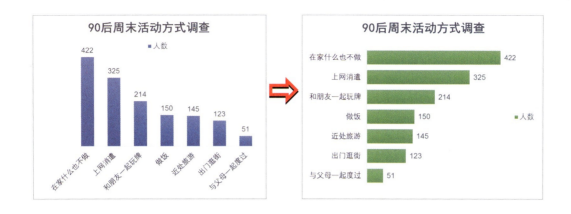

2　用柱形图表现负数

如果数据项目存在负数，则选择柱形图比较合适。在柱形图中，位于 X 轴下方的柱形能很自然地表达负数数据。而条形图的负数展示在左边，如果不是有特别标注，就很难让人意识到这是负数。如下图所示，柱形图表示负数，效果十分明显。

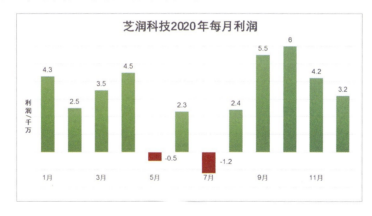

3　条形图更能展现大量数据

在制作图表时，如果想在有限的空间里展示大量数据在数值上的对比，可以使用条形图。这主要是因为我们日常使用的文档大小（如 A4 纸），呈长方形，长大于宽。加上我们更多时候采用竖形构图，在这种情况下，用柱形图来展示多项目数据，会显得比较拥挤。

如下图所示，充分利用竖形构图在垂直方向上的空间，用条形图展现大量数据，有效减轻了图表的空间局促感。

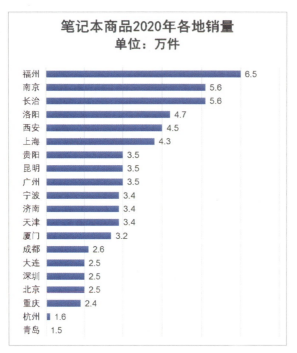

实际上，除上面讲解的这几项不同外，柱形图和条形图在很多场景下是可以互换的。关注专业图表的读者会发现，有些商业报刊或图表制作者喜欢制作柱形图，有些则偏爱条形图，你也可以根据自己的喜好来选择。

5.1.2 商务柱形图的 6 个雷区

当需要表现不同类别、时间等项的数据对比情况，展示哪一项的值高，哪一项的值低时，首先可以考虑选择柱形图。

柱形图是最常见的图表类型，它的适用场合是二维数据集（每个数据点包括两个值 X 和 Y），但只有一个维度需要比较的情况。

下图所示的柱形图就表示了一组二维数据，"不同直播 App"和"浏览次数"就是它的两个维度，但只需要比较"浏览次数"这一个维度。在这张图表里读者可以很清楚地看到虎牙直播浏览次数最多，映客浏览次数最少。

制作柱形图需要避开 6 个雷区，注意做好下面几点。

1 数据分类不能太多

柱形图通常沿水平轴组织类别，而沿垂直轴组织数值，利用柱子的高度，反映数据的差异。肉眼对高度差异很敏感，辨识效果非常好，所以非常容易解读。柱形图的局限在于只适用于中小规模的数据集，当数据较多时就不易分辨。一般来说，不要超过 10 个。下图所示为两个系列、10 项的数据对比，使用柱形图看着就有点累。一是数据需要比较的维度太多，二是数据分类项也有点多。

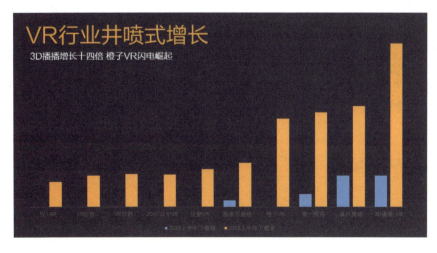

2 同一数据系列使用相同的颜色

通常来说，柱形图用于显示一段时间内的数据的变化，即柱形图的 X 轴是时间维度的，如左下图所示，用户习惯性认为存在时间趋势（但表现趋势并不是柱形图的重点）。如果遇到 X 轴不是时间维度的情况，又需要用柱形图来描述各项之间的比较情况，建议用颜色区分每条柱形，改变用户对时间趋势的关注。右下图所示为 6 个不同类别数据的展示。

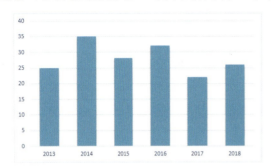 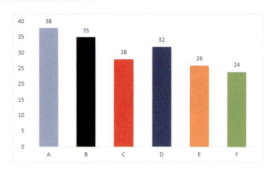

当然，为了图表整体更美观，右上图这种对数据进行一维比较时，也可以不进行颜色区分，但如果需要对数据进行二维或三维的比较，就一定要注意为不同的数据系列设置不同的颜色，如下图所示。

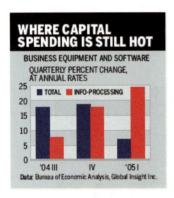 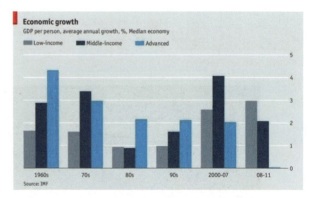

3 标签最好不要倾斜

柱形图要保证 X 轴的类别名称清晰，否则会造成读图困难。当 X 轴标签名称太长，图表宽度不够时，经常会导致图表标签倾斜，如左下图所示。一项研究（2005 年 Wigdor 和 Balakrishnan

的研究）表明：阅读 45 度倾斜的文字时，速度比阅读正常方向排列的文字要平均慢 25%，阅读 90 度倾斜的文字平均慢 205%。

由于图表中坐标轴标签可以设置为文本竖排，于是有人将其由斜排改为竖排来解决这个问题，如右下图所示。这是一种可行的做法，但其占用的空间仍然很大，而且也会影响读者目光的移动方向。建议坐标轴的标签使用水平排列，不建议倾斜排列或垂直排列，字数多时不易阅读。

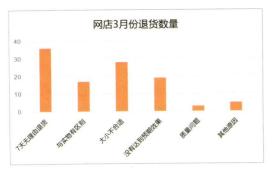 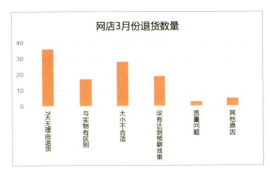

专业的商务图表一般不允许出现这种情况，当遇到这种情况时，有 3 种修改方法，一是简写标签文本；二是调整为条形图进行显示；三是在分类标签文本中间加上换行符号，这样在图表中的文本标签就会换行，其操作方法为：将鼠标指针定位到表格单元格文本需要换行的位置，按【Alt+Enter】组合键即可进行强制换行，如左下图所示。图表中的文本标签也会随着单元格中的显示行数进行显示，如右下图所示。

退货原因	退货数量
7天无 理由退货	36
与实物有区别	17
大小不合适	28
没有达到 预期效果	19
质量问题	3
其他原因	5

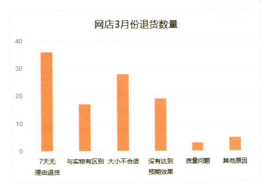

4 删除多余图例

在一些情况下，有的图例是多余的。如果柱形图中只体现了一个数据系列的数据，如下图所示，此时图表中的图例就是多余的，可以在选中图例后，按【Delete】键将其删除。

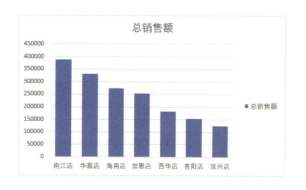 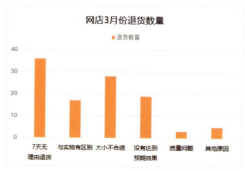

5 坐标轴的刻度一般从 0 开始

前面章节已经介绍过图表纵坐标的坐标轴刻度需要从 0 开始的重要性，这里不再赘述。柱形图是利用柱子的高度来反映数据的差异，坐标轴是否设置为从 0 开始，对数据差异的显示尤其直观。

即使纵坐标的坐标轴刻度要从非 0 开始，也要在底部标上 0 及截断标识。

6 不要使用三维柱形图

在 Excel 提供的柱形图中，还有"三维簇状柱形图""三维堆积柱形图""三维百分比堆积柱形图"和"三维柱形图"，但是这些三维柱形图要慎用，不可为了追求标新立异的图表效果而选择立体感的柱形图。在阅读三维柱形图时，柱形与网格线的接触点看起来会比实际接触点更高。此外，三维柱形图有倾斜感，不如二维柱形图直观。对比下图所示的二维柱形图和三维柱形图，就可知前者更直观清晰。

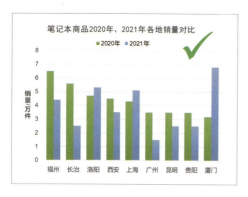 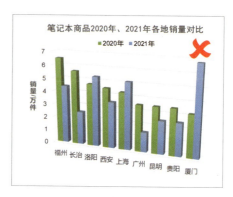

5.1.3 商务条形图的 4 个雷区

条形图是使用条形长度来表示数据变量值大小的图表，主要用于基于分类及数据构成的数据展现。它与柱形图具有相同的表现目的，不同的是，柱形图是在水平方向上依次展示数据，条形图是在纵向上依次展示数据。

对于数据分类名称较长的情况，用柱形图制图会无法完全呈现数据系列名称，采用条形图则可有效解决这个问题。将柱形图转换为条形图非常简单，只需在选中柱形图后单击【图表工具 设计】选项卡【类型】组中的【更改图表类型】按钮，并在打开的【更改图表类型】对话框中选择一种合适的条形图即可，柱形图的配色将原封不动的保留在条形图中。条形图转换为柱形图也同理。

制作条形图需要避开 4 个雷区，注意做好下面几点。

1 反转条形图的分类次序

在 Excel 中制作条形图时，默认生成图表的条形顺序总是与数据源顺序相反，在大多数情况下，这并不是我们想要的效果。如根据左下图所示的数据制作默认的条形图，将得到如右下图所示的效果。

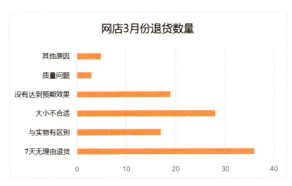

这时，需要在【设置坐标轴格式】任务窗格的【坐标轴选项】选项卡中单击【坐标轴选项】按钮，在【坐标轴选项】栏中选中【逆序类别】复选框，来反转分类次序，使其与数据源顺序保持一致，如下图所示。

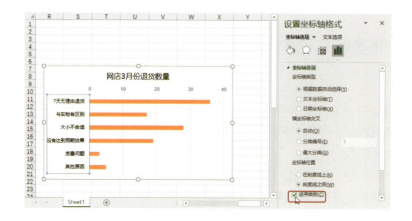

2　同一数据系列使用相同的颜色

条形图描述了各个项之间的差别情况。它采取分类垂直组织和数值水平组织，条形图中显示的数值是持续型的。这样可以突出数值的比较，而淡化随时间的变化。

条形图与柱形图一样，一定要注意为不同的数据系列设置不同的颜色，这样才更方便进行数据对比和分析。

3　删除多余图例

如果条形图中只体现了一个数据系列的数据，如下图所示，此时图表中的图例就是多余的，需要将其删除。

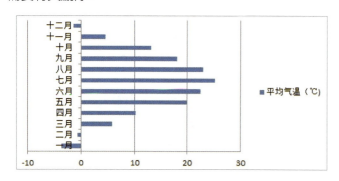
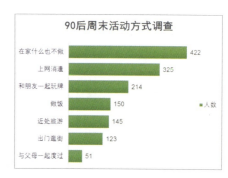

4　不要使用三维条形图

在 Excel 提供的条形图中，还有"三维簇状条形图""三维堆积条形图"和"三维百分比堆积条形图"，但是这些三维条形图都不建议使用。

本书对于所有类型的三维图表都不推荐使用，所以后面就不再强调了。

5.1.4　完美主义的对比图是这样的

柱形图和条形图看起来很简单，也经常用，但要想做得专业，还有一些必须注意的细节。所谓细节决定专业程度，观察《华尔街日报》《商业周刊》等优秀商业报刊中的图表，不难发现它们制作的柱形图和条形图几乎都注意了下面这些细节处理。

1　分类数据先排序

图表中数据系列的排列顺序默认都是根据数据源的顺序进行排列的，很多人创建图表时都会采用默认的排列方式。而柱形图和条形图主要用于分类数据对比，如果在制作图表前，先将数据按照升序或降序进行排列，这样做出来的图表也将呈现排序的效果，更符合内容逻辑，也便于读者阅读和比较数据。

如下面两张柱形图，左下图所示为默认的排列顺序，右下图所示为对数据进行降序排列后制作出来的图表效果，其中呈现出了数据的阶梯变化趋势。

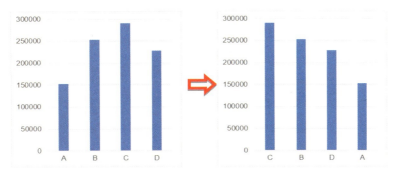

一般情况下，会对数据进行降序排列，使柱形图前面的柱形比后面的高，条形图中最长的条形显示在最上面。但需要注意的是，并不是所有的情况都适合先排序，后创建图表，如反映时间序列的图表、有些分类名称有特殊顺序要求的情况等都不适合排序。

2 设置数据标签

为了便于数据对比，一般情况下会为柱形图和条形图添加数据标签，方便读者看到具体的数值，更加直观。添加数据标签后，就可以把刻度线和网格线删除。柱形图视情况而定，偶尔还会保留刻度线。条形图一般都会删除，保持最简状态，增加数据墨水比率，如下图所示。

默认添加的数据标签会放置在柱形的上方或条形的后方。有时，柱形的高低或条形的长短已经能很明显地进行数据对比了，为了降低数据标签的影响，专业的商务图表会将数据标签放在柱形或条形的内部，如下图所示。

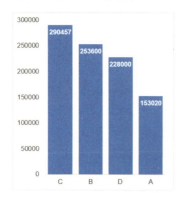
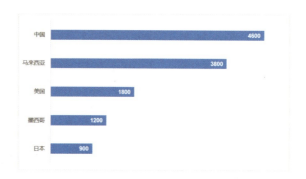

3　调整系列间隙宽度

默认情况下，在 Excel 中插入的柱形图和条形图，各系列的间隙太大，有点失去数据之间的关联性了，而且也影响图表的美观度。所以，需要适当缩小图表系列间隙宽度。

在制作商务柱形图和条形图时，应注意调整系列间隙宽度，既不能太窄，也不能太宽。柱形图的系列间隔，大概是柱形宽度的 1/2 大小，在【设置数据系列格式】任务窗格中将【间隙宽度】设置为 45% ～ 60% 即可，如下图所示。这样既可以保证柱子之间不会过于分散而失去数据之间的关联性，又不会过于密集使得数据之间没有独立性更不利于舒适阅读。

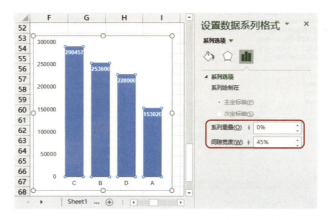

如果柱形图中包含两类或两类以上数据的对比，则可以设置系列间隙宽度与柱形宽度相同，并为不同类别之间的柱形设置比较小的缝隙。一般将【间隙宽度】设置为 100% 左右，将【系列重叠】设置为 -10% 左右，如下图所示。

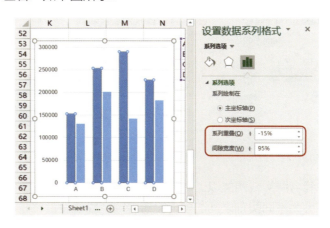

对于条形图来说,系列间的间隙就不像柱形图设计时要求那么高。根据条形图中展示的数据项多少,系列间的间隙有宽有窄。一般来说,条形的宽度保持默认设置即可,间隙宽度最多与条形宽度相同,通常还会小一些。当数据项增多时,间隙宽度会缩小一些。当然,数据项的增加和减少,也可以不调整间隙宽度,仅通过调整图表的总高度来完成,《经济学人》中的条形图就是如此处理的,效果如下图所示。

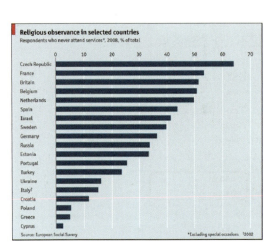
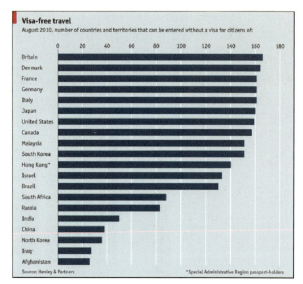

如果商务条形图中展示的数据项很少,一方面可以调整条形图的总高度,另一方面也可以调整条形的宽度,但不适合设置得过宽。左下图所示为《华尔街日报》中的图表,右下图所示为《彭博商业周刊》中的图表。

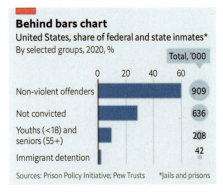
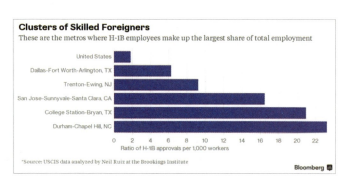

如果商务条形图中包含两类或两类以上数据的对比,因为人眼查看事物是由上及下的,为了避免数据误读,一般不会为不同类别之间的条形设置缝隙,或者设置比较小的缝隙,通常还会为不同类别的数据设置底纹,方便读者理解,如下图所示。

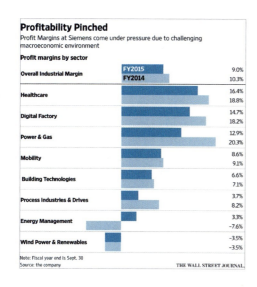
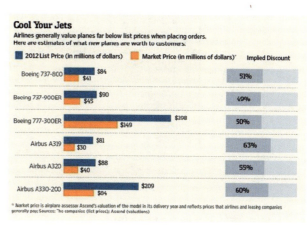

4　零基线的处理

专业的商务图表为了强调数据的准确性，不仅坐标轴刻度会从 0 开始，通常还会强调起始位置，对零基线进行处理，使其在颜色上比其他的网格线深一些，或者加粗显示，如下图所示。

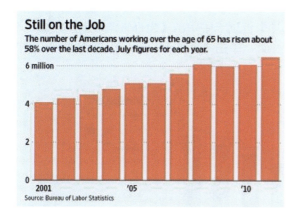
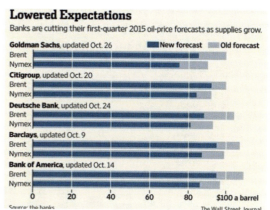

零基线的设置方法为：选择坐标轴后，在【设置坐标轴格式】任务窗格的【坐标轴选项】选项卡中单击【填充与线条】按钮，在【线条】栏中设置【颜色】和【宽度】，如下图所示。

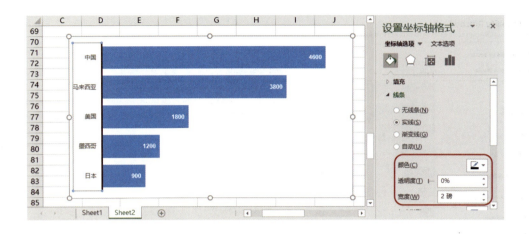

5 柱形图的其他细节处理

除前面这些细节外，使用柱形图反映时间序列的数据时，对时间类坐标轴标签的设置也需要注意。

在第 3 章中，已经讲过在作图数据中为时间数据输入单引号"'"的方法，来简写时间类坐标轴标签。此外，还可以通过设置坐标轴的数字格式来实现简写。如下图所示，作图数据中的时间类源数据为"2020年1月"格式，要让水平坐标轴的日期修改为只显示月，则可以先选中坐标轴，然后在【设置坐标轴格式】任务窗格的【坐标轴选项】选项卡中单击【坐标轴选项】按钮 ，在【数字】栏的【格式代码】文本框中输入"mm" 月 ";@"，单击【添加】按钮。设置完成后，日期的坐标轴部分就仅显示月份了。

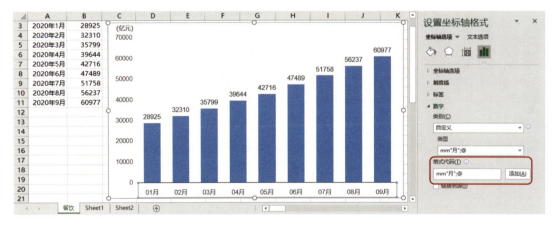

在反映时间序列的数据时，如果数据点的采集间隔不是等距的，那么在图表上也应正确反映出这种不等距间隔。如下图所示，作图数据中的时间类源数据所有相邻月份之间的距离都是不一样的，做成的柱形图的柱子之间就应该是不等距的。这种情况需要设置【坐标轴类型】为"日期坐标轴"。

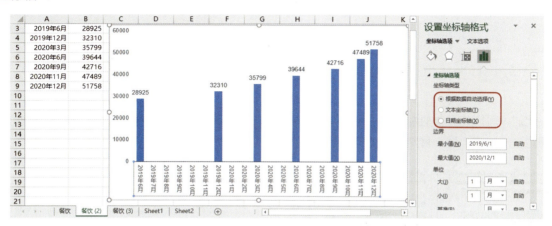

在 Excel 中，图表的坐标轴有 3 种类型："根据数据自动选择""文本坐标轴"和"日期坐标轴"。"文本坐标轴"是指将各数据点理解为文本类型，彼此之间的间距在 X 轴方向是等距的，如将上图【坐标轴类型】设置为"文本坐标轴"，将得到右图所示的效果，分类轴上的空白日期被删除了，柱形图中也没有缺少柱体形成的"缺口"了。而"日期坐标轴"则会将各数据点理解为日期类型，并根据数据点之间的数值差距来决定间距。"日期坐标轴"的源数据可以是日期格式，也可以是整数格式。

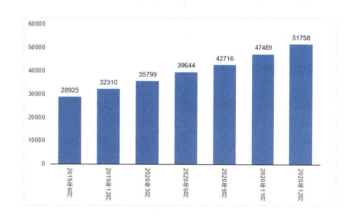

6　条形图的其他细节处理

条形图常应用于轴标签过长的图表的绘制中，以免出现柱形图中对长分类标签省略的情况。但若分类标签特别长，同样会导致整个条形图的显示比例失衡，如下图所示。

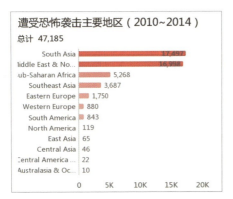
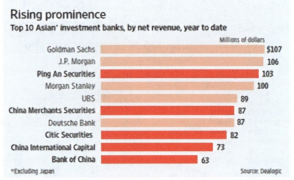

此时，可以将分类轴标签放在条形图的条形之间，如下图所示。这样既节省了横向的空间，图表也更加紧凑，是一种常见的处理手法。

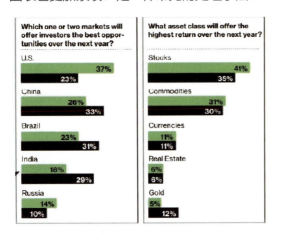

如何在 Excel 中实现这种布局呢？主要有以下 3 种方法。

（1）利用文本框。

制作条形图后，通过插入文本框的方式将分类标签文本分别放置在条形的上方。

（2）利用单元格。

首先制作一个除了条形其他全部透明的条形图，并使用"照相机"功能创建一个图表图片，将其放置在分类文本所在单元格的上方，然后调整相应的行高 / 列宽、图表位置和大小，使之相互配合，形成需要的效果，如下图所示。

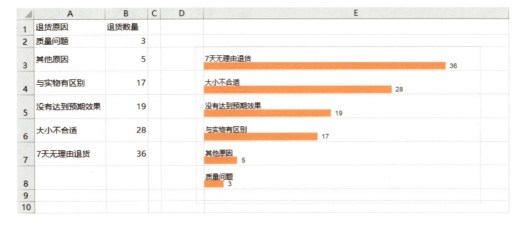

（3）利用辅助列。

利用辅助列的制图思路是，通过两次添加数据源，创建与源数据相同的条形图，利用该序列的数据标签显示分类名称，放在另一组条形图的上方，然后将该序列格式设置为无色透明，使其隐藏起来不可见，具体操作步骤如下。

步骤 01 添加数据。创建条形图后，通过添加数据的方式，再次将源数据添加到图表中，制作成两个类别的条形图。在添加数据时只能根据系列添加数据，本例中的添加效果如下图所示。

步骤 02 添加数据标签。选择位于上方的系列，为其添加数据标签，并在【设置数据标签格式】任务窗格的【标签选项】选项卡下单击【标签选项】按钮，在下方设置数据标签显示为"类别名称"，如下图所示。

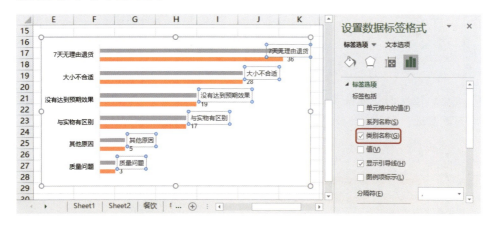

步骤 03 设置数据标签格式。继续设置【标签位置】为"轴内侧"，使其显示在条形图开始处，如下图所示。

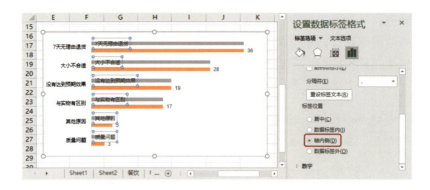

步骤 **04** 设置数据系列格式。删除图表中的坐标轴，然后设置位于上方的数据系列的边框和填充色均为无色透明，将其隐藏起来。这样就利用其数据标签模拟了居于条形之间的分类轴标签。继续选中上方的数据标签，在【设置数据标签格式】任务窗格的【标签选项】选项卡下单击【大小与属性】按钮，在【对齐方式】栏中设置【左边距】为"0厘米"，使数据标签与条形开始位置对齐，如下图所示。

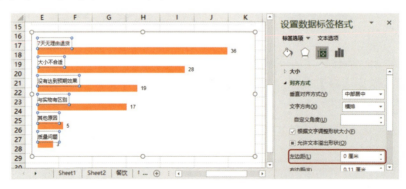

步骤 **05** 细节调整。适度调整数据系列的【系列重叠】和【间隙宽度】，使上方的数据标签和下方的条形更靠近，完成后的效果如下图所示。

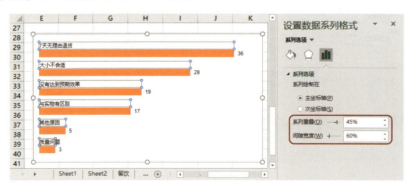

另外，条形图中的分类过多时，也会无法展示出数据的特点。所以，即使像条形图这种善于展示多数据系列的图表仍然要合理控制数据项的多少。

下图所示为一份产品的销量数据，为了展示销量对比，应该选择什么图表进行展示？

时间	A品销量	B品销量	C品销量
1月	125	135	625
2月	412	154	425
3月	251	168	124
4月	421	175	154
5月	265	625	425
6月	254	354	325
7月	541	257	364
8月	415	125	157
9月	524	425	405
10月	356	325	542
11月	214	534	359
12月	126	486	335

5.2 数据对比的其他方法

前面介绍了常规商务柱形图和条形图的基本使用方法和细节处理技巧，你知道还有哪些图表可以用于数据对比吗？本节就来解答这个问题。

5.2.1 堆积图表到底怎么用

在 Excel 2019 中，除提供常规的簇状柱形图和簇状条形图外，还包括堆积柱形图和堆积条形图。当作图数据中涉及几组数据时，就可以考虑是使用普通簇状图表还是堆积图表了。

普通簇状图表在比较包含了相同分类的多组数据时，会自动分组数据，显示为分组图表。此时，可以比较同一分组内不同分类的数据，或者不同分组内相同分类的数据。以柱形图为例，要了解和对比 A、B 两款产品在不同城市的销量，我们可以制作成下面两种不同分类方式的柱形图。

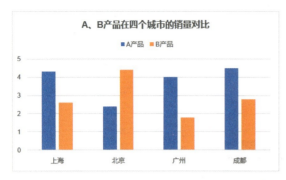 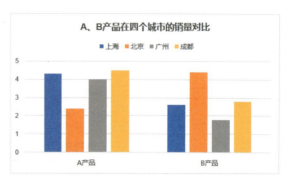

上面两张图表是针对同一组数据,通过切换数据行/列产生的效果。选择图表后,单击【图表工具 设计】选项卡【数据】组中的【切换行/列】按钮,即可实现。但是,这两张图表都是采用的普通簇状图表类型,它们无法对比各分组的总量。

堆积图表则是专门用于展示某一系列数据之间,其内部各组成部分的分布对比情况。各数据系列按照数量的多少进行堆积汇总,各数据系列之间根据汇总柱形图的高低或条形图的长短进行对比分析。这样,不仅可以进行数据总量的对比,还可以看到每一根柱形或条形上不同成分的数据量大小。例如,将上面两张普通簇状柱形图修改为堆积柱形图,会得到下面两张图表。通过对比各城市的柱形条高度,可以快速判断 A、B 两款产品在各城市的总销量情况。

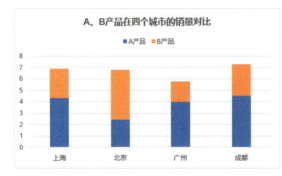 

上面的图表如果使用饼图来呈现,则需要插入多个,而且对比还不一定明显。

堆积图表本质上是累积概念的运用,通过柱形或条形内数据堆积整合,同时观察整体变化与部分所占比重及变化趋势。但是,堆积图表无法清晰地比较不同分组内相同分类的数据,而且堆积图表仅适用于包含若干个小分类的分组数据的可视化,当同一组数据的分类过多时,就无法展示出数据的特点,从而降低图表的易读性。

简而言之,簇状图表用于多组数据的比较,强调一组数据内部的比较;而堆积图表用于多组数据的比较,与簇状图表不同的是,堆积图表更加强调一组数据中部分与整体的关系。

相比而言,堆积柱形图的使用频率更高,毕竟更符合从上到下堆积的效果,符合人们的认知逻辑一些。而堆积条形图的意义就不是那么大了，如下图所示。所以，应尽量避免使用堆积条形图。

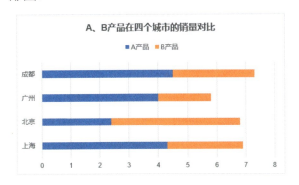
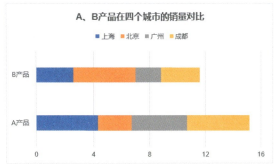

5.2.2 百分比堆积图表又是什么

在 Excel 2019 中，还提供了百分比堆积柱形图和百分比堆积条形图。这类百分比堆积图表，柱形图也是将同属性的数据叠加到一根柱形或条形上，但每根柱形或条形的总值为 100%，各项数据在柱形或条形中占据了一定比例的长度。下面两图所示为 A、B 两款产品在各城市销量的百分比大小。从左下图中可以判断出，这两款产品在不同城市中哪一款是销售主力；从右下图中可以判断出，这两款产品在哪些城市中销量更好。

百分比堆积图表用于展示某一系列数据之间，其内部各组成部分的分布对比情况。在各数据系列内部，按照构成百分比进行汇总，即各数据系列的总额均为 100%。适合展示同类别的每个变量的占比情况。同样的道理，我们推荐使用百分比堆积柱形图，而应尽量避免使用百分比堆积条形图。

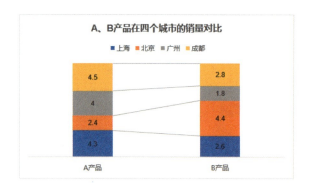

麦肯锡和罗兰·贝格都喜欢用这种百分比堆积图，相对于用多个饼图来展示要稍微好一些。但只有放在最底下和最上面的数据序列，我们可以比较准确地看出其变化是增加还是减少了，其他位置上的数据系列还是很难直观进行对比的。此时，为数据系列添加系列线是个可选办法，如左图所示。添加系列线后，一般会删除网格线，添加数据标签。不过，如果要表达的数据差距很大，在为数值较小的数据添加数据标签时因为位置有限就不是那么好安放。

5.2.3 用股价图实现专业数据对比

K 线图是股市重要的技术分析工具，Excel 中也有内置的专门绘制股价图的图表类型 —— 股价图。它经常用来显示股票价格的波动，在日常工作中，也可以利用股价走势来展现业务数据变化。

1 了解各类股价图

以特定顺序排列在工作表的列或行中的数据就可以绘制到股价图中。Excel 中主要提供了 4 种不同类型的股价图，它们的具体应用介绍如下。

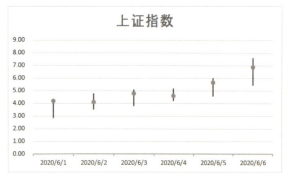

（1）盘高 - 盘低 - 收盘图。

盘高 - 盘低 - 收盘图用来显示股票的高盘、低盘和收盘价。这种类型的图表需要按下列顺序排列 3 个数据系列：盘高、盘低和收盘。如左图所示，我们可以通过每一根竖线快速知道当天股价的波动范围，线条上的圆点代表的是当天的收盘价，并可以通过各条线的排列位置查看到该股票近段时间的价格走势。

（2）开盘-盘高-盘低-收盘图。

这种类型的图表需要按下列顺序排列4个数据系列：开盘、盘高、盘低和收盘。如右图所示，我们可以通过每一根竖线快速知道当天股价的波动范围，线条上的柱体是当天的开盘价和收盘价区间，涨柱线一般用红色填充，代表当天的收盘价高于开盘价，跌柱线一般用绿色填充，代表当天的收盘价低于开盘价。

（3）成交量-盘高-盘低-收盘图。

这种类型的图表需要按下列顺序排列4个数据系列：成交量、盘高、盘低和收盘。它使用两个数值轴来计算成交量：一个用于计算成交量的列，另一个用于股票价格。如右图所示，我们可以通过每一根竖线快速知道当天股价的波动范围，还可以通过各柱形图的高低知道当天的成交量情况。

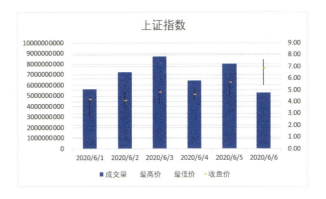

（4）成交量-开盘-盘高-盘低-收盘图。

这种类型的图表需要按下列顺序排列5个数据系列：成交量、开盘、盘高、盘低和收盘。该图表也有两个数值轴。如右图所示，我们不仅可以通过每一根竖线快速知道当天股价的波动范围，也可以通过涨跌柱知道当天股价整体的走势是上涨还是下跌的，变动幅度多大，还可以知道当天的成交量情况。

2 股价图使用技巧

股价图对显示股票市场的信息最为有效，经常用来显示股票价格。但是，股价图也可以用于绘制反映科学数据的图表。例如，可以使用股价图来显示每天或每年温度的波动。另外，股价图还可以在工作业务中得到运用。例如，有一组零售商销售数据，需要进行目标管理。我们可以将实际销售额理解为开盘和盘高，每日目标销售额理解为盘低和收盘，每日客流量则为成交量。

无论用作哪种数据展示，使用股价图时，数据在工作表中的组织方式是最重要的。一是要确定数据源，保证数据要全，必须保证提供的数据符合要制作的子图表类型需求。这些图表要求有3～5个数据系列，具体情况根据子类型而定；二是必须按照图表规定的顺序正确安排工作表中的数据。需要注意的是，数值系列各占一列，且顺序绝不能乱。例如，要创建一个简单的成交量-开盘-盘高-盘低-收盘图，应根据成交量、开盘、盘高、盘低和收盘次序输入的列标题来排列数据，如下图所示。

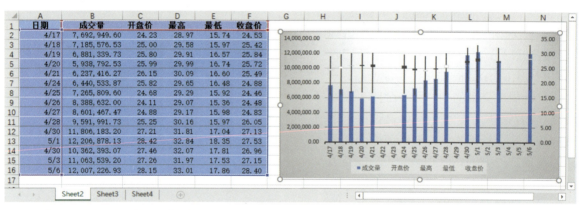

在包含成交量数据的股价表中，日成交量用柱形表示，通常使用左侧的坐标。涨柱线描述了开盘价和收盘价的差异，默认情况下黑色涨柱线说明收盘价低于开盘价。这些图表难以理解，因为 Excel 在图例中没有标明各个系列的象征符号。所以，也不宜进行自定义设置个性表示效果。如果实在要美化图表，根据股市中常用绿色表示跌价，红色表示涨价的习惯，可以为跌价股票填充绿色，为涨价股票填充红色。

最后，为了增加图表可读性，可以删除图表中的网格线，排除干扰。

5.2.4 用漏斗图跟踪流程转化数据

漏斗图又称为倒三角图，是一种形象反映销售漏斗逐步缩窄的图表。漏斗图主要针对业务各个流程的数据进行对比，它一般用于业务流程比较规范、周期长、环节多，且流程数据有明显变化又有对比分析意义的场景。常见的有销售分析、HR 人力分析、互联网运营流量转化跟踪等。

在漏斗图中，通过对各环节业务数据的比较，能够直观地发现和说明问题所在。在业务分析中，通常用于转化率比较，它不仅能展示从最初流程到最终流程的成功转化率，还能展示各级流程之间的转化率。

在早期的 Excel 版本中，想要绘制漏斗图需要借助堆积条形图来实现。首先要添加辅助列，通过公式计算出占位数（占位数 =(第一环节数量 – 当前环节数量)/2），再插入图表进行调整。而在 Excel 2019 中绘制漏斗图就很简单了。

左下图所示为某公司一次招聘各环节的统计数据，选中表格中的数据，打开【插入图表】对话框，选择【漏斗图】图表，创建的图表效果如右下图所示。

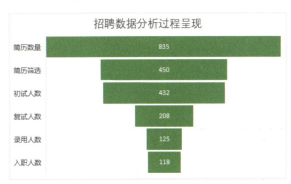

右上图中不同招聘环节用不同条形图进行展示，通过对比不同条形图的长短，可以判断各环节中人数的流失情况。其中，简历筛选环节被淘汰的人数最多，其次为进入复试的阶段。

5.2.5 用雷达图表现综合因素

一般来说，任何结果都应该是在多种因素作用下造成的。对于因素分析类数据，判断在造成某个结果的多种因素中哪一个因素更加突出、起到主要作用时，可以采用雷达图来表现。

雷达图又称为戴布拉图或蜘蛛网图，常用于对多维数据（四维以上）进行数值上的对比及整体情况的全面分析。雷达图的表现形式是，每个维度上的数据都有独立的坐标轴，这些坐标轴从同一中心点向外辐射，形似雷达，再由折线将同一系列中的值连接起来。

利用雷达图可以进行企业财务分析、企业收益性分析、人才能力分析、业绩度量和智能市场定位等。Excel 中提供了以下 3 种雷达图。

1 雷达图

雷达图将所有数据项目集中显示在一个圆形图表上,以便对数据进行对比及整体情况的分析。在雷达图中,既可以查看某个维度上数据整体发展的均衡情况,也可以对比多个维度数据整体的优劣势。这是一种展示效果不错的数据表达方式,在展示整体综合信息上很直观。

左下图所示为某企业 HR 制作的关于两名实习员工的能力值打分表。为了更全面地分析两位员工对该项工作的胜任能力,将表格数据制作成雷达图,效果如右下图所示。

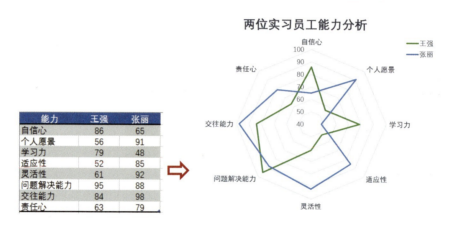

在员工能力分析雷达图中,每位员工的各项能力联合起来形成一个不规则的闭环图。在这里,首尾连线并不代表连续性,而只是要通过连线形成的图形,观察比对数据的倾向性。面积越大的数据点,就表示越重要。

通过比较闭环图的轮廓向外扩张的范围,可以判断员工综合能力的大小。在右上图中,张丽的轮廓范围比王强大,可以判断张丽的综合能力素质更高;通过对比某一轮廓点向外扩张的程度,可以判断项目数值的高低。例如,在"学习力"这个轮廓点上,王强明显高于张丽。

当雷达图中间的闭环图越接近于等边形(等四边形、等五边形、等六边形等)时,说明各因素的影响越平衡,造成结果的因素中不存在影响的主要因素,而是综合作用的结果。

制作雷达图时需要注意的是,用于制作雷达图每个维度上的数据都必须是可以排序的(国籍不可以排序)。当数据项目只有一个系列时,最好先对表格中的数据进行排序,再将排序后的数据制作成图表。排序后的雷达图可以传达更多信息,如左下图所示,从图中可以快速分析出王强哪些能力较强,哪些能力较弱。再举个例子,右下图所示为不同城市的销量,虽然数据较多,但是从排序后制作出的雷达图中依然可以快速了解新产品在哪些城市的销量较高,在哪些城市的销量较低。

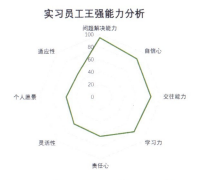
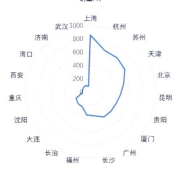

雷达图有一个局限,就是数据点最多6个,否则辨别起来有困难。因此,适用场合有限。另外,因为很多读者不熟悉雷达图,解读有困难。所以,使用时应尽量加上说明,减轻解读负担。

2 带数据标记的雷达图

带数据标记的雷达图与常规雷达图的区别是,在雷达图轮廓上增加了数据标记,起到了强调数据值的作用。默认情况下,带数据标记的雷达图会在每个数据点上添加标记。选中某个数据点后,设置其数据标记为"无",即可删除这个标记。

如左下图所示,通过设置,该雷达图中仅对每位员工分值最高的3项能力设置了数据标记,以实现强调作用。标记点的设置方式如右下图所示。

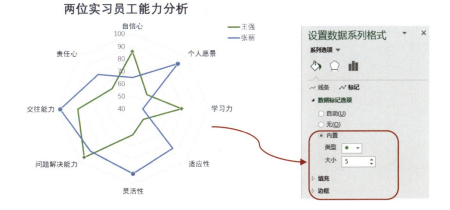

3 填充雷达图

填充雷达图与常规雷达图的区别是,常规雷达图使用的是轮廓线,而填充雷达图使用的是有填充色的面积。填充雷达图更强调数据系列的综合指数,即整体水平。

如左下图所示,两位实习员工的综合能力分析使用了填充雷达图。分析该图表时,填充色的存在吸引了注意力,使分析方向更侧重于对比不同颜色面积的大小,从而判断两位员工,谁的综合能力更强。

填充雷达图有一个注意事项,需要调整位于上方面积的填充透明度,否则会造成遮盖,导致位于下方数据系列的图表信息看不见,或者模糊。调整方法为:双击位于上方的数据系列色块,然后在【设置数据系列格式】任务窗格中单击【填充与线条】按钮,在【标记】选项卡的【填充】栏中,设置【透明度】参数,如右下图所示。

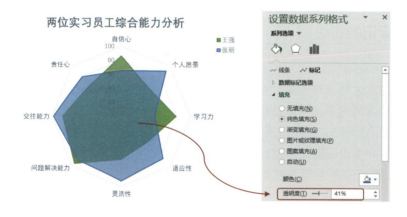

高手自测 11 ▶ 下图所示为 A、B 两款商品在相同时间段内、不同城市的销量数据,如何使用图表对商品销售情况进行分析?

城市	A品销量/件	B品销量/件
广州	958	957
福州	958	895
西安	857	748
长治	847	925
天津	758	958
昆明	758	857
北京	751	854
成都	625	452
贵阳	526	458
上海	524	856
洛阳	458	857
厦门	451	625
重庆	428	658
济南	354	957
大连	265	254
南京	254	752
杭州	152	958
深圳	145	854

5.3 高级商务柱形图/条形图这样做

想让商务柱形图或条形图在进行数据对比时显得更专业，还有一些经常会用到的技巧，如突出重点数据、制作平均线、让数据对比更直观、制作带负数的对比图、美化图表等。

5.3.1 做重点突出的商业对比图

突出图表中的重点数据，最常用的方法便是更改单个数据点的填充颜色。

如果只是突出商业图表中的个别数据，可以依次选择这些数据点（连续单击即可选择），然后设置填充颜色，如下图所示。

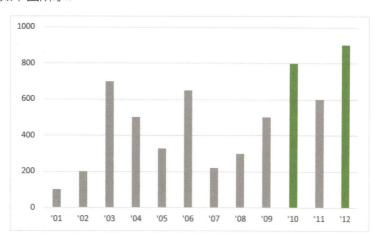

如果需要设置的数据点比较多，则可以通过一定的技巧来加速完成任务。

例如，要让柱形图根据数据范围，设置为不同的颜色。让数据等于或超过 600 的显示为绿色，600 以下的显示为灰色，具体操作步骤如下。

步骤 01 修改作图数据。打开"同步学习文件\素材文件\第5章\业绩完成表.xlsx",首先制作两列辅助列,一列是小于600,在C2单元格中输入公式"=IF(B2<600,B2,0)"并向下填充,如左下图所示;另一列是大于或等于600,在D2单元格中输入公式"=IF(B2>=600,B2,0)"并向下填充,如右下图所示。

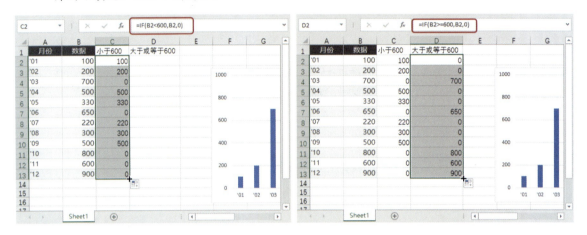

步骤 02 创建图表。按住【Ctrl】键的同时,选择月份数据和两列辅助列,按照前面介绍的方法,创建一个柱形图,如左下图所示。

步骤 03 美化图表。按照要求,分别为两组数据设置不同的颜色。然后选择图表中多余的标题和图例,按【Delete】键将其删除,如右下图所示。

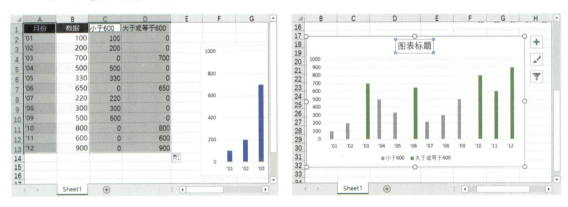

步骤 04 设置图表。此时,我们可以发现图中的柱形距离并不是均匀分布的。需要选择任意一个数据系列,在【设置数据系列格式】任务窗格中设置【系列重叠】为"100%",即可均匀分布。调整【间隙宽度】,让图表看上去更美观,如下图所示。至此,便完成了本案例的制作。

为便于进行图表格式化,我们经常将一个数据系列分离为多个数据系列,对每个数据系列单独进行格式化,做出类似于条件格式的效果。通过本案例的学习,大家可以灵活运用该方法实现更多图表效果。

5.3.2 做带平均线的商业对比图

在数据分析过程中,查看不同项目的数据与平均值的大小关系,是衡量项目数据好坏的重要指标。在图表中也可以显示出平均线,方便读者查看数据。例如,要为业绩完成表中的柱形图添加平均线,具体操作步骤如下。

步骤 01 计算平均值。在作图数据中添加一列辅助列,用于计算平均值,在 E2 单元格中输入公式"=AVERAGE ($B$2:$B$13)"并向下填充,如左下图所示。

步骤 02 添加数据源。选择之前默认创建的图表,打开【选择数据源】对话框,单击【图例项(系列)】列表框上方的【添加】按钮,在打开的【编辑数据系列】对话框中进行如右下图所示的设置,即添加辅助列内容到图表中。

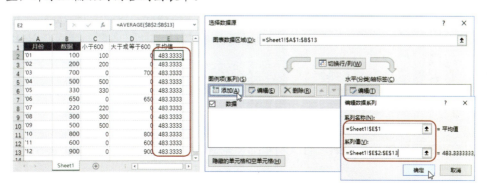

步骤 03 设置图表类型。打开【更改图表类型】对话框，默认已经设置为"组合图"类型，在右下方列表框"平均值"栏对应的下拉列表框中选择【折线图】选项，将该数据系列设置为"折线图"，如左下图所示。即可为图表添加平均线效果，如右下图所示。

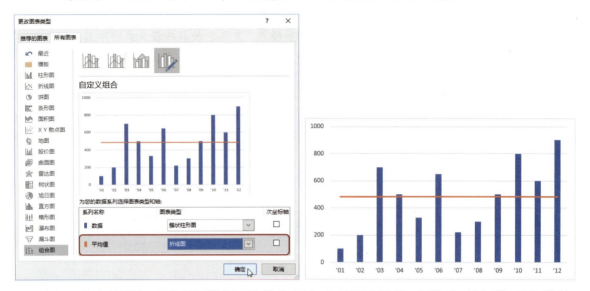

实际工作中的图表，可能需要绘制更多的参考线，如设置预算线、预警线、控制线、预测线等，都可以按照该制作原理来实现。该方法的具体应用读者还可以继续发散思考。

5.3.3 让商业数据对比更直观

让数据对比更直观的方法，从作图数据的技术处理层面来分析，主要有三招。第一招是将数据分离为多个系列，这个内容我们在5.3.1和5.3.2小节中已经讲解了（5.3.1小节的思路是将数据划分为两个级别，从而分离为两个系列。5.3.2小节的思路是将数据分离为普通数据和标准数据）；第二招是对数据进行错行和空行组织；第三招是进行占位设置。本小节主要对后面两招进行介绍。

1 对数据错行和空行组织

通过对数据的巧妙排列和组织，可以制作出一些看似无法完成的图表。如下图所示，每一个数据分类下左侧的柱形图为普通簇状柱形图，右侧的柱形图为堆积柱形图。这就是通过对作图数据进行错行和空行组织制作出来的效果，具体操作步骤如下。

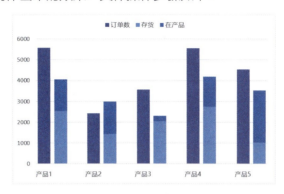

步骤 01 查看普通图表效果。打开"同步学习文件\素材文件\第 5 章\以销定产图表.xlsx"，先来看看利用原始数据制图的效果，如下图所示。

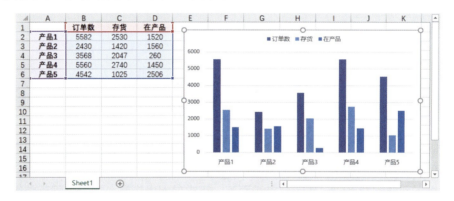

步骤 02 修改作图数据。先来分析一下，图表中有 3 个数据系列，订单数、存货和在产品。这 3 个系列的关系是：在以销定产时，我们希望存货和在产品的和与订单数相当。所以，从紧密关系上来说，存货和在产品的关系紧密，图表中最好能表现出这两个系列的和，去与订单数的值比较。所以，我们希望把订单数做成一个系列，用柱形图表示，把存货和在产品的和做成一个系列，用堆积图表示。所以，需要对数据重新组织，就用错行和空行来实现，如右图所示。注意系列与系列之间也插入了一行空行，这样制作的图表的数据系列间距才合理。

	A	B	C	D
1		订单数	存货	在产品
2	产品1	5582		
3			2530	1520
4				
5	产品2	2430		
6			1420	1560
7				
8	产品3	3568		
9			2047	260
10				
11	产品4	5560		
12			2740	1450
13				
14	产品5	4542		
15			1025	2506

步骤 03 插入图表。根据制作的新数据创建一个堆积柱形图,再将柱形图的【间隙宽度】设置为 30% 左右即可,如下图所示。本例制作的关键就在于,让 Excel 将原始数据中空行和空格的地方,处理成高度为 0 的柱形,即"隐形的柱子"。

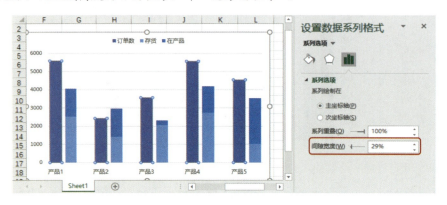

2 占位设置

占位设置在商业图表制作中也使用得比较多,早期 Excel 中没有提供漏斗图时,就是通过占位的方法来制作漏斗图的。其原理是通过设计辅助列并将其设置为透明填充隐藏起来,起到占据位置的作用,从而使可见系列出现在需要的位置。

例如,要使用占位方法制作多层对比柱形图,具体操作步骤如下。

步骤 01 处理作图数据。打开"同步学习文件\素材文件\第 5 章\多层对比柱形图.xlsx",在每个季度数据后插入一列单元格,命名字段为"占位",分别使用"5000-季度值"得到占位数据,也就是说,自定义每个季度的区间为 5000,如下图所示。

步骤 02 插入图表。根据处理后的作图数据制作如下图所示的堆积柱形图,设置坐标轴的最大值为"20000",减少图表顶部的空白。

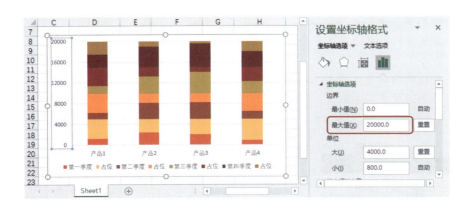

步骤 03 调整数据系列间隙。选择任意数据系列,设置【间隙宽度】为"0%",完成调整柱形的大小与间距,如下图所示。

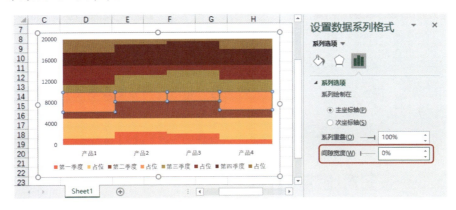

步骤 04 隐藏占位数据。分别选择柱形图中的"占位"数据系列,在【设置数据系列格式】任务窗格中设置【填充】为"无填充",如下图所示。

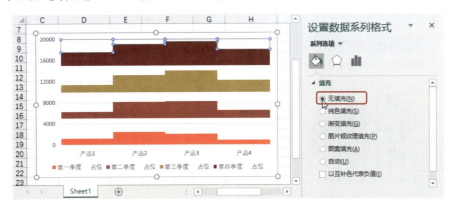

步骤 05 删除多余元素并美化。删除图表中多余的坐标轴，添加数据标签，并设置为"白色"。依次选择数据系列，并设置填充边框为"白色，1.25磅"，如左下图所示。

步骤 06 删除多余图例项。通过添加辅助列制作图表时，如果图例中显示了多余的图例项，记得要删除。单击两次选择图例项，按【Delete】键即可删除，如右下图所示。

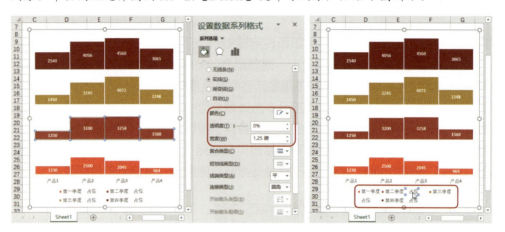

通过添加辅助列，再设置图表类型、填充效果等，可以在商业图表中添加更丰富的内容，大家可以多尝试这类技巧。

5.3.4 一张图对比两种数据

通过前面的讲解，我们知道可以在一张图表中对比两种甚至更多种数据。但是，如果这些数据系列之间的值相差很大，若采用同一坐标轴，很可能导致其中数值较小的数据系列几乎不可见。在这种情况下，我们可以通过使用次坐标轴来改善另一个数据系列的显示情况。

当图表中具有混合数据类型时，如我们经常会使用"柱形图 + 折线图"的结合方式，让数据既呈现出走势，又能进行数据对比等。两类数据的呈现形式完全不一样，如左图所示，此时应该为图表设置双

坐标轴。

例如，在销售统计图表中展示了销售额和销售量两类数据，数据系列之间的值相差还很大，需要设置次坐标轴，具体操作步骤如下。

步骤 01 添加次坐标轴。打开"同步学习文件\素材文件\第 5 章\饮料销售统计表.xlsx"，首先选择需要为其添加次坐标轴的数据系列，这里选择"销售额"，在【设置数据系列格式】任务窗格中选中【次坐标轴】单选按钮，即可在绘图区右侧添加次坐标轴，如下图所示。

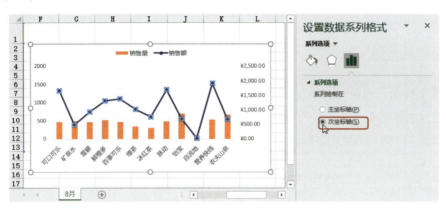

步骤 02 设置次坐标轴。选择刚刚添加的次坐标轴，进行如下图所示的设置，调整坐标轴中刻度的显示和数字格式。

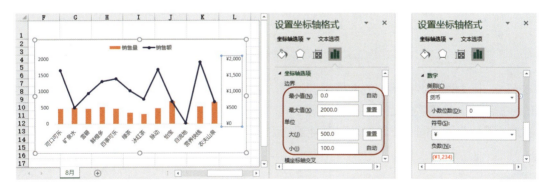

步骤 03 设置主坐标轴。图表中的柱形图显示区域太小，可以调整坐标轴刻度使其显示更为饱满。为图表设置双坐标轴时，一定要注意让主坐标轴和次坐标轴的刻度保存一致，这样才不至于出现次坐标轴的刻度、网格线与主坐标轴的刻度不对等，导致图表的双坐标轴不对称的情况。本例中，可以对主坐标轴进行如下图所示的最大刻度与主要单位设置，让其左右对称。

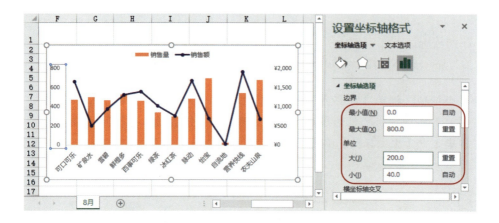

步骤 04 设置横坐标轴。选择横坐标轴，调整【文字方向】为"竖排"，如下图所示。本例中，横坐标轴每一项的文本内容还不算太多，调整为竖排效果也还可以。

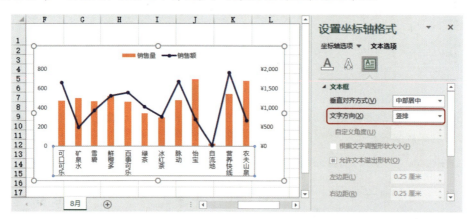

本例中，因为两类数据系列的数据类型不同，通过双轴坐标中刻度的显示就可以分辨出用于衡量的数据系列（销售额的坐标轴刻度上显示有"￥"符号）。如果制作的图表中双坐标轴用于衡量的数据系列采用了同一个单位，则需要通过添加坐标轴标题来指代清楚。

5.3.5 旋风图不能随便用

我们在做两组数据对比时，还可以使用旋风图来进行展示。旋风图中两组图表背靠背，纵坐标同向，横坐标反向，展示效果非常直白，两组数据孰强孰弱一眼就能够看出来。不过，旋风图只适用于同类别的两组数据之间的多维数据指标对比。

　　在 Excel 中，旋风图实际上是由条形图演变而来的。例如，要制作一个每日收入与支出对比图表，具体操作步骤如下。

步骤 01 添加次坐标轴。打开"同步学习文件\素材文件\第 5 章\每日收入与支出对比表 .xlsx"，根据数据源，插入簇状条形图。选中其中一个数据系列，在【设置数据系列格式】任务窗格中选中【次坐标轴】单选按钮，将其放在次坐标轴上，如下图所示。

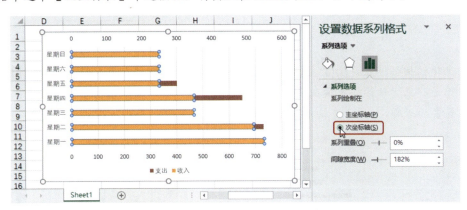

步骤 02 设置坐标轴方向。选择下方的坐标轴，选中【逆序刻度值】复选框，让上下两个坐标轴的方向相反，如下图所示。

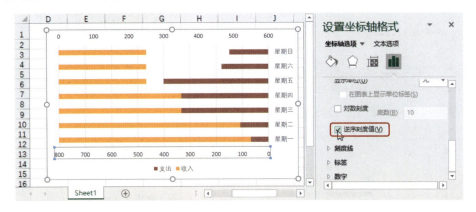

步骤 03 设置坐标轴刻度。依次选择主坐标轴和次坐标轴，分别为其设置坐标轴的最小值为 –750，最大值为 750，单位为 250，保证最大值和最小值的绝对值大于数据源里面的最大值即可，如下图所示。

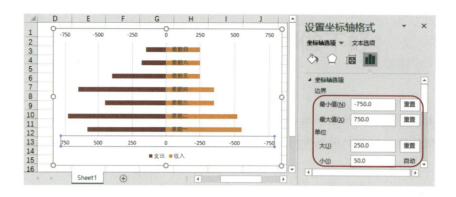

步骤 04 设置坐标轴标签位置。此时，主坐标轴和次坐标轴的零刻度是重合的，保证了图表的准确性。但是，坐标轴标签显示在条形上，不是很美观，可以按下图所示进行设置，设置【标签位置】为"高"，显示在绘图区的左侧。

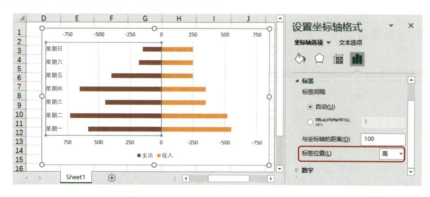

步骤 05 设置坐标轴刻度。或者调整坐标轴的刻度显示。设置主坐标轴和次坐标轴的最小值为 -1000，为中间的坐标轴标签留出显示位置，如下图所示。设置刻度时一定要注意为主坐标轴和次坐标轴进行相同的设置，以保证图表数据的准确性。

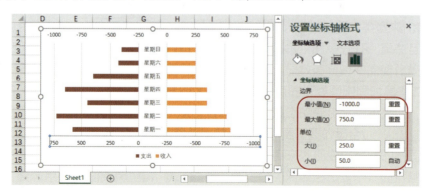

也可以通过添加辅助列的方法来创建旋风图，只需要在作图数据中，将其中一列数据处理成负值，创建条形图后再将系列重叠设置为 100%。

5.3.6 有负数的商业图表这样做

在为一个数据系列制作柱形图或条形图时，如果有负数的情况，通常会对正数使用一种颜色表示，对负数使用另外一种颜色表示。下面两张图表是《华尔街日报》中带有负数的效果。

 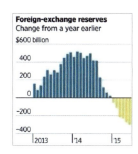

如果图表中有两个数据系列，则对负数的颜色没有要求。

一般情况下，用柱形图制作带负数的图表更直观，符合自然常识一些 —— 读者更适应水平的基准线，以"上下"关系来表示"正负"，要比"左右"好得多。尤其当图表中的负数数据比正数多时，使用条形图会变得很怪异。

下图所示分别为《华尔街日报》《商业周刊》中带有负数的两个和三个数据系列图表。这类图表在制作时，有两种处理办法，一种是按普通柱形图设计，坐标轴显示在绘图区最下方，如右下图所示；另一种是将坐标轴放置在零刻度线上，此时应注意负数柱形是否有遮挡坐标轴标签文本，为相应的文本设置合适的字体颜色即可得到改善，如左下图所示。

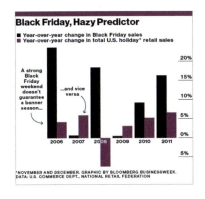 

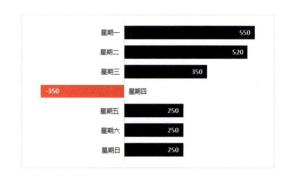

制作带负数的条形图时，因为负数的条形与坐标轴标签重叠覆盖的范围比较多，所以应进行处理。商业报刊的做法是根据数值正负的情况，将坐标轴标签分别放在坐标轴的两侧，如左图所示。

要实现这种效果，并不是对坐标轴标签进行设置，而是通过添加文本框来手动实现，也可以利用一个隐藏的辅助系列制作堆积条形图来模拟显示分类轴标签，具体操作步骤如下。

步骤 01 添加辅助列。打开"同步学习文件\素材文件\第 5 章\带负数的条形图 .xlsx"，将 C 列设置为辅助列，用于分类轴标签数据的显示占位，在 C1 单元格中输入公式"=IF(B1>0, -200,200)"并向下填充，如左下图所示。通过该公式得到的数据正负将刚好与原数据相反，"200"是根据分类轴标签文本的多少而定的，实际工作中大家可以根据情况来调整。

步骤 02 添加图表数据。选择图表后，通过拖动鼠标指针的方法将新添加的辅助列数据添加到图表中，如右下图所示。

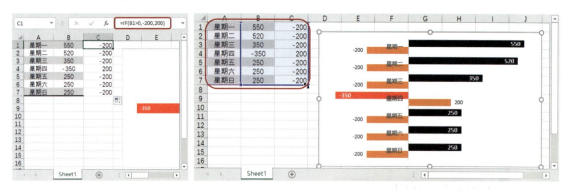

步骤 03 更改图表类型。更改图表类型为堆积条形图。然后选择辅助列数据系列的数据标签，在【设置数据标签格式】任务窗格中设置数据标签显示为"类别名称"，并设置【标签位置】为"轴内侧"，正好模拟了分类轴标签，如下图所示。

步骤 04 设置坐标轴格式。选择坐标轴,设置【标签位置】为"无",让坐标轴标签中的文本隐藏起来,仅显示为一条零基线,如下图所示。

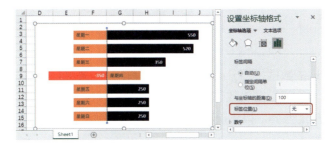

步骤 05 设置数据系列格式。选择辅助列数据系列,设置【填充】为"无填充",如下图所示,再分别调整各数据标签的位置,使其更美观即可。

5.3.7　可视化对比图

看惯了普通的对比图,可以让你的商业图表更个性化一些。对于柱形图和条形图的美化,有一些常用的技巧,这里简单归纳为四点。

1 图形图案的填充使用

在 3.3.3 小节中已经举例介绍过使用填充方法美化图表的具体操作，主要是通过复制/粘贴图形、图片、图标，然后在【设置数据系列格式】任务窗格中通过设置填充方式为"伸展""层叠"或"层叠并缩放"来实现不同的填充效果，如左图所示。这也是美化图表的根本心法，这里不再赘述。

2 善用系列重叠

如果柱形图所要表现的数据是百分比数据，那么使用一组高度与纵轴高度相同的半透明柱形来表现 100% 状态，并与实际数据叠放在一起对比显示是一种不错的选择。实际的柱形图就像是灌装在这组半透明柱形中的液体，具体操作步骤如下。

步骤 01 添加辅助列。为图表添加一组代表 100% 的辅助数据，如左下图所示。

步骤 02 设置系列重叠。根据作图数据创建柱形图，然后选择任意数据系列，设置【系列重叠】为"100%"，就可以形成两组柱形对齐叠放的状态，如右下图所示。在【系列重叠】数值框中可以输入 -100% ～ 100% 之间的值，这个数值可以更改每个分类的数据系列之间的重叠比例，值越大，分类之间的重叠比例就越大。

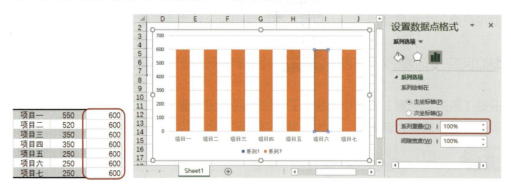

步骤 03 设置系列层叠位置。由于辅助列位置的不同，可能会造成表现 100% 状态的柱形显示在重叠后的图形最上层。此时，可以打开【选择数据源】对话框，单击【图例项(系列)】列表框上

方的【下移】按钮,一层一层下移数据系列,同时改变图表中系列的层叠位置,如左下图所示。

步骤 04 进一步美化图表。为图表中代表100%的辅助数据系列设置填充色为"灰色",如右下图所示。

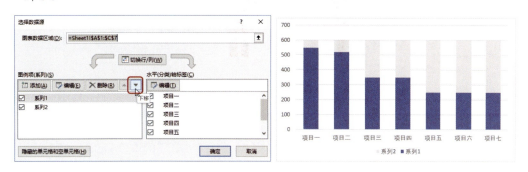

步骤 05 美化图表。还可以为其设置边框,如下图所示。

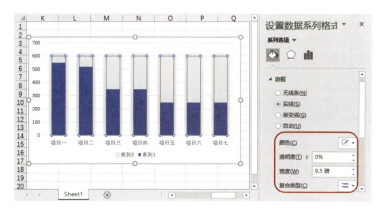

3 巧设系列间隙

通过设置图表系列的间隙,并搭配系列重叠、填充大法,可以制作出更丰富的图表效果。为柱形图设置半透明柱形来表现100%状态时,如果采用图形来替代柱形,又不想图形以叠加的形式显示,就需要对间隙宽度进行调整,使代表100%状态的图形刚好显示为一个整体,如下图所示。在【间隙宽度】数值框中只能输入0%～500%之间的数值,可以更改数据标志分类之间的间隔,值越大,分类之间的距离就越大。

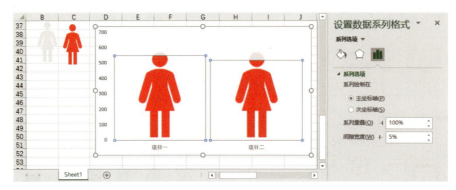

另外，为柱形图设置系列重叠，还可以实现如下图所示的山峰图效果。只需要为柱形在设置半透明的三角形填充后，设置间隙宽度使图形显示为不完全叠合即可。

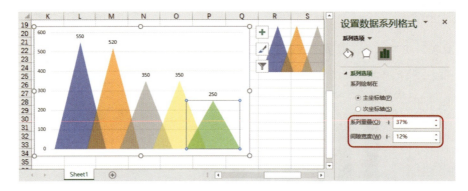

本例的制作关键是要弄清楚，设置系列间隙是对数据分类项进行的操作，所以需要设置系列间隙的数据应该放置在【选择数据源】对话框的【水平（分类）轴标签】列表框中，如下图所示。

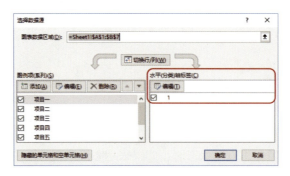

条形图也可以进行相同的设置，再使用填充大法进行美化，就可以得到如下图所示的效果了。要想显示的人形刚好是完整的，就需要调整数据系列的间隙宽度。否则，在末端很容易出现只显示半个甚至更少的片段，形成一种"被剖成两半"的状况。

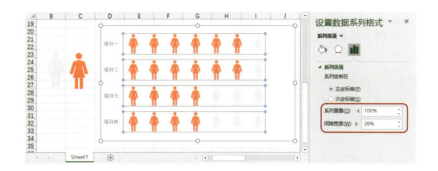

4　使用辅助列修饰可视化图表

学会前面讲解的几种方法后，你已经可以做出大多数简单的可视化图表了。但当你看到下面这个火箭创意图表时，就会发现使用前面介绍的方法已经不能得到需要的效果了。

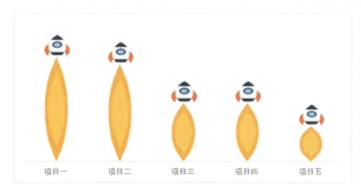

即使通过"填充大法 + 伸展效果"，得到如下图所示的效果，也会发现与上图的效果还是有差异的，因为设置为"伸展效果"时，会连同火箭本体一起拉伸或压扁。

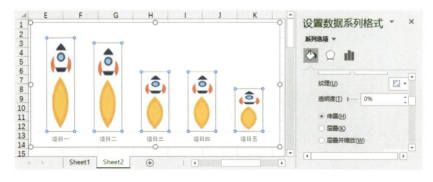

我们真实的需求是：在维持火箭本体比例的同时，让它尾端的火焰能根据数据值进行拉伸。此时，就需要用辅助列来实现，具体操作步骤如下。

步骤 01　添加辅助列。为图表添加两列辅助列，一列用于为火箭头图形的放置占位，大致设计一个固定数字作为火箭本体的"长度"；另一列则作为可拉伸的火焰，输入公式让它等于"原始数据"减去"火箭头占位数据"即可。

步骤 02　插入堆积柱形图。根据作图数据创建堆积柱形图，如下图所示。注意调整火箭头和火焰数据系列的上下堆叠位置。

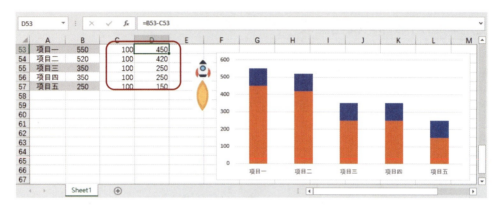

步骤 03　裁剪图片。将原始提供的火箭图片复制并裁剪获得火箭头和火焰图片。

步骤 04　填充柱形。选择火箭头图片，并将其复制粘贴至顶部的辅助数据系列。将火焰图片复制粘贴至底部的数据系列。删除图表中多余的元素，并设置数据系列的【间隙宽度】为"70%"，如下图所示。

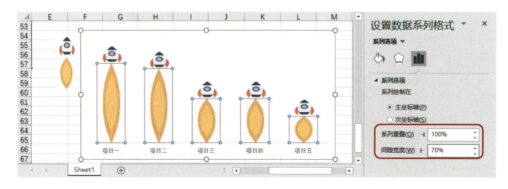

使用这种方法可以让可视化图表制作得更精细，常见的应用还有制作末端带圆弧形的条形图等。

> **高手自测 12**
>
> 下图所示为模仿一个信息图表的效果，图表标签比较另类，你知道它在 Excel 中是如何实现的吗？

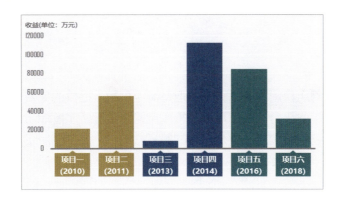

高手神器 6：
职场人士该知道的那些数据收集途径

图表制作是建立在作图数据上的，那么数据从哪里来？在第 4 章中讲过 5 种数据收集的方式，其中来源于企业内部数据库、出版物、市场调查、购买数据这 4 种方式比较固定。而来源于互联网的数据是覆盖范围最广的，渠道也比较丰富。下面就来介绍各行业互联网数据的收集渠道。

1 电商类数据寻找

随着互联网时代的到来，电子商务飞速发展。很多电商从业者都需要从数据分析的角度了解如何更好地销售商品、运营店铺。

（1）卖家工具。

淘宝是电子商务行业巨头，要想了解淘宝市场的数据，可以利用卖家工具中专业的数据管理工具。如下图所示，在【卖家地图】中，有【营销 & 数据管理】类型的数据，其中包括了【生意参谋】【钻石展位】等工具。这些工具可以帮助电商从业人员获得淘宝店铺及市场相关的数据，基本可以满足所有的数据分析需求。

（2）淘宝指数。

大多网络数据只有网店卖家才可以查看，但是淘宝指数上提供的免费数据即使不是网店卖家也可以查看。通过淘宝指数平台，我们可以分析淘宝购物数据，了解淘宝购物趋势。而且，产品不仅仅针对淘宝卖家，还包括淘宝买家及广大的第三方用户。如下图所示，在淘宝指数中显示了淘宝中服装行业排名前十的子类目数据。

2 互联网类数据寻找

如今的互联网数据呈爆发式增长状态，正确并快速地找到互联网数据是分析互联网业态的捷径。互联网数据可以从下图所示的网站渠道进行寻找。

（1）腾讯用户研究：CDC（Customer Research & User Experience Design Center，腾讯用户研究与体验设计部）致力于提升腾讯产品的用户体验，探索互联网生态体验创新，提供互联网用户相关数据。

（2）友盟＋数据报告：其数据报告来源于对应用程序每一次启动的挖掘和分析，可以充分展现移动应用的使用细节、发展状况及行业整体趋势，为移动应用行业提供准确、全面、深入的数据观察。

（3）百度无线报告：来源于每日数亿次的用户无线搜索请求的数据跟踪与挖掘，不仅涵盖了目前移动终端发展态势，还包括移动用户行为的趋势分析。

（4）艾瑞移动互联网报告：此网站整合互联网数据资讯，融合互联网行业资源，提供电子商务、移动互联网、网络游戏、网络广告、网络营销等行业内容，为互联网管理营销市场运营人士提供丰富的产业数据。

（5）中国互联网络信息中心（CNNIC）：此网站提供了互联网发展相关资讯，在该网站中可以查询到互联网发展类数据。

3　金融类数据寻找

数据分析在金融业中的应用比较广泛，可以找到权威金融数据的网站如下图所示。

（1）世界银行数据库：此网站提供了世界银行数据，并且所有数据免费使用，用户可以方便地查找和下载世界银行数据。

（2）中国经济信息网：此网站信息覆盖比较广泛，包括各行业的金融数据、国际金融数据、互联网金融数据等，方便调查和研究中国金融经济数据。

（3）国研网：此网站中提供了宏观经济和行业分析等方面的数据资源，并提供了个性化数据服务，可以获得专业性较强的数据信息。

（4）美联储：作为美国的中央银行，行使制定货币政策和对美国金融机构进行监管等职责。在美联储网站中，提供了银行和货币相关的金融数据，十分权威。

（5）ORBIS Bank Focus：此网站是全球银行与金融机构的分析库，提供全球各国银行及金融机构的经营分析数据。每家银行报告中包含最长达 8 年的财务数据、各银行世界与本国排名、银行个体评级及国家主权评级。对于上市银行与各类上市金融机构，则另提供其详细的银行股价数据、阶段走势分析、收益率、市盈率、股息及贝塔系数等重要分析指标。其改版前的 BankScope 为用户配置了多项高级统计分析、快速图形转换及数据下载功能，同时也提供了各项银行财务分析比率与评级指标的详细公式与定义。

高手神器 7：

使用 Excel 易用宝轻松收集几千个文件的数据

Excel 易用宝是由 Excel Home 开发的一款 Excel 功能扩展工具，可以有效提升 Excel 的操作效率。针对 Excel 软件在数据处理与分析过程中的多项常用需求，Excel 易用宝集成了数十个功能模块，从而让烦琐或难以实现的操作变得简单可行，甚至能够一键完成。在计算机中安装 Excel 易用宝后，将会以选项卡的形式存在于 Excel 中，如下图所示。

当收集到的数据源比较分散，需要工作表数据进行合并时，如果不懂得编程，很难快速完成，但是如果使用易用宝，就可以批量合成不同文件中的工作表，具体操作步骤如下。

步骤 01 执行合并工作簿命令。安装易用宝后，选择【工作簿管理】下拉菜单中的【合并工作簿】命令，如左下图所示。

步骤 02 选择需要合并的工作簿。在打开的【易用宝-合并工作簿】对话框中单击【选择文件夹】右侧的下拉按钮，如右下图所示，就可以打开文件夹，选择需要合并的工作簿。完成工作簿选择后，单击【合并】按钮即可执行【合并】命令。

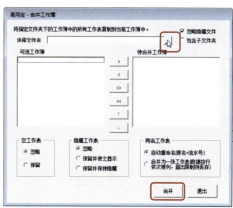

第 6 章

体现趋势：
折线图和面积图的 n 种姿态

  趋势分析也是日常数据分析中比较常用的一种方法，它可以帮助企业发现自身的经营变化情况，为预测未来的发展方向提供帮助。进行趋势分析时通常会将两期或多期连续的数据按照相同的指标或比例进行对比，从而得出数据的增减变动方向、变动数额和变动幅度，最终得出分析数据的变化趋势。

  为基于时间变化而变动的数值创建图表时，有两种不错的选择，一种是使用折线图，另一种是使用面积图。虽然柱形图也可以表示时间序列的趋势，但它主要强调的是各数据点值之间的差异，更适于表现离散型的时间序列。而折线图则强调起伏变化的趋势，适合表现连续型的时间序列。所以，当时间序列的数据点较少时，可以使用柱形图，而当数据点较多（超过 12 个）时，则建议使用折线图。

  折线图以点连线来表现趋势，难免会有线条的单薄感，在线条交错与线条较多的情况下识别性会变差，而且在较开阔场合展示时也会比较难看清。在这些情况下，将折线图更改为面积图是比较合理的。本章就来讲解这两类图表的具体使用方法。

请带着下面的问题走进本章

1. 如何制作更专业的商务折线图？

2. 制作商业面积图如何才会显得更专业？

3. 如何让折线图展示出高点和低点？

4. 如何让折线图分段显示？

5. 如何制作更专业的"折线图+面积图"？

6.1 不要连简单的趋势图都做不好

折线图是工作中使用最频繁的图表之一。一般来说,只要作图是为了表现趋势变化,大家就会很自然地想到折线图。另外,面积图也可以表示时间序列的趋势,两者之间如何选择?又如何制作得更专业呢?本节就来具体介绍一下。

6.1.1 用这 8 个标准衡量商务折线图

折线图是通过线条的波动(上升或下降)来显示连续数据随时间或有序类别变化的图表。它不仅可以表示数量的多少,而且可以反映数据的增减波动状态。

大多数人对折线图的认识还是非常肤浅的,接下来就来深入了解一下商务折线图。

1 对作图数据的考量

需要注意的是,折线图和柱形图容易被混淆使用。在柱形图中,通常沿水平轴组织类别,而沿垂直轴组织数值,强调的是一段时间内类别数据值的变化。而在折线图中,类别数据沿水平轴均匀分布,所有的值数据沿垂直轴均匀分布,强调的是数据的时间性和变动率。

所以,其他图表,如柱形图的 X 轴可以是地点、项目名称等,但是折线图的 X 轴只能是时间。只有在时间维度上才能形成趋势。如果折线图的 X 轴变成各城市名称,由于城市的排序是不确定的,所形成的趋势也就没有实际意义了,此时的折线图就可以用其他图表类型来代替。

柱形图和折线图在表示时间数据时各有千秋:柱形图把每个时段分开,重在互相比较,通过柱形高低强调各数据点的值及其之间的差异;折线图重在凸显数值随时间的变化趋势,更强调起伏变化的趋势印象,甚至可以忽略数据量的大小(带数据点的折线图则同时具备二者的特点)。因此,选择柱形图还是折线图,关键在于是否强调数据在量上的变化。一般来说,建议使用折线图来强调数据的变化或趋势,尤其是那些趋势比单个数据点更重要的场合。

折线图将重点置于数据间落差的变化上,利用转折角度来表现变化程度的不同,这是折线图最大的特点。要想用折线图展示趋势,就必须保证要比较的对象超过 3 个,而且越多越能发现趋势。折线图可轻易地显示几百个时期的趋势,如下图所示。

另外,Excel中还提供了"堆积折线图""百分比堆积折线图"和它们的带数据标记效果。无论是何种类型的图表,若是使用堆积的形式展示多个数据,在比较时都容易造成误判,此时推荐使用面积图来代替,不推荐使用折线图形式。

2 线条设置有方

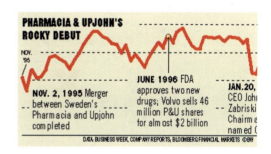

线条作为折线图中最重要的图表元素,却因为它不像柱形和条形一样存在面积感而得到突出,相反还会因为它过于细弱而得不到很好的信息传递效果。所以,在许多专业的商务图表中,会增加线条的宽度,右图所示为《商业周刊》中的折线图效果,非常醒目,让人一眼就注意到折线及其所反映的趋势上。

商务折线图中的线条粗细设置要合理,过细的线条会降低数据表现,如左下图所示,过粗的线条又会损失折线中的数据波动细节,视觉上较难精准找到折线点的相应数值,如中下图所示。让线条足够粗,明显粗过所有非数据元素即可。通常情况下,根据图表大小,为线条设置 2~4 磅的粗细,看起来比较合适,如右下图所示。

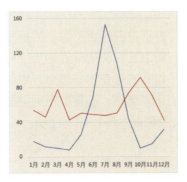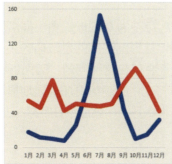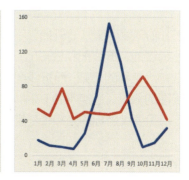

不同线条的颜色也要有比较大的区分度，如果只有两条线，建议使用互补色，产生较强的对比效果，如上图所示。

折线图中还提供了一种功能，可以将数据点连接为平滑曲线。平滑线很好看，但平滑线会虚构两点间的数值，这点需要注意。一般情况下，不要使用平滑折线图。如果不想强调趋势变化的差异（即非强调数据拐点），只想以曲线来表现出整体的变化，光滑折线图最适合，尤其是当数据波动较大时，采用折线图会显得很乱。平滑折线图最常用于表现时间、温度和湿度等变化很大的事物的图表，如下图所示。

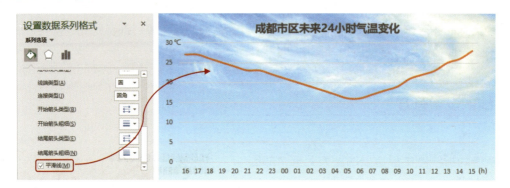

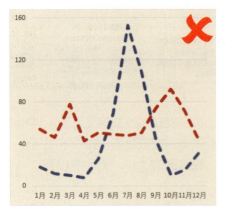

选择线条后，还可以在【设置数据系列格式】任务窗格中设置线条的连接类型、开始和结尾形状等。但是，线条的类型不能随意更改，尤其不能将线条修改为虚线形式，因为虚线会让人分心，不利于数据解读，如左图所示，而使用实线搭配合适的颜色更容易彼此区分。

3　坐标轴设置需注意

Y轴刻度尽量从0开始，不过起点不为0的折线图也很常见，并不是说起点不为0的折线图就是错误的。折线图和柱形图不同，柱形图强调的是数值的大小，所以它在使用非零起点坐标时存在夸大差异的嫌疑；而折线图则不会存在这种问题，因为折线图强调的是变化的趋势，也就是折线图的斜率。起点不为0时，会将变化的趋势更加明显地显示出来。当然，不管使用何种图表类型，只要纵坐标的坐标轴刻度从非0开始，就应该在底部标上0及截断标识，如下图所示。

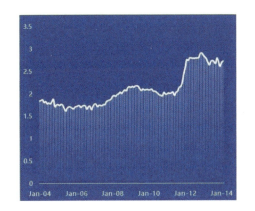
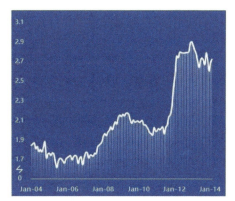

Y 轴刻度范围设置的不同对折线的变化幅度有很大的影响。如果坐标轴的数值范围设定得太广，则折线变化过于平缓，无法清晰地表现折线的变化。反之，如果坐标轴的数值范围设定得太窄，又会让折线变化过于陡峭，过于夸张夸大了折线变化的趋势。合理的 Y 轴刻度范围设置应根据折线的数值增减变化而变化，主要是使折线幅度占绘图区 2/3 的位置，此时数据表现清晰合理，如下图所示。

折线图的横坐标基本上是时间数据，同样要保证不使用斜标签，不让读者歪着脑袋看，尽量避免将文字进行纵向排列。而且，应在保证信息表达正确的前提下尽量简化，具体的简化方法前面也有介绍，这里不再赘述。另外，需要注意的是，横坐标中显示的内容会根据图表的宽度自动进行调整，有时需要调整图表大小使横坐标显示完整。

4 将数据点绘制在刻度线上

在 Excel 中制作折线图时，默认生成图表的曲线总是从 X 轴的两个刻度线之间开始，致使前后都留下半个刻度线的空间，如左下图所示。而专业的商务图表中，曲线两端会顶住绘图区，即从 Y

轴开始，止于绘图区右侧，每个数据点均落在刻度线上，如中下图所示。这样做的原因也很简单，一是节省空间，另外也表现出折线的延续性，就好像是在一个时间线上截取了某个片段的效果。

修改设置的方法也很简单，选择 X 轴后，在【设置坐标轴格式】任务窗格中选中【在刻度线上】单选按钮即可，如右下图所示。

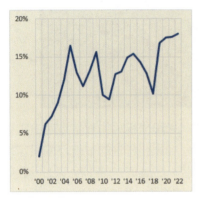 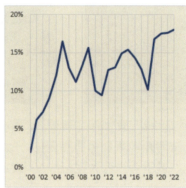 

5 标记不应太多

Excel 中提供了带数据标记的折线图，但要慎用。因为折线图中的数据量一般较大，如果为每一个数据都添加标记，标记过多，会造成对折线细节的误读。例如，在左下图中，有些细节就被标记遮盖住了。

当数据量再大一些时，如果为每一个数据点都添加标记，就会导致图表中点的成分大于线的成分，从远处看，这张图就更像后面要介绍的散点图。所以，对于数据量很大的商务折线图，要谨慎添加标记。保持图表的简略更重要。

如果折线图中的数据量很小，一条折线难以引人注意时，则可以添加标记，还可以让数据标签显示在标记中，如中下图所示。

设置标记的格式，需要在【设置数据系列格式】任务窗格中单击【填充与线条】按钮，在下方选择【标记】选项卡，此时就可以设置标记的形状、大小、填充与边框效果了，还可以填充为图片等，如右下图所示。

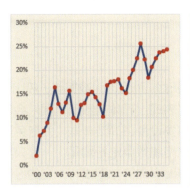 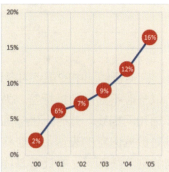 

6　尽量不使用图例

商务折线图中如果数据分类不多，尽量不要使用图例，直接标记在曲线边即可。下图所示为《经济学人》中的类似处理。根据图表中折线的分布位置，有时多达六七种数据分类也没有使用图例。

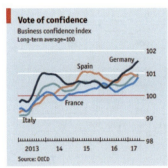 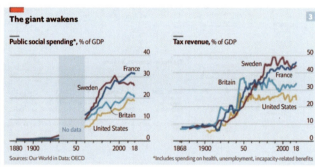

当然，有些折线交织在一起，即使数据分类很少，为了便于读者查看也只能添加图例进行说明，如下图所示。

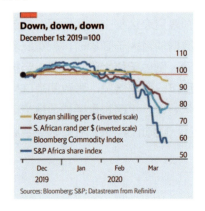 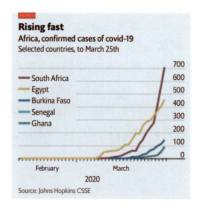

7 弱化其他图表元素

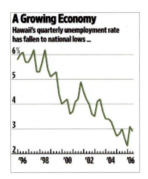

商务折线图中的重点内容是折线,而且因为数据点一般比较多,所以一般不显示数据标签。为了表现出具体的数值范围,会设置坐标轴和网格线。此时,坐标轴需要设置得简洁一些。为避免影响曲线对数据信息的表达,还应将网格线效果进行弱化,一般只显示横向的刻度线即可,并让零基线与图表内的刻度线有一定的区别,通过设置颜色或线条粗细让它凸出一些,如左图所示。

如果需要强调某些数据点,可以设置单独显示数据标签,或者用其他方法进行强调,如下图所示。

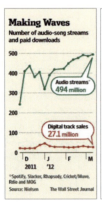 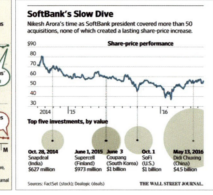 

8 学会拆分图表

在第 2 章中讲过图表内容必须轻量化,最好一张图表只表达一个主题。而在实际使用折线图分析数据时,常常需要同时体现多项数据的趋势。当数据项目大于 3 项时,就意味着一张折线图中有多条趋势线。如果线条之间都有分离而且能够分清,倒也无伤大雅。但是,当折线图中包含 5 项以上数据系列时,极易出现线条之间相互交叉、乱作一团的情况,导致图表信息读取困难。这种情况下,要么只突出其中一项数据,其他进行弱化处理,将比较重要或信息量比较大的线条凸显出来;要么将折线图进行拆分。例如,下图中原本有 6 条折线,交错在一起容易将数据看错,可以分别绘制在一张折线图中。

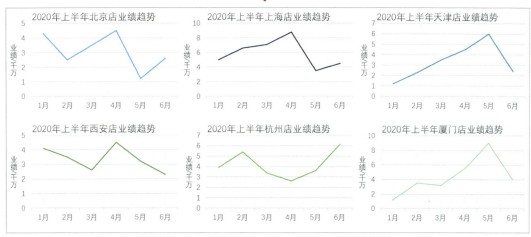

6.1.2　商务级面积图的做法

面积图与折线图很相近,都可以用来展示随着连续时间的推移数据的变化趋势。区别在于面积图在折线与类别数据的水平轴(X 轴)之间填充颜色或纹理,形成一个面表示数据大小。相对于折线而言,被填充的区域可以更好地引起人们对总值趋势的注意。也就是说,用面积图表现数据,不仅能对数据积累的量进行分析,还能分析数据的趋势。

通过显示所绘制的值的总和,面积图还可以显示部分与整体的关系。面积图强调的是数据的变动量,而不是时间的变动率。Excel 中主要有以下 3 种面积图。

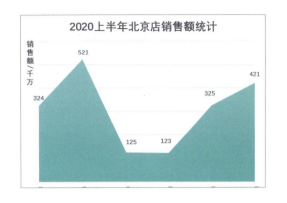

（1）普通面积图。

如左图所示，普通面积图体现了数据项目随着时间变化的趋势及累计的量。从图中既可以分析北京店销售额的变化趋势，也可以分析在各个时间段北京店的累计销售额。

直观来看，面积图就是涂上颜色的折线图，但事实上面积图除可以表达折线图的变化趋势外，更能通过没有重叠的阴影面积来反映差距变化的部分。通过面积来进行量的表达，正是面积图相比折线图的一个优势。

面积图和折线图都可以表示时间序列的趋势，当只展示一个度量数据的趋势时，两者完全等价，都可以使用，通常使用折线图更多。所以，面积图常被用来比较两个或两个以上多个类别。但是，当在大型会议室展示数据时，即读图者离图表可能较远的情况，使用面积图则能让后排的人看得更清楚。另外，在比较多个数据系列的趋势时，建议使用折线图。因为使用多系列面积图时，可能出现数据系列之间相互遮挡的情况，更大的问题是我们往往很难判断这种面积图是堆积的还是普通的。

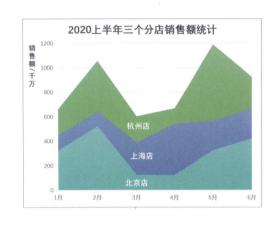

（2）堆积面积图。

堆积面积图与堆积柱形图类似，适合表达部分与整体的关系。它将所有数据项目在各时间点上的数据累计到一起，不仅体现了单项数据的变化趋势，还体现了所有数据的变化趋势和量的累加。

堆积面积图上最大的面积代表了所有数据量的总和，是一个整体。各个叠起来的面积表示各个数据量的大小。如左图所示，从图中可以分析出3个分店的销售额趋势和总销售额趋势，以及不同时间点上3个分店的销售额累计大小。

与普通面积图不同，在堆积面积图中，色彩不会重叠，不会遮盖，每种颜色的阴影反映不同序列的数据。但是，因为与多系列的普通面积图很难区分，并且堆积面积图除靠近X轴的那个系列较易看出趋势外，其他的系列因没有一个固定的底座而难以观察出变化趋势。所以，实用性不高。

（3）百分比堆积面积图。

在堆积面积图的基础上，将各个面积的因变量的数据使用加和后的总量进行归一化就形成了百分比堆积面积图。

百分比堆积面积图体现了数据项目占总值的百分比变化趋势，在图中的每个时间点上，所有项目的累计值都为 100%。如下图所示，从图中可以分析出不同时间点 3 个分店的销售额比例，以及 3 个分店的销售额比例变化。

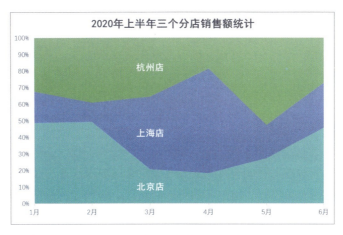

商务面积图在使用过程中，有以下两个技巧需要引起重视。

1 对作图数据的考量

面积图适合用来展示二到三组数据，建议最多不要展示超过四组数据系列，否则就如下图错误示例，数据系列过多而导致无法数据辨识。因此，要避免在需要比较多个类别和确切的数据值的情况下使用面积图。超过 3 个系列的非堆积面积图表是很难阅读的。

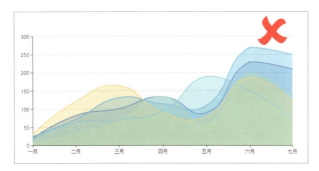

在使用面积图时，必须明确指定比较的主体。作为主体的大多是数量多、变化少的数据，通常会被放置在最后面的位置，如下图所示。

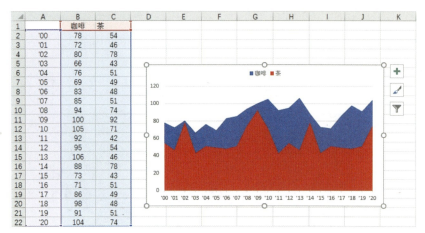

而项目多的堆积性的数据，一般会放置在最下面，如左下图所示。如果将变化多的数据项置于下方，容易影响堆积的上层数据，如右下图所示。所以，应将变化少的数据置于下方。

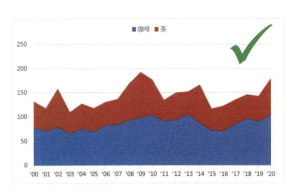
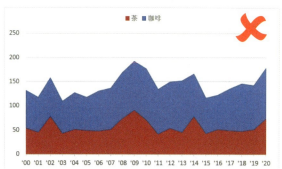

2　注意面积之间不要互相遮挡

当数据项目有多项时，面积图会存在多个面积色块，此时位于前面的色块会挡住位于后面的色块，从而造成信息遮蔽。

如果无法避免重叠，可以通过将颜色和透明度设置为适当的值，使重叠的数据图可以变得可读。如左下图所示，选中位于前面的色块，在【设置数据系列格式】任务窗格的【填充】栏中调整透明度，直到可以看到后面色块的轮廓为止。

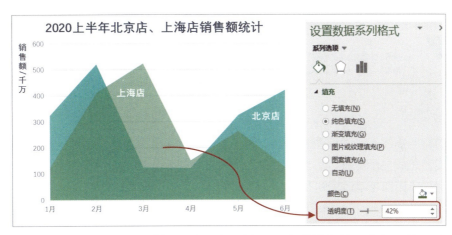

在使用面积图时,一定要确保数据不会因为设计而丢失或被覆盖。当展示的两项或三项数据的值相距很远时,区域是模糊不清的,此时就不太适合使用面积图来展示了。如上图所示,通过设置透明度后,虽然能确保用户可以看到全部数据,仔细分析也能确定只展示了两个类别,但乍看之下,很可能会误以为图表上显示了 4 种不同的颜色。

高手自测 13 某公司为了了解销售业绩,想对统计了半个月的销售额数据进行分析,如下图所示,应该选择什么图表类型进行展示,又如何让它更专业呢?

	A	B
1	日期	销售额
2	10/1	¥111,199.49
3	10/2	¥153,115.00
4	10/3	¥91,930.33
5	10/4	¥184,590.11
6	10/5	¥177,705.53
7	10/6	¥163,643.48
8	10/7	¥157,673.08
9	10/8	¥147,957.35
10	10/9	¥145,645.03
11	10/10	¥191,890.96
12	10/11	¥134,900.50
13	10/12	¥161,573.90
14	10/13	¥131,617.85
15	10/14	¥151,905.48
16	10/15	¥169,141.83

6.2 趋势也要玩出花样

除基本的商务折线图和面积图制作外，为了更好地体现数据趋势，可以运用一些小心思强调重要数据，或者分段显示数据，甚至使用组合图表来展现。当然，前面章节中介绍的一些在商务柱形图中使用的技巧也可以运用到商务折线图中来。

6.2.1 展示高点/低点数据的商务折线图

不同图表在形态上有所区别，在格式调整上也有区别。数据标记就是折线图不可忽视的一大格式特性。折线图中，每个拐点代表一个数据点，为这个数据点设置数据标记，可以起到强调拐点的作用。但是，前面也提到了该功能需要慎重使用。

除在创建折线图时就选择带数据标记的折线图样式外，还可以在创建好的折线图上设置数据标记。折线图的数据标记常常会和数据标签一起配套设计。例如，在左下图中，为两条折线的最高点设置了圆形数据标记，数据标签位于数据标记的右侧。这样的设计方式有效强调了项目的高峰点。如右下图所示，为两条折线的每个点都设置了圆形的数据标记，但是标记格式为无填充无边框格式。数据标签位于数据标记中间，图表效果十分简洁。

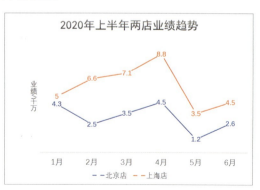

如果商务折线图中的数据量很小，就可以创建为带数据标记的折线图，同时采用"大小点结合"的方式来展现，即将重要的数据节点放大，其余次要的缩小，得到如下图所示的效果。

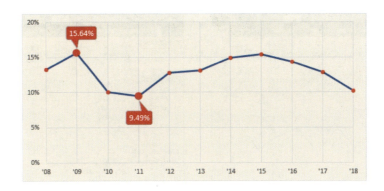

如果商务折线图中的数据量比较大，也可以只为图表中的特殊值添加数据标记效果。为折线图添加标记，可以手动选择某个数据点后，在【设置数据系列格式】任务窗格的【标记】选项卡下进行设置（这种操作方法比较简单，这里不再详述）；也可以提前处理好作图数据，自动进行设置。例如，要为折线图中的高点和低点进行突出标注，方便读者找到数据的波动峰顶和谷底，具体操作步骤如下。

步骤 01　修改作图数据。打开"同步学习文件\素材文件\第6章\展示高低点数据的折线图.xlsx"，首先制作两列辅助列，一列是最低，在 C2 单元格中输入公式"=IF(B2=MIN(B$2∶B$9),B2,NA())"并向下填充；另一列是最高，在 D2 单元格中输入公式"=IF(B2=MAX(B$2∶B$9),B2,NA())"并向下填充，如下图所示。

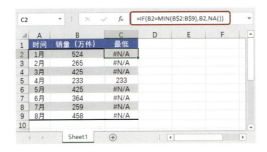 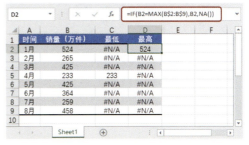

步骤 02　创建图表。根据新的作图数据创建一个折线图，在【图表工具 格式】选项卡【当前所选内容】组中的下拉列表框中选择【系列"最低"】选项，如左下图所示。对于图表中不太好选的元素都可以用这种方法来选择。

步骤 03　添加图表元素。单击【图表工具 设计】选项卡【图表布局】组中的【添加图表元素】按钮，并在弹出的下拉菜单中进行选择，为图表添加数据标签，如右下图所示。

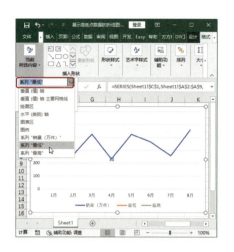
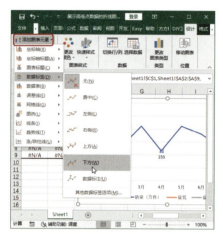

步骤 04 设置图表元素格式。为添加的数据标签设置格式，同时为这个系列数据添加数据标记，并设置格式，完成后的效果如左下图所示。

步骤 05 标记最高点。用相同的方法为"最高"数据系列添加数据标记和数据标签，最后删除多余的图例和网格线，并进行美化，完成后的效果如右下图所示。

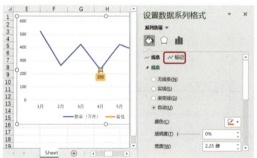
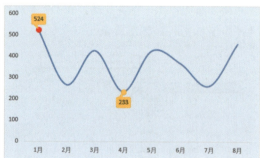

6.2.2 制作带垂直线的商务折线图

垂线图是很适合平面展示数据的方式，如下图所示。平面图表不可交互，一般不用 Y 轴，而是更为直观地把对应数值显示在数据点旁边，再通过垂线使数据与 X 轴的概念联系性和对应感增强。

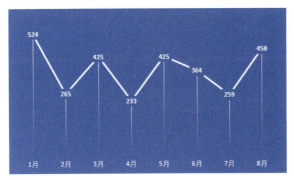 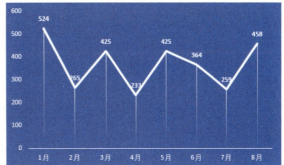

上面两个图制作都很简单，就是根据作图数据创建了折线图，然后采用了【图表工具 设计】选项卡【图表样式】列表框中的 Excel 内置图表样式。

如果需要手动制作，可以在创建折线图后，删除图表中的多余元素，然后添加垂直线即可，还可以在【设置垂直线格式】任务窗格中对其进行设置，如下图所示。

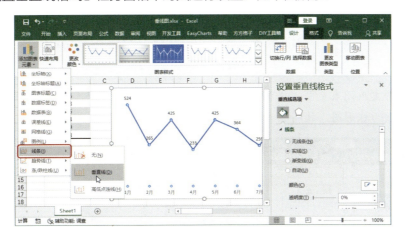

6.2.3 突出标识特定数据的商务折线图

为商务图表添加背景浅色块，可以强调色块上方的数据。在 Excel 中可以通过绘制矩形，并设置填充色为半透明状态，来强调折线图中的重要区间，如下图所示。

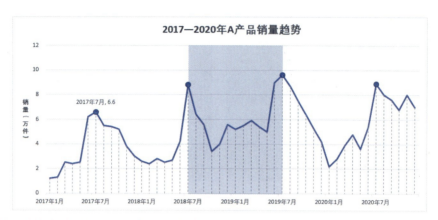

也可以通过处理作图数据,来改变图表的效果。例如,当需要将图表中的特定时期、数据点进行突出标识时,可以使用辅助列来完成。标识出图表中周末数据的具体操作步骤如下。

步骤 01 修改作图数据。打开"同步学习文件\素材文件\第 6 章\标识周末数据.xlsx",首先制作一列辅助列,在 C2 单元格中输入公式"=IF(WEEKDAY(A2,2)>5,1,0)"并向下填充,如左下图所示。

步骤 02 创建图表并更改图表类型。根据新的作图数据创建一个折线图,并修改图表类型,让辅助列数据调整为柱形图,放到次坐标轴上,如右下图所示。

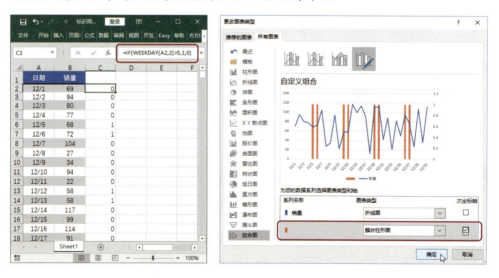

步骤 03 设置次坐标轴格式。删除图表中多余的元素,并调整次坐标轴的最大值为"1.0",使其能更好地作为背景色块出现,如下图所示。

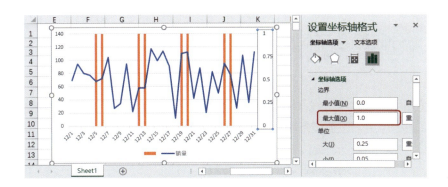

步骤 04 设置数据系列格式。隐藏次坐标轴，修改柱形的填充颜色为"灰色"，并设置【间隙宽度】为"0%"，如下图所示。

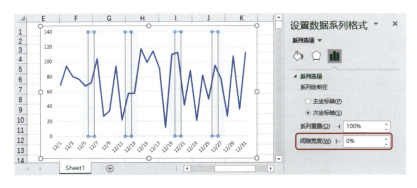

步骤 05 设置日期坐标轴格式。选择日期坐标轴，并在【设置坐标轴格式】任务窗格中设置坐标轴的间隔单位为"7天"，简化坐标轴标签的显示效果，如下图所示。

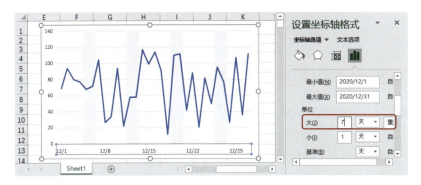

使用辅助列的方式，还可以为商业图表设置更多特殊数据的突出显示效果。在实际应用中，大家需要多琢磨实现的方法。

6.2.4 分段颜色不同的商务折线图

在商务折线图中，可以给折线（和组成各折线的数据点）上色，用来强调两点间的落差。如下图所示，选择数据点后，设置线条颜色即可为该段折线设置颜色。

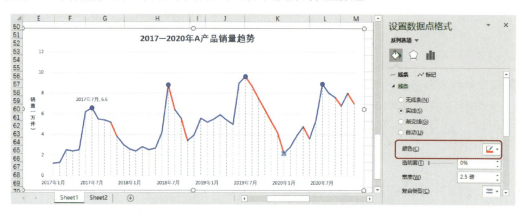

除这种手动设置颜色外，还可以为商务图表设置分级显示数据的背景色块，如下图所示。

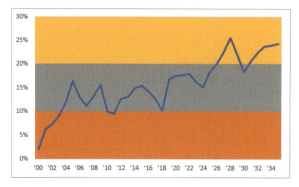

要实现这个效果也很简单，具体操作步骤如下。

步骤 ❶ 修改作图数据。打开"同步学习文件\素材文件\第6章\分段颜色不同的折线图.xlsx"，首先制作3列辅助列，分别输入"10%"（因为本案例中纵坐标轴的最大值为30%，想平均分为3个色块），如左下图所示。

步骤 ❷ 创建图表并更改图表类型。根据新的作图数据创建一个折线图，并修改图表类型，把辅助列数据均调整为堆积柱形图，如右下图所示。

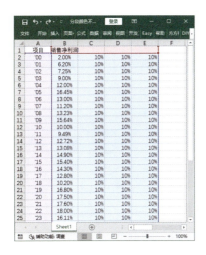
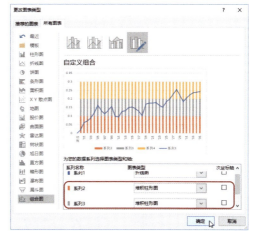

步骤 03 设置数据系列格式。设置柱形的【间隙宽度】为"0%"即可，如下图所示。

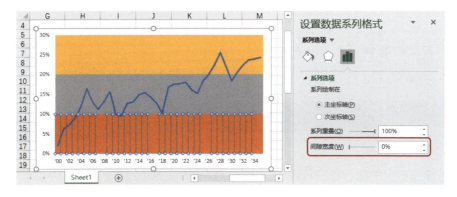

此外，还可以根据横轴坐标来划分折线的填充颜色，如为过去的数据进行淡化，为未来的数据进行虚化，得到如下图所示的效果。

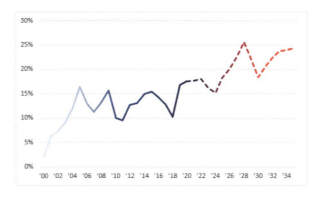

第6章 体现趋势：折线图和面积图的n种姿态

其实，这种效果的制作原理也很简单，就是通过对作图数据的错行组织，把一条折线分成不同的系列，进行分段处理，并对每一个数据系列设置渐变颜色即可，如下图所示。这里需要注意的是，在进行错行组织数据时，保证每一段线条的首尾数据是重复的，否则就会看到折线断开的效果。另外，在设置渐变效果时要注意渐变的方向。

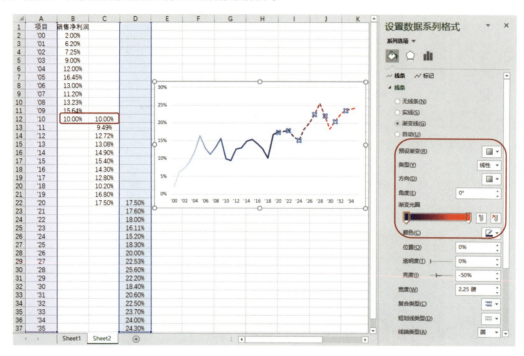

通过进行作图数据的错行和空行组织，还可以实现很多意想不到的效果。例如，可以制作平均线上下颜色不同的折线图等。

6.2.5 处理有空值的商务折线图

使用折线图时，如果某个时间段内数据为空值，就会使绘制出的图表中的折线出现断裂的情况，影响数据信息的展现，如左下图所示。

之所以会出现这样的图表效果，是因为在 Excel 图表中默认将空值用空距的形式进行显示。想要使折线显示出连续的完整的样式，可以通过设置让"0"值替代数据源中的空值，得到的效果如右下图所示。

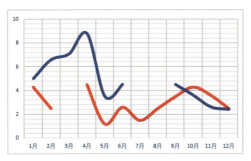
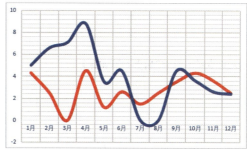

要以"0"值替代数据源中的空值,打开【选择数据源】对话框,单击【隐藏的单元格和空单元格】按钮,如左下图所示。在打开的【隐藏和空单元格设置】对话框中选中【零值】单选按钮,单击【确定】按钮即可,如右下图所示。

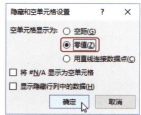

技能拓展

设置图表中要不要显示源数据中的隐藏数据

如果图表的数据源中包含隐藏的单元格数据,默认情况下 Excel 不会对这些数据创建图表。若希望在图表中显示出这些数据,可以在【隐藏和空单元格设置】对话框中选中【显示隐藏行列中的数据】复选框。

6.2.6 "折线图+面积图",体现趋势又强调量

在各类商业报刊上,常常会看到轮廓线较粗的面积图,如左下图所示。它是一个面积图,但

它的上边边缘非常粗，趋势印象非常突出，是如何实现的呢？如果将面积图的边框设置为粗线型，那么面积图的四周都会出现粗线，如右下图所示，显然不是想要的效果。

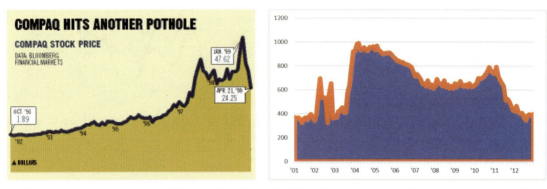

其实，这个边框是一个折线图。具体做法是将同一数据源两次加入图表，制作"面积图+折线图"的组合图，具体操作步骤如下。

步骤01 创建面积图。打开"同步学习文件\素材文件\第6章\折线图+面积图.xlsx"，根据数据源创建一个普通面积图，如左下图所示。

步骤02 添加数据。打开【选择数据源】对话框，单击【图例项（系列）】列表框上方的【添加】按钮，再次将面积图的源数据添加到图表中，如右下图所示。一张图表可以加入多个数据源，同一数据源也可以多次加入图表。这个思路的使用，可以制作很多不同的图表效果。

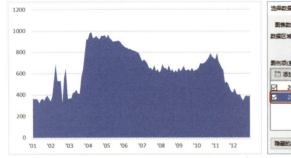

步骤03 修改图表类型。经过上步操作后，Excel可能会自动更改图表的类型。无论如何，将两个数据系列的图表一个设置为面积图，一个设置为折线图，如左下图所示。

步骤04 图表设置。此时，图表的外观已经大致符合我们的要求了，继续对图表的配色和折线的宽度，以及其他细节进行处理，就可以让图表更专业了，如右下图所示。

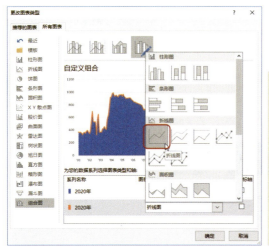
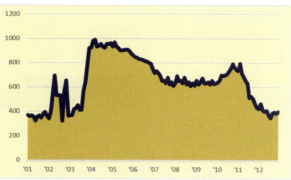

高手自测 14 看看下面这个比较高端的控制条柱形图，它是如何制作的呢？

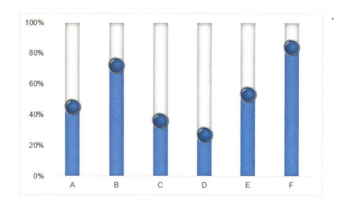

高手神器 8：

使用 EasyCharts 快速改变商业图表风格

EasyCharts 是一款用 C 语言编写的简单易用的 Excel 图表插件。在计算机中安装 EasyCharts 后，将会以选项卡的形式存在于 Excel 中。EasyCharts 插件具备强大的图表制作功能，其功能的强大主要体现在以下几个方面。

1 智能配色

图表配色是许多人的短板，但是使用 EasyCharts 的配色功能，可以轻松实现更好的配色效果。如下图所示，EasyCharts 中的【颜色主题】有更多的配色选项，运用这些现成的配色可以制作出更美观的图表效果。

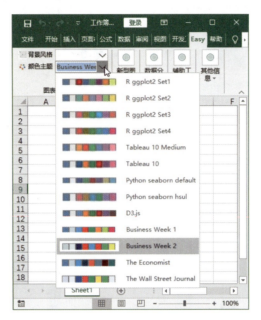

2 自动实现数据分析

使用"数据分析"命令可以实现频率直方图、核密度估计图、相关系数矩阵图、Loess 数据平滑和 Fourier 数据平滑等数据的分析与图表的自动绘制。

3 绘制新颖图表

Excel 中提供了常规的图表，如果想制作出样式更新颖、更具表现力的图表，就需要借助辅助数据，以及别出心裁的布局调整才能绘制出来。

EasyCharts 中提供了许多新型图表，包括平滑面积图、南丁格尔玫瑰图、马赛克图、子弹图等图表。如下图所示，这些在 Excel 中难以制作的图表，在 EasyCharts 中可以被轻松创建出来。

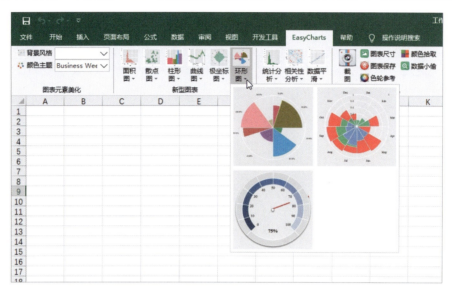

4　灵活的辅助工具

EasyCharts 的辅助工具有 3 个：(1)"图表尺寸"工具，可以轻松修改图表的大小；(2)"颜色拾取"工具，可以拾取屏幕中任意位置的颜色；(3)"数据小偷"工具，可以通过读取现有图表信息，自动或手动的方法获得图表的原始数据。

第 7 章

数据比例：
70%的人只会一种饼图

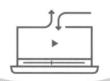

当要表现数据在同一维度下的结构、组成、占比关系时，应该使用构成型图表。最典型的构成型图表有饼图、圆环图、瀑布图、子母图、百分比堆积柱形图、条形图、面积图。在 Excel 中，这些图表大多隶属于饼图范畴。

饼图也是许多人熟悉的图表类型，是使用频率很高的图表类型之一。饼图能给我们一种整体和构成的印象，适用于表达不同项目或类别在整体中的"占比"——一看到饼图，就自然想到 100%，这个特点是饼图特有的。

但是，70% 的人只会制作最普通的饼图。本章就来讲解让商业饼图更专业的技巧，饼图的其他子类型，以及能够表达构成型数据的其他图表。

请带着下面的问题走进本章

1. 怎样让商业饼图更专业？

2. 子母饼图和复合条饼图有什么区别？

3. 选圆环图还是饼图？

4. 如何让商业饼图颜值更高？

5. 还有哪些图表也能体现构成型数据？

7.1 默认饼图最容易犯错

如果饼图使用得不好，就会成为"最糟糕的传递信息的方式"。因为饼图通过扇形的面积大小来表达占比的大小，但人的肉眼对面积大小并不敏感。所以，饼图是最容易被误用的图表。

有些专家会告诉你，应该避免使用饼图，建议使用条形图或柱形图来替代饼图，因为条形图和柱形图更易于比较数据点的差异。如对同一组数据分别使用饼图和柱形图来显示，得到的效果如下图所示。

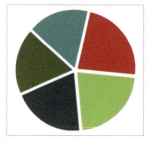 

上图中，显然左侧饼图中的 5 个色块面积排序不容易看出来。换成右侧的柱形图后各数据的大小就容易看出来了。

从精确比较数据的角度而言确实如此，尤其是比较两个以上整体的成分时，切勿将扇形转换成数据在扇区间相互比较，一是从占比到数据值的转换过程增加了读者的读图时间和精力；二是因为肉眼对面积大小不敏感，会导致读者对数据的误读。

很多情况下，饼图也确实可以用条形图或柱形图来代替。但每种图表都有它的长处，公平地讲，一切都在于你如何使用。当需要描述某一部分占总体的百分比，具体反映某个比重时，适合使用饼图，再配上具体占比数值，会有较好的效果。而需要比较数据时，尤其是比较两个以上整体的成分时，请务必使用条形图或柱形图来展示。

7.1.1 将商务饼图修改得具有专业性

饼图适合进行简单的占比分析，在不要求数据精细对比的情况下使用。它可以明确显示一定范围、概念内各种因子的占比情况，方便直观地表现局部和整体的关系。例如，空气中氧气、氮气、二氧化碳及其他元素的含量比例，硬盘中视频、音乐、文档、程序及剩余空间的占比情况，各个季度销售额在全年销售额中的比例情况，等等。

在制作饼图时，需要考虑饼图制作是否符合规范，是否方便读取图表信息，以最大程度保证图表准确传达了数据含义。做好以下几点，就可以让你的商务饼图更专业。

1 保证各扇区相加构成 100%

饼图是通过扇形的角度大小扩展开的扇形面积来表达数据在整体中占比大小的统计图表。常用于表现一个数据系列（仅排列在工作表的一列或一行中的数据）的占比关系，且要绘制的数值中不包含负值，也几乎没有零值，各项的总和应该为 100%，这个特点是饼图特有的。

如果对饼图的数据标签进行了四舍五入，导致饼图各部分相加的和不等于 100%，就需要在饼图下方对标签数据进行四舍五入的说明，避免引起不必要的误会。

2 限制扇形的数量

饼图是一种非常简单的图表类型，但它们却常常过于复杂。

饼图适合表现怎样的占比数据呢？最适合表达单一主题，即部分占整体的比例，如左下图所示。实在有多个主题，也最好是所分份数不多且某一份独占鳌头占据一大块的，如中下图所示，这样，饼图就能明确凸显其中数据占比，将要强调的这块儿直观地表现出来。

反之，如果分类数过多或每一份数据都相近，就不适合用饼图来呈现，如右下两图所示。此时，分类过多，占比小的分类数据会难以辨别，而且会导致饼图分块的意义解释过于困难，读者更难去理解；或者各扇区大小接近，区别不大，饼图的可视化效果会下降。千万不要出现这两种饼图。

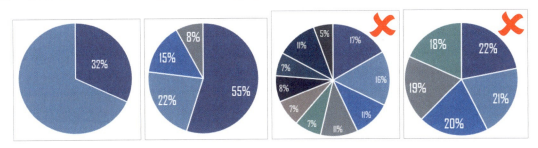

饼图应该直观清晰表达成分占比，为了使其发挥最大作用，一般来说，饼图分割不宜超过 5

份，如果超过 5 份，就考虑数据是否可进行整合，将第 5 份和其他太细的部分统统归类为"其他"表示出来，或者直接用其他图表类型来展现。

3 设置第一个扇区的起始位置

饼图中第一个扇区（一般为比例最大的扇区）的默认起始位置是 12 点钟方向（0 度），再按照读者查看时钟的习惯，先上后下、顺时针移动来排布扇形，如左下图所示。

这个起始角度可以通过选项更改，使扇区旋转一定的角度，得到如中下图所示的饼图。可是，根据读者的读图视线移动规律，在读该图时，视线首先落在"B 店"数据上，再依次读取"A 店""D 店""C 店"数据。根据记忆规则得知，人们更容易记住有规律的信息。因此，对于这种未经排序的数据，传播效果较低。要修改该图效果，只需选择饼图的系列，如右下图所示对第一个扇区的起始角度进行调整，让第一个扇区从 12 点位置开始即可。

 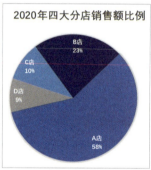 

4 调整扇区顺序

图表的设计应该让读者注意力集中到你要表述的主要内容上。在使用饼图进行分类对比时，除分类名称有特殊顺序要求的情况外，专业人士一般都会先对作图数据进行排序处理，使生成的饼图各扇区直观排序，便于阅读和比较，而且会好看很多。

商务饼图一般会有两种比较好的排序方法，可以让读者迅速抓取最多的重要信息。

方法一：将份额最大部分放在 12 点钟方向右侧，然后依次顺时针方向放置其他部分，所有的都按顺时针降序排列。想要得到这种效果，只需要对作图数据进行降序排列即可，如左下图所示。

方法二：将份额最大部分放在 12 点钟方向右侧，第二份额部分放置在 12 点钟方向左侧，其他部分从第二部分开始依次逆时针放置。想要得到这种效果，需要对作图数据进行升序排列，然后将最大的数据项调整到第一位，如右下图所示。

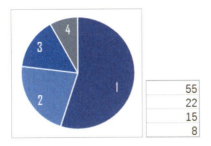 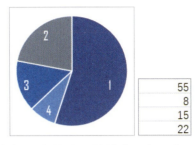

使用方法一调整饼图效果后，最大的扇区最后会与最小的扇区连接在一起，如果两者比例相差比较大，也许会让饼图显得不太和谐，而且这样布局，不重要的最小扇区也占据了饼图的上半部，可能会影响读者的视觉焦点。而方法二使得读者视线的焦点集中在饼图的上半部，这里放置的都是最重要的数据。但这种绘制方法也有一点小小的不足：稍微有点不符合读者的读图习惯。大家可以根据不同的使用场景选择不同的饼图绘制方法。

5　标注饼图数据

默认情况下，生成的饼图没有添加数据标签，如左下图所示。读图时，需要对照图例信息才能确定不同的扇区分别代表哪些数据类别，比较麻烦。实际上，可以将图例删除，添加数据标签，并用类别名称来代替，如中下图所示，这样会使图表显得更加简洁、直观。

为饼图添加数据标签时，默认显示的是每一个扇区所代表的实际数值。而饼图的主要作用是显示各数据项的比例，而非显示项目大小，所以一般情况下需要显示为百分比数值。在 Excel 中，并不需要更改数据源去手动计算每个数值的百分比，在右下图所示【设置数据标签格式】任务窗格中选中【百分比】复选框即可。

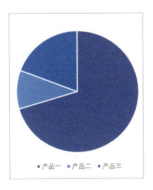 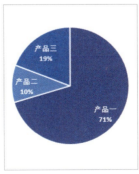 

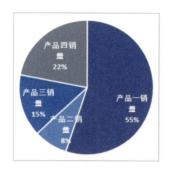
饼图的默认标签位置包括标签内、居中、标签外等几种，通常使用系统自动设置的位置即可，理论上讲也是最合适的位置。但受限于饼图本身的形状和大小，标签文字过多时就容易溢出，如左图所示。

此时，就需要使用引导线，在饼图周围合适位置显示数据标签了。这样虽然能显示更多的字符数，但引导线较多时，自动设置的效果不一定理想，常常像甲壳虫、螃蟹的腿一样，张牙舞爪的，如左下图所示。此时，并不适合把数据标签围绕饼图一周进行展示，会很乱，而且不易阅读。

为了避免凌乱，只能进行变形规整，选中单个数据标签的文本框进行手动移动，排版上有一定难度，有时甚至需要用绘制直/折线、文本框的方式得到需要的效果，如右下图所示。

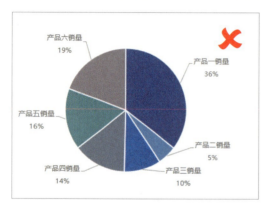
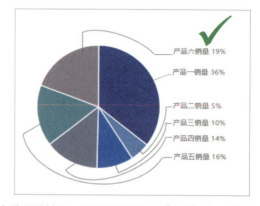

但这样的效果只能使用在该图表中，一旦改变作图数据，设置的标签和引导线就不能用了。所以，尽量不使用标签引导线。

6　分离饼图扇区

饼图的图形元素比较简单，没有太多值得精简的冗余元素。因此，如果想把商务饼图做得更好看，就需要把主要功夫花在形状的优化及色彩的搭配上。

默认创建的饼图，其几何外形都是圆形。为了凸显饼图中的某一种数据，可以将饼图中的扇区分离出来。在饼图上单击两次扇区，选中需要移动的部分，按住左键不放向外侧拖动即可，如左下图所示。切记，最多可将某一个扇区分离加以强调。如果对多个扇区进行分离，就会变成爆炸式的饼图了，如右下图所示，这样很不好。

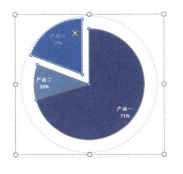 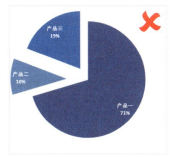

7 尽量避免并列使用饼图

日常数据分析时，经常要对不同时间点下的百分比数据进行比较分析，看这些数据的占比有何变化、是何趋势。例如，对比今年和去年的市场份额、产品构成、收入构成等。由于大部分人一想到要表现份额和构成关系就用饼图，所以常常将这种表现两个或多个时间点的百分比数据，制作成两个或多个并列饼图，如下图所示。

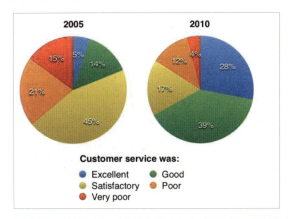

这种做法非常普遍，但我们不能直接、准确地看出各个分类项目的变化。由于读者需要在两个饼图之间反复进行比较，判断各项比例数据是增加了还是减少了，具体又增减了多少，即使这样也不一定能准确看出变化趋势及其幅度。如果变化幅度不大，很容易造成误读。所以，同样是想表示占比，这种情况使用饼图就不是很有效的图表形式，建议使用百分比堆积柱形图。

在运用饼图时，最佳效果是只用一个"饼"，如果大于一个成分时，你就应该考虑条形或柱形图了。如果出于版面考虑，一定要做两个饼图，那么就尽量不使用图例，将数据标注在扇区上，最好能共用分类标签，不要使用三维饼图。

7.1.2 子母饼图和复合条饼图有什么区别

单个饼图有时是有缺陷的，它不能完美地显示出某一部分的具体情况，或者当饼图中有些数值具有较小的百分比时，是难以清楚体现这些数据的，反而会给观看者一种很乱的感觉。

这时，子母饼图或复合条饼图就派上用场了。子母饼图或复合条饼图可以从主饼图中提取部分数值，将其组合到旁边的另一个饼图或堆积条形图中。它们可以用来展示不同数据项目的占比及其中一个数据项目所包含的分类占比。

子母饼图和复合条饼图的适用情况有以下 4 种。

第一种是数据项目较多，且有的项目占比很小时，将其放到同一个饼图中难以看清这些数据，这时使用子母饼图和复合条饼图就可以将占比小的项目单独归类，放到从属饼图或条形图中，以此来提高较小百分比的可读性。例如，左下图所示的饼图中显示了 2020 年各分店的销售额比例，其中较小百分比数据较为密集不易看清楚。转换为如右下图所示的复合条饼图形式，就提高了这部分数据的可读性。

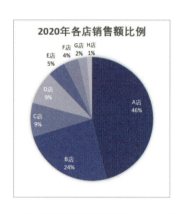 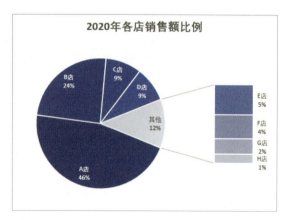

第二种是需要强调饼图中的一组数值时，如下图所示某店铺商品销量的复合饼图，其中配饰的销量比较低，想要分析具体的产品销量，可以将归类为"配饰"的产品销量数据放到从属饼图中进一步分析。

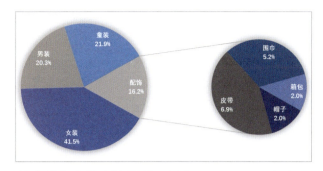

第三种是数据项目的分类存在包含情况时，如有 A、B、C 三个公司且 A 公司下面有 1 部门和 2 部门，由于 A 公司 1 部门和 A 公司 2 部门属于 A 公司，如果要在图表中展现出这两个部门的数据，就应该放到 A 公司的从属饼图或条形图中，如下图所示。

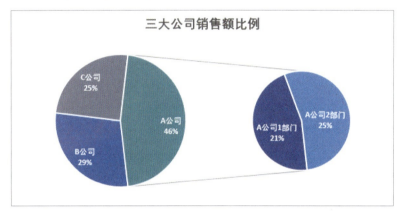

第四种是需要从另外一个维度对数据项目中的其中一项进行分析。例如，员工年龄构成中，超过 30 岁的人占多少，这部分人的学历构成又如何。这就是对同一个数据项目的两个维度上的分析，可以在饼图中展示员工各年龄的构成，然后将学历构成放到 30 岁以上的从属饼图或条形图中，如下图所示。

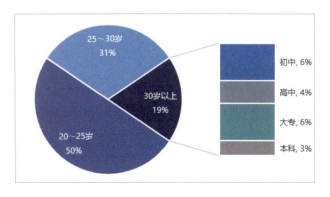

子母饼图和复合条饼图都是从主饼图中提取部分数值，再显示在附属饼图或条形图中。或许有些人会觉得这种图表比较高级，但笔者不提倡这种用法，各类商业报刊上也很难看到这种用法的案例。

尤其是子母饼图，它主要的问题在于附属饼图中既然使用饼图来表现整体的构成，就容易让人误以为整个数据的占比总和为100%，但实际上它的整体占比在主饼图中一般很少。读者在查看数据时，由于与平常的习惯性思维不一致，难免产生疑惑，又要左右对比两个饼图进行查看，实在不便，这就违背了使用图表的初衷。

如果一定要用这种复合图表形式，建议使用复合条饼图，这样就避免了上面说的疑惑。

7.1.3 圆环图和饼图有什么区别

圆环图是饼图的非常实用的一种变形，即中心被挖空了的饼图。它兼具饼图和柱形图的特点，保留了饼图"圆"的概念（等于100%），又可以用圆弧长度表现部分在整体中所占份额，中间还留出空隙，可以用于展现数据或文本信息，如左下图所示。所以，圆环图是相当实用的图表类型。

圆环图与饼图一样，可以通过环块的角度大小展示各数据项目在整体中的占比大小，但饼图只能显示一个样本或总体各部分所占比例，而圆环图具有可叠加性，通过增加圆环的层数，就可以体现多个数据系列随时间或其他因素变化时的不同比例。

圆环图中的每个环形代表了一个数据系列。中下图所示圆环图展示了2019年和2020年各分店的销售额比例数据。从图中不仅可以得知不同年份的店铺销售额比例，还可以对比同一店铺在不同年份的销售额比例大小。

将多组数据作为"系列"输入同一个圆环图中，即可将多个圆环形聚合起来，用一个圆环图实现多个数据的占比对比或某一数据的内部细分。右下图所示为将4个销售部门的销量完成情况聚合为一个圆环图的效果。从这一点上来看，圆环图其实可以说是弯曲的柱形图，有柱形图的概念和功能，但又有叠起来是"100%"的整体概念。这类图表又被称为环形柱形图，为了美观，通常单个数据系列的最大值不会超过环形角度的270°（一般来说），并为非重点区域设置浅色或透明，再由最外环往最内环逐级递减地呈现数据。而且，环形的宽度一般都很细，对此，我们只需要选中圆环图中的数据系列，设置圆环内径大小即可。

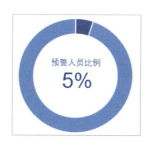

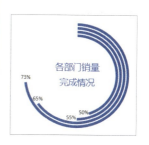

> **高手自测 15** 当需要对公司中男和女所占的比例进行分析时，采用什么图表最合适？

7.2 做出颜值爆表的商务饼图

制作商务饼图也需要一些技巧，才可以使其既有内涵，又有颜值。下面介绍如何在饼图中展示两种数据，以及制作极简风格和趣味型商务饼图的方法。

7.2.1 在商务饼图中体现两种数据

如果需要体现两种类型数据的占比，可以使用圆环图、子母饼图或复合条饼图来实现。如果需要展现的两种数据是包含关系，则可以选择制作成双层饼图，效果会更好一些。

例如，需要展示几个地区及下属子城市营业额的组成占比，就可以制作成双层饼图，具体操作步骤如下。

步骤 ❶ 创建饼图。打开"同步学习文件\素材文件\第7章\双层饼图.xlsx"，合理排列作图数据，并根据地区和营业总额数据创建一个普通饼图，如左下图所示。

步骤 ❷ 添加数据。打开【选择数据源】对话框，单击【图例项(系列)】列表框上方的【添加】按钮，再次将要作为二层饼图的源数据添加到图表中。在打开的【编辑数据系列】对话框中设置【系列名称】为城市数据，【系列值】为各城市的营业额，单击【确定】按钮，如右下图所示。

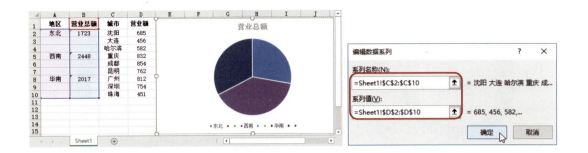

步骤 03 修改分类标签数据。返回【选择数据源】对话框，选择刚添加的数据系列，单击【水平（分类）轴标签】列表框上方的【编辑】按钮，如左下图所示。在打开的【轴标签】对话框中修改【轴标签区域】为城市名称单元格区域，单击【确定】按钮，如右下图所示。

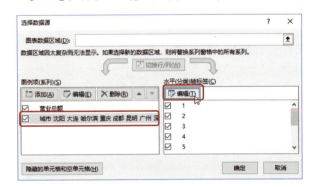

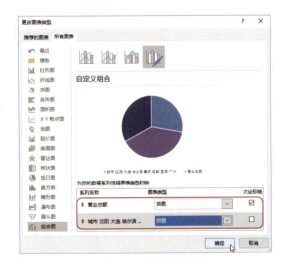

步骤 04 更改图表类型。经过上步操作后，在饼图中依然看不到添加的数据系列。因为这两种数据的总和都为100%，下方的数据被遮挡了。所以，重新设置图表类型，将两个数据系列的图表都设置为饼图，并将"营业总额"（准备放置在上层内圈的数据系列）设置显示在次坐标轴，如左图所示。

步骤 05 设置饼图分离效果。选择位于上层的数据系列，设置【饼图分离】为"40%"（可根据需求来设置，数值越大，扇形分得越开，饼图会越小），如下图所示。

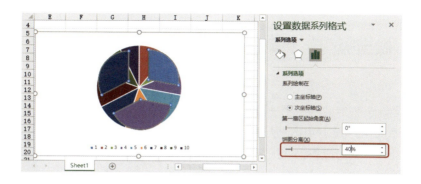

步骤 06 调整各扇形的位置。依次选择单个分离后的扇形,设置【点分离】为"0%",使所有分开的扇形再以中心点合并为一个饼图,如下图所示。

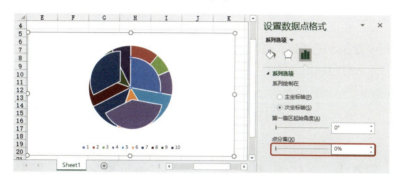

步骤 07 添加数据标签。为两层饼图添加数据标签,如左下图所示。选择外层饼图中的数据标签,在【分隔符】下拉列表框中选择【,】选项,设置标签中类别名称与百分比值之间显示为逗号,并设置【标签位置】为"数据标签外",如右下图所示。

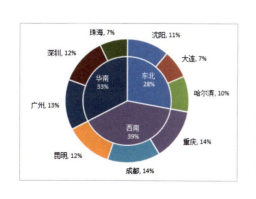

7.2.2 做出极简化商务饼图

前面已经提到，一张专业的饼图一般不配备图例，添加的数据标签也尽量显示在饼图内，尽量不使用引导线添加在外侧。所以，从整体上来看，饼图的所有图表元素是很简单的。为了让商务饼图显得更专业化，就可以将极简风格进行到底，制作出以简洁为主的饼图。主要可以从以下几个方面来进行简化。

1 简化作图数据

尽量减少饼图中要显示的数据，如下图所示，如果每一个饼图中只需要显示两个数据，那么制作的饼图在传递信息时自然更简单明了。

2 弱化不重要数据

饼图中的图表元素很少，所以为其设置配色是图表是否专业的关键所在。制作圆环图时，其中不重要的数据一般会填充为灰色或透明色。例如，将上图中的数据聚合到一个圆环图中，再对不重要的数据进行透明化处理，就得到了如左图所示的效果。

3　强化重要数据

图表中的重要数据是需要进行强化的。例如，在饼图中可以将需要强调的数据所在的扇区分离出来，如左下图所示。制作商务圆环图时，可以仿制钟表/计时器效果，制作成进度条样式，将环形设置得纤细一些，为不重要的数据项设置灰色，然后为需要强调的数据项设置主色进行突出强调，并在圆环中间展示想要表达的主要信息，如中下图所示。或者为不重要的数据项设置透明色，再手动绘制一个圆形显示在环形图内侧，并设置填充为无，极细的边框，如右下图所示。

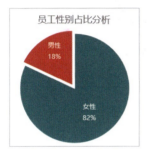  

7.2.3　做出趣味商务饼图

由于饼图的外观是一个整体，而且非常圆滑，与生活中所有圆形的内容都可以更好地重合。所以，商务饼图在制作时可以更有趣一些。

例如，可以使用填充大法，将比萨图片填充到饼图的图表区中，制作如左下图所示的饼图。也可以将甜甜圈图片填充到圆环图的图表区中，得到如右下图所示的效果。

还可以为不同的扇区设置填充效果，得到更丰富的饼图效果。如左下图所示的饼图，就是在为各扇区填充颜色，并添加内容后，在中部绘制了一个圆形。中下图所示的圆环图中添加了图片效果。有了这样的制图思路，就可以将基本的图表改造为更多优秀的案例，如右下图所示。

高手自测 16 要在一个饼图中体现两种数据，可以使用子母饼图和复合条饼图来实现。下面这个复合条饼图，你知道它是如何制作的吗？

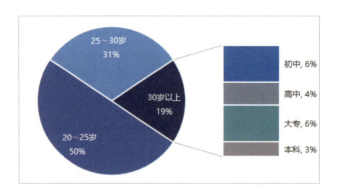

7.3 这些图表也能体现结构

Excel 中还提供了一些表现结构的新型图表，如树状图和旭日图，本节就来认识这两种图表。

7.3.1　用树状图分析销售业绩

树状图是通过不同颜色的矩形排列来展现复杂的数据关系的，利用树状图可以形象地展现数据的群组、分类、层次关系的比例，它的直观性和易读性是其他类型的图表所无法比拟的。

同样是展示数据的比例关系，树状图与饼图有所区别。当需要展示的数据多达 10 项，甚至更多时，饼图就显得很拥挤、局促，树状图则不会。例如，用它来分析某产品的销量，如下图所示，可以说一目了然。该酸奶在 10 月的销量最高，其他月份的销量按照方块的大小排列。

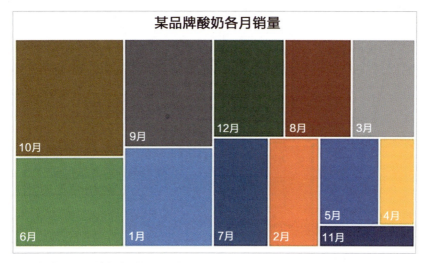

树状图还能较好地展示数据间的层次关系，而饼图最多通过复合方式展现两级的数据关系。在用 Excel 制作树状图时，很多新手不知道如何在表格中输入源数据来实现树状图的插入，这时需要理解树状图的数据逻辑。从名称上看，树状图是指像树枝一样层层展开的图。实际上，这个名称更适合用来理解图表中的原始数据排列。

左下图所示为某集团不同业务部在不同城市的业绩情况。集团的总业绩像树枝一样往右进行分解，将这种结构转移到 Excel 表格中，如右下图所示。对照两图，就能很好地理解树状图的原始数据是如何排列的了。

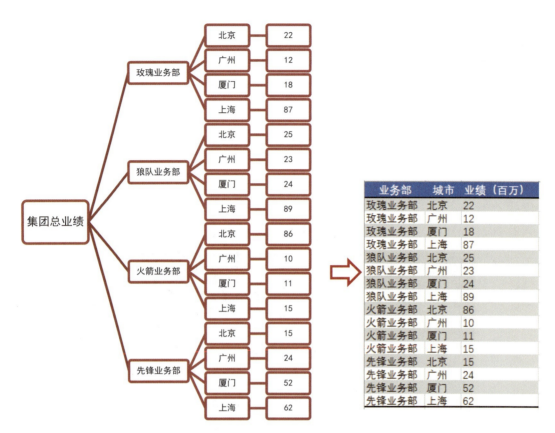

根据上面的作图数据,创建树状图的效果如下图所示。

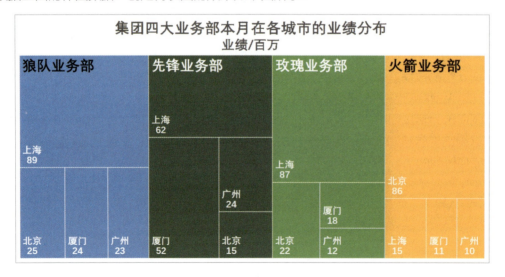

上图中不同业务部的业绩用不同颜色进行填充，所有业务部的业绩构成一个大矩形，这代表集团的总业绩。通过对比不同业务部占有的面积大小，可以判断各业务部对集团总业绩的贡献。例如，"狼队业务部"的矩形面积最大，业绩贡献就最大。

分析不同业务部（树状图中的不同色块）下面的矩形构成，可以判断业务部在不同城市的业绩情况。例如，"狼队业务部""先锋业务部""玫瑰业务部"均是在"上海"市的业绩最好。

树状图不适合展现不同层级的数据，如组织架构图，每个分类不适合放在一起看占比情况。

7.3.2 用旭日图体现公司组织

旭日图是一种表示数据层级关系与比例的图表。图表形态像圆环，每一个圆环代表一个层级的数据，从环形内向外，层级逐渐细分，离圆环中心越近的数据层级越高。每个圆环由不同的分段组成，分段代表了数据的比例。

旭日图可以清晰地表达数据层级与归属关系，有助于了解项目的整体情况与组成比例。它的功能有些像复合环形图，即将几个环形图套在一起。

旭日图的功能与树状图类似，两者的表格数据排列逻辑也相同。下图所示为一个旭日图表的原始表格数据。

分公司	组成部门	分组	工作方向	人数（位）
联华公司	运营部	广告组		22
联华公司	运营部	营销组	线上营销	12
联华公司	运营部	营销组	线下营销	18
联华公司	运营部	推广组		87
联华公司	运营部	媒体组		88
联华公司	人事部			17
联华公司	人事部			14
蓝润公司	市场部	销售组		25
蓝润公司	市场部	品牌组		16
蓝润公司	人事部			24
蓝润公司	运营部	广告组		89
蓝润公司	运营部	营销组		16
东起公司	运营部	营销组	线上营销	19
东起公司	运营部	营销组	线下营销	86
东起公司	运营部	媒体组		23
东起公司	人事部			21

旭日图与树状图不同的地方有两点：（1）当有缺失层级数据时，旭日图会呈现出缺口，而树状图不会；（2）当层级关系较多时，选择旭日图更为合适，因为它可以向外扩张更多的圆环数，

而树状图在显示超过两个层级的数据时，基本没有太大的优势。

将上图所示的表格数据制作成旭日图，效果如下图所示，从图中可以一目了然地看出3个子公司的部门层级，以及各部门的人员数量。

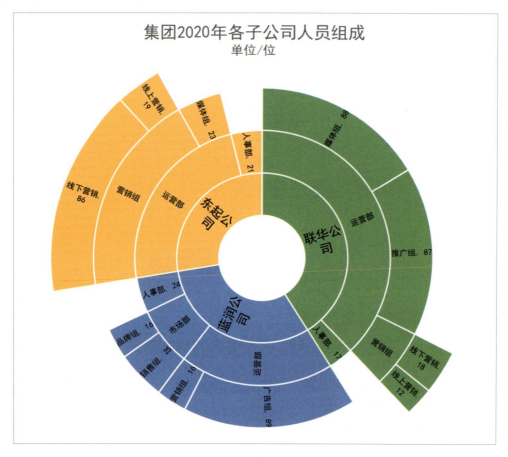

高手自测 17

在进行数据分析时，会发现有些情况的产生不是突然的，是日积月累形成的，而有些数据是随时间变化的。例如，某公众号每日的粉丝新增、取消关注的数量都在变化，导致每天的粉丝数都不相同。如果要分析出粉丝是如何增加或减少的，以至于产生最终的结果，应该选用何种图表类型呢？

高手神器 9：

用 WordArt 做文字云

文字云就是将文字堆砌拼合成各种形状（不仅仅是云朵形）的一种特殊文字排列效果。由于视觉效果独特，文字云受到很多人的喜爱，也是近年来非常流行的一种展现形式。目前市面上有很多能快速生成酷炫文字云效果的软件，如 WordArt 就是一个非常不错的文字云制作工具网站。该网站文字云效果丰富，且支持中文字符，轻松即可做出各种效果的文字云。

例如，我们要利用 WordArt 来制作右图所示的文字云，可按如下步骤操作。

步骤 01 单击【CREATE NOW】按钮。打开 WordArt 网站后，单击【CREATE NOW】按钮，开始创建文字云，如下图所示。

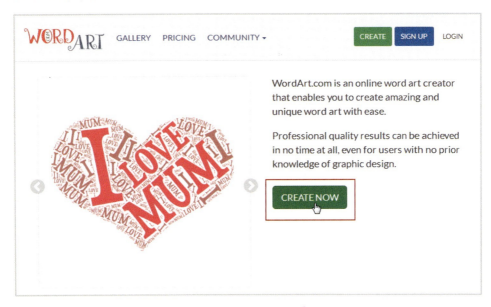

步骤 02 理解界面。此时，便转到了云文字制作页面，页面左侧为云文字的设置区，右侧为云文字效果预览区。虽然是全英文网页，但是各种操作选项还是非常好理解的，如下图所示。

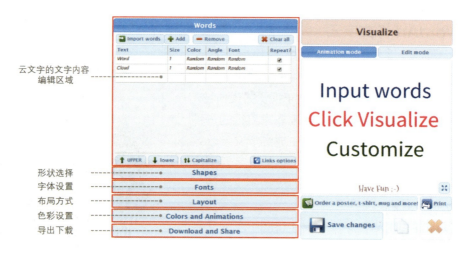

步骤 03 输入云文字。单击左上方的【Import words】按钮，在【Import words】对话框的文本输入框中输入云文字的文字内容，单击【Import words】按钮，如下图所示。

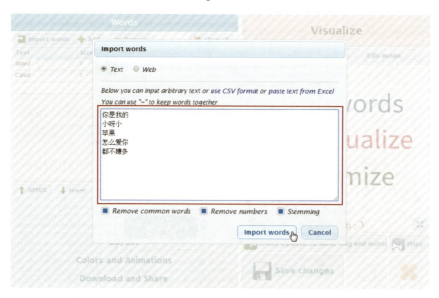

步骤 04 选择形状。切换到【Shapes】选项卡，选择一种文字云形状，本例选择苹果形，如下图所示，若其中没有自己想要的形状，也可单击【ADD IMAGE】按钮，从硬盘中添加一个形状。

步骤 05 设置字体。继续切换到【Fonts】选项卡,选择一种字体,由于本例输入的是中文文字来制作文字云,列表中没有符合要求的中文字体。此时,可单击【Add font】按钮从硬盘中添加一种中文字体并选中该复选框,如下图所示。

步骤 06 设置布局方式。再切换到【Layout】选项卡,选择一种文字布局方式,如下图所示。

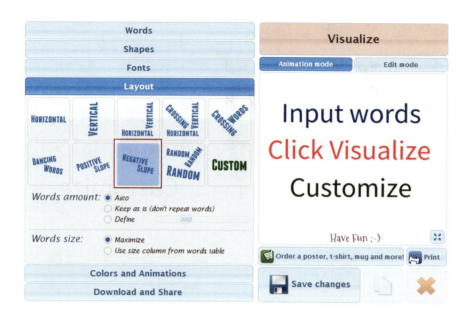

步骤 07 设置颜色。再切换到【Colors and Animations】选项卡，调节文字的颜色搭配，如下图所示，在该选项卡中，选中【Use shape colors】复选框即应用之前选择的文字云形状的配色，取消选中该复选框即可自行设定云文字的色彩组合，可单色也可多色。在【Background color】中可以将云文字图片的底色去除，变成无底色的云文字图片。

步骤 08 导出文件。此时，单击右侧的【Visualize】按钮，即可生成云文字效果预览。继续切换到【Download and Share】选项卡，可将制作好的云文字以指定格式（部分导出类型需注册、登录，甚至成为付费会员后方可选择，在PPT中选择最普通的PNG图片类型就基本够用了）导出，如下图所示。

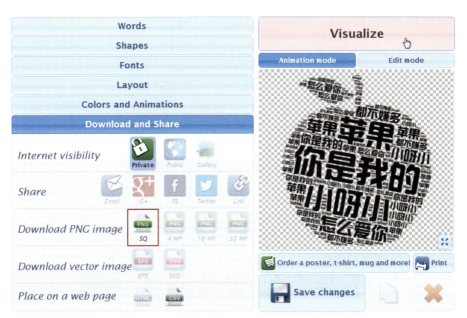

第 8 章

8

数据关系：
不要看到散点图就头痛

还有一类图表应用也很广泛，它们主要展示数据之间存在的关系。其中，应用最多的便是散点图和气泡图了。它们主要通过图形的颜色、位置、大小的变化关系来展示数据的关联性。

但是，相比前面介绍的柱形图、折线图和饼图，这类图表为大家所熟知的程度要低一些，甚至有人还不了解这类图表的作图数据和图表展现的关系。以至于，一部分人一看到散点图，就觉得"哦，这个图表类型常用于科学和统计领域"。

是的，散点图和气泡图在科学图表中应用更为广泛，尤其在二维和三维数据的关系分析中。但随着大数据的流行，商业中需要分析的二维或三维数据也很多，为了找出某些商业规律，发现数据的潜藏价值，这类图表在商业中的使用场景之多可能远远超过了你的想象。

Excel 中提供了 7 种不同类型的散点图，其中主要分为两大类，一类是普通散点图，或者带连接线条（平滑线/直线）和数据标记的散点图；另一类是气泡图。本章主要介绍这两类图表的相关知识，制作时的注意事项，以及制作成专业的商务图表需要注意的细节。

请带着下面的问题走进本章

1. 分析两类数据的关系用什么图表？

2. 分析三类数据的关系用什么图表？

3. 象限图该如何制作？

4. 趋势线你用对了吗？

5. 什么情况下需要使用误差线？

8.1 用常规散点做数据分析

散点图与气泡图是一类体现数据项目联系与分布的图表,常常用在科学领域、统计领域和工程领域,用来分析两个或三个变量之间的关系。创建数据时要注意,散点图可显示两个变量之间是否存在着关系,而气泡图有一项独特功能,即能够提供第三维数据。

8.1.1 用散点图分析 2 项数据的关系

散点图是指在回归分析中,数据点在直角坐标系平面上的分布图,散点图表示因变量随自变量而变化的大致趋势,据此可以选择合适的函数对数据点进行拟合。在散点图中,以一个变量为横坐标,另一个变量为纵坐标,仅将数据以点的形式分布在图表中,是一种利用散点的分布形态反映变量统计关系的图表。值由点在图表中的位置表示,类别由图表中的不同标记表示,散点图通常用于比较跨类别的聚合数据。

如果多个数据各自有两个基准,想要分析它们相互之间的关联性或倾向来把握要点,则使用散点图是比较适合的。例如,车间工人数量与产量的关系、棉纱的水分含量与伸长度之间的关系、热处理时钢的淬火湿度与硬度的关系、零件加工时切削用量与加工质量的关系等,根据我们的经验,这些变量之间肯定存在着比较密切的关系,但是又不能像数学公式或物理公式一样将其精确表达出来。此时,使用散点图就可以直观地表现出影响因素和预测对象之间的总体关系趋势了,方便我们决定用何种数学表达方式来模拟变量之间的关系。

工人数量/位	产量/吨
1	0.5
2	1.2
3	1.8
4	2.9
5	3
6	3.6
7	3.4
8	4
9	4.5
10	4.8

左图所示为某车间统计的工人数量与产量数据,将这张表格制作成散点图,效果如左下图所示。从图中可以看到随着工人数量的增加,产量是增加的,说明这两项数据呈正相关关系。

除普通的 XY 散点图外,Excel 中还提供了"带平滑线和数据标记的散点图""带平滑线的散点图""带直线和数据标记的散点图"和"带直线的散点图"。如果将表格中的数据制作成带直线和数据标记的散点图,不仅可以显示两个变量之间的关系,还可以通过平滑线进一步强调关系的程度。如右下图所示,从平滑线的斜率可以看出,当工人数量小于 4 位时,工人数量越多,产量增加的幅度越大;当工人数量在 4 ~ 8 位之间时，随着工人数量的增加，产量增加的幅度放缓。通过这样的图表数据分析，可以找出工人数量与产量的最佳组合，从而帮助企业节约成本、增加产量。

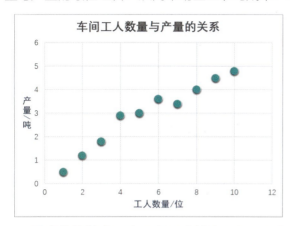 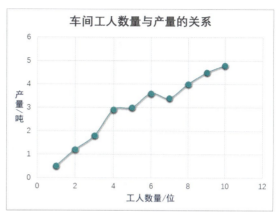

带连线的散点图也可以用来替代制作一个表现趋势的折线图，多在需要 X 轴不等距间隔效果时使用，如表现不同存款期限的利息水平。此时的散点图类似于 X 轴为时间刻度的折线图。但时间刻度的折线图仅支持按天的时间计算，对于按小时计算的并不能反映。而使用散点图则无此限制，这就是连线的散点图与折线图最大的区别。另外，如果在散点图中显示多个序列，看上去就会非常混乱。所以，应避免使用散点图表现多个序列，而应考虑使用折线图。

散点图的绘制比较简单，常作为数据的初步分析工具，在数据采样后进行样本分析。只要注意使用连续数据，一般在 X 轴（横轴）上放置自变量，Y 轴（纵轴）上放置因变量即可。散点图的绘制，主要是为了根据绘制的散点图来分析两个变量之间的关系，观察和解释散点图展示出来的变量间的相关模式。在分析时如果显示两个变量间存在比较密切的关系，并且这种关系有合适的工程背景解释时，就应该进一步进行回归分析来建立变量间的回归方程。

散点图所显示的两个变量之间的关系各种各样，但通过观察坐标点的分布，即可判断变量间是否存在关联关系，以及相关关系的强度。散点图所表现的相互关系大致可分为以下 6 种类型，如下图所示。

（1）强正相关：随着 X 轴的数值增加，Y 轴的数值有明显的增加趋势。

（2）弱正相交：随着 X 轴的数值增加，Y 轴的数值有一定的增加趋势。但因为两者间的相关程度较弱，所以无法判断是否受其他因素的影响。

（3）不相关：变量 Y 随着 X 的变化杂乱无章的变化，点的分布比较乱，就表明两个变量之间没有明显的关系。所以，只有聚类效果好的散点图，才有分析的意义。

（4）强负相关：随着 X 轴的数值增加，Y 轴的数值有明显的减少趋势。

（5）弱负相关：随着 X 轴的数值增加，Y 轴的数值有一定的减少趋势。但因为两者间的相关程度较弱，所以无法判断是否受其他因素的影响。

（6）非线性相关：变量 Y 随着 X 的变化，有明显的非线性趋势。

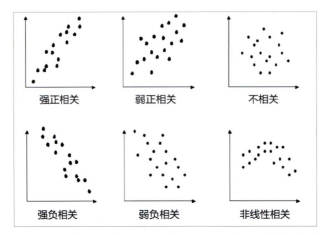

把实际绘制的散点图与上述图中的典型模式进行对照，就可以得到两个变量之间是否相关及相关程度的结论。所以，散点图是回归分析非常重要的图形展示。

使用散点图还能单纯表现数据的分布情况，通过在坐标轴间分布的点疏密程度的不同来（特别是数据较多的情况下）表现一种现象或规律，从而支撑结论。如下图所示，通过图表上散布的点可以很容易发现世界各国第一部 3D 电影上映时间大多集中在 2010—2011 年。另外，如果有某一个点或某几个点偏离大多数点，也就是离群值，通过散点图可以一目了然。从而可以进一步分析这些离群值是否可能在建模分析中对总体产生很大影响。

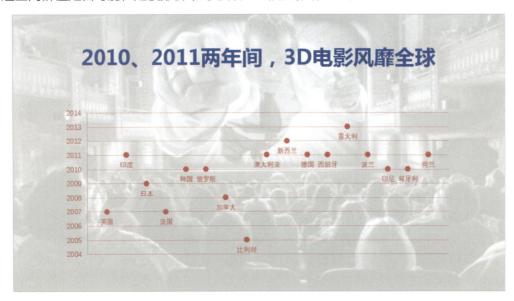

可见，对于处理值的分布和数据点的分簇，散点图都很理想。当存在大量数据点时，各散点会形成一种图形，结果反而更精准，数据量小时则会显得比较混乱。

根据散点的特征，在制作散点图时有以下几个注意事项需要引起关注。

（1）坐标轴边界值的调整。

散点图中，由于数据项目呈点状分布在图表中，为了最大程度地体现散点的分布，而不是让散点挤在图表的某个区域，通常需要调整 X、Y 坐标轴的边界值。调整标准是，让边界值最接近数据项目的最大值和最小值。右图所示为调整散点图 X 坐标轴边界值的方法。

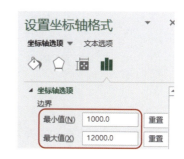

如下下图所示，X 轴代表"月收入"，月收入的最小值是 1000，最大值是 12000，那么双击 X 轴，在打开的【坐标轴选项】选项卡中设置边界的【最小值】和【最大值】分别为"1000"和"12000"。

（2）注意强调主体。

默认情况下，散点图是以圆点形式显示数据点的。在绘制散点图时，注意为坐标轴设置比较细的线条，为各个坐标点使用稍粗的边框线进行突出显示。

（3）进行合理的注释。

由于散点图中的数据点一般较多，不会显示出数据标签。所以，尽量在图上标注出纵、横坐标轴的标题（如下下图所示），或者进行适当的图注说明，方便读者理解图上坐标点的意义。

（4）多系列的散点图。

散点图适用于三维数据集，但其中只有两维需要比较的情况。散点图特别适合用于比较两个可能互相关联的变量，但常常是对一组数据进行分析。如果要制作包含两组或两组以上数据系列的散点图，为了进行区分，可以添加图例为每类数据进行解释，将每个点的标记形状更改为方形、三角形、菱形或其他形状或设置为不同颜色。右图所示为调整散点颜色和形状的方法。

在下图中，代表 A 市和 B 市食品消费的散点在颜色和形状上都不同，能一眼看出，在相同收入水平下，B 市居民在食品上的消费明显高于 A 市居民。但分类过多的散点图，会降低图表的易读性。

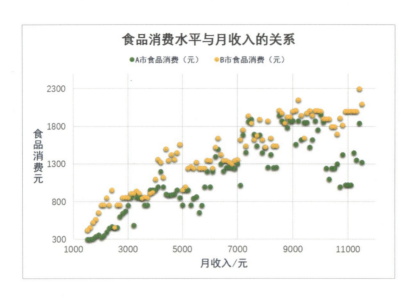

8.1.2　用气泡图分析 3 项数据的关系

在现实世界中，很少有只受一个变量影响的值。通常结果都有多个影响因素。气泡图是散点图的一种变体，它可以反映 x、y、z 三个变量的关系，z 反映到气泡图中就是气泡的面积大小。这样就解决了在二维图中，比较难以表达三维关系的问题。因为变量的增加，可以多出一个分析维度，从而发现更多信息。

如果需要体现 3 个变量之间的关系，且需要强调第三维的数据，就要选择气泡图或三维气泡图来展示。左图所示为某网店的商品数据，一组数据有 3 个变量，代表的是一件商品。一般在第一列中列出 x 值，在第二列中列出相应的 y 值，第三列为显示气泡大小的 z 值。也就是说，在气泡图中需要强调的第三维数据，放在最后一列作图数据中。

将表格中的数据做成气泡图，效果如下图所示，从气泡中，可以快速了解这些商品的销售情况分布。例如，可以快速分析出哪些商品的流量大、收藏量大、销量却不大，这些商品是需要优化的商品；哪些商品属于流量、收藏量和销量都比较大的类型，这些商品属于优质商品，需要保持。

流量（个）	收藏（个）	销量（件）
569	99	10
854	45	4
958	42	66
1100	15	2
1342	42	5
1100	62	6
1265	85	55
958	75	8
1254	42	4
867	52	5
847	62	12
458	42	15
658	12	42

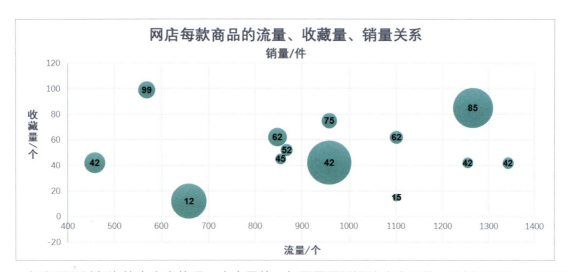

气泡图通过气泡的大小来体现一个变量值,如果需要强调这个变量值,让其更形象,可以选择三维气泡图,效果如下图所示。在这张图表中,平面的气泡变成了三维的球形,球体的大小更能引起读图者对销量的重视。

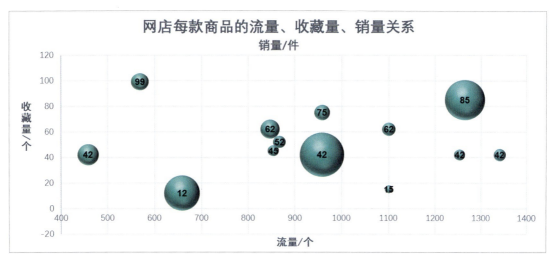

因为用户不善于判断面积大小,所以气泡图只适用于不要求精确辨识第三维的场合,而且适用于较小的数据集,气泡过多会让气泡难以区分。如果需要显示 4～6 个变量之间的关系,建议使用雷达图。

此外,如果为气泡加上不同颜色(或文字标签),气泡图就可用来表达四维数据。左下图所示为卡特里娜飓风的路径,3 个维度分别为经度、纬度、强度。点的面积越大,就代表强度越大。右下图通过颜色增加了一个维度,用于表示每个点的风力等级。

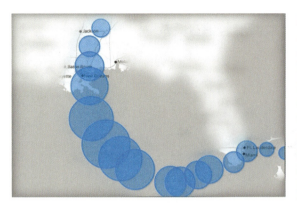
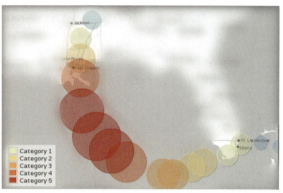

> **高手自测 18** 小李是某二手车门店的销售员，他统计了门店内目前在售二手车的相关信息，如下图所示。请问，如果要将这些数据用散点图来展示，如何在各散点处显示出第一列的数据标签呢？

	A	B	C
1	车编号	里程数	售价
2	小梦1	18	42560
3	张强2	22	40990
4	孙浩铭8	24	38265
5	张思强2	28	36330
6	李璐6	31	34510
7	贝思2	33	30159
8	小梦3	37	28790
9	张强5	45	24006
10	孙浩铭4	52	22040
11	张思强10	59	19820
12	李璐5	65	14600

8.2 稍加改变，挖掘更多数据价值

散点图通过散点的疏密程度和变化趋势表示两个或三个变量的数量关系。除用颜色来区分散点分类外，还可以根据数据系列的取值范围改变坐标轴的开始位置，从整体上将散点图进行分类，形成象限图；此外，为了更好地查看散点趋势，可以把一些个案也就是同一个自变量的散点连接起来形成折线，或者直接添加趋势线来表示因变量指标是上升还是下降；由于散点图常常用于科学数据分析，所以别忘记为它设置误差线。

8.2.1 象限图总览数据情况

如果需要分析的两个或三个变量之间不存在相关关系，可以总结特征点的分布模式，将数据划分到不同的象限，制作成象限图。象限图其实就是散点图或气泡图的变形，变形原理是调整 X 轴和 Y 轴的交叉点。

象限图是依据数据的不同，将各个比较主体划分到 4 个象限中。这种分析方法在企业经营分析、市场策略中是一种行之有效的方法，能帮助决策者从更高的视角，俯瞰整体情况，了解整个局势分布，找到不同项目的改进策略。

1 常规象限分析法

常规象限分析法适用于两个重要因素（指标）相互作用的情况。例如，网站商品的销量情况，与商品的流量和收藏量有关，两者相互影响。以收藏量为横轴，流量为纵轴，组成一个坐标系，在两个坐标轴上分别按某一标准进行刻度划分，就构成了 4 个象限，然后将要分析的商品数据对应投射到这 4 个象限内，就出现了 4 种不同的类型，如下图所示。此时，可以进行交叉分类分析，直观地查看每一个数据在这两个因素上的表现。

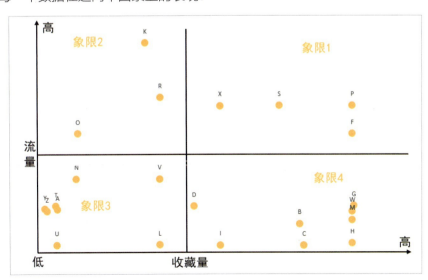

如果不使用象限分析的思路，仅仅将数十种，甚至上百种、上千种商品的流量和收藏量数据统计到 Excel 表格中，抽象的数据很难让决策者一眼看出店铺商品的现状，更别说快速找出不同商品的后续销售策略。但是，有了象限图，决策者可以更直观地看出不同商品在销售中的优劣势，知道如何进行针对性的改进，从而提高店铺总的销售业绩。其思考方向如下。

（1）象限 1 为重点关注区。该象限中的商品是店铺中流量和收藏量都最高的商品。说明消费者对这些商品的关注度和满意度都比较高，属于重点营销商品。这类商品应该加大广告引流力度，增加曝光率，赢得更多的消费者关注，从而拥有更高销量。

（2）象限 2 为改进区。该象限中的商品属于流量高但收藏量并不高的商品。这类商品既然可以拥有较高的流量，就说明商品对消费者是有吸引力的，但是收藏量不高，说明要么流量进入后就形成了购物转化，要么消费者浏览商品详情后，不感兴趣离开了。针对第二种情况，可以进行改进，分析消费者不感兴趣的原因，是商品与想象不符合，还是卖点打造不够等，从而提高商品收藏量。

（3）象限 3 为选择性放弃区。该象限属于流量和收藏量都不高的商品，说明这类商品对消费者的吸引力偏低。店铺运营者可以选择性地放弃这个区域的商品，或者寻找替代商品。毕竟这个区域的商品要想得到改进，需要从两个方面入手，难度较大，要花费大量的人力和财力。

（4）象限 4 为改进区。该象限的商品属于流量低但收藏量高的商品。这类商品没有流量优势，但是有收藏量优势，收藏量是衡量消费者购买欲望的重要指标。因此，值得花精力去增加商品流量，从而提高销量。

总而言之，象限分析的思路可以广泛应用于多种营销管理、战略定位、产品规划、用户管理等数据分析领域，其优点是直观、全面、清晰、简便。

要将普通的散点图修改为象限图，首先创建散点图，然后分别选择纵坐标轴和横坐标轴，在【设置坐标轴格式】任务窗格中，分别设置横坐标轴和纵坐标轴的交叉位置即可。例如，进行左下两图的坐标轴交叉点设置后，将得到如右下图所示的象限图。

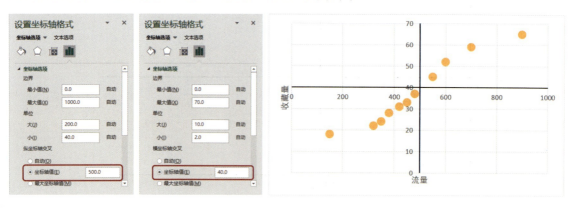

需要说明的是，象限分析并不要求 4 个象限的面积完全相等，需要根据实际情况来决定象限的交叉点为多少。例如，对于小型网店来说，流量大于 500 的商品就是优秀流量商品，而大网站的商品流量要超过 10000 才能称为优秀。在这两种情况下，象限的区域划分标准自然不一样，大网站的 Y 轴与 X 轴的交叉点是 10000，小网站就应该是 500。再如，上图中，因为流量在 500 左右，收藏量在 40 上下形成了不同的趋势，所以按照这两个数据来设置的交叉点位置。

2 象限分析法拓展

常规象限分析法有一个弊端——只能从两个维度分析对象的情况。例如，上面举的网站商品销量情况分析的例子，只能分析商品的流量和收藏量。可是，流量和收藏量都高，也不能百分之百说明商品的销量就会大，销量也是衡量商品是否有前途的重要因素。想要将销量的维度加入象限分析过程中，这就需要在常规象限分析的基础上进行拓展，使用气泡图改造的象限图即可，改造方法与散点图类似。

增加了大小维度的象限图效果如下图所示，此时可以从 3 个数据维度来分析不同的对象。圆点越大，代表销量越大，说明商品越有改进的价值。有了销量这个维度，数据分析将更加客观，也更有针对性。例如，象限 2 中，商品流量高，但收藏量低，通过圆点大小，可以清楚地知道，商品收藏量低是因为被购买了还是流失了消费者。圆点大的商品说明这款商品没有被收藏，而是被直接购买，那么这类商品也是重点关注对象，很有潜力，应该加大推广力度；圆点小的商品才是需要改进的商品，要分析为什么消费者没有收藏欲望（购买欲望）。又如，象限 4 的商品，原则上这个象限的商品可以放弃，但是有了销量维度，就可以发现一些流量和收藏量都不高，但是销量却相对较大的商品。这类商品很可能是因为没有机会曝光，所以无法获得流量优势，然而即使在这种不利的情况下，销量依然较好，说明这类商品只要流量条件足够，销量快速提升的可能性就很大。

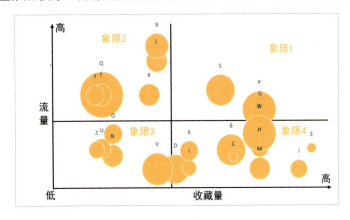

8.2.2　添加趋势线，一眼看出发展

散点图中的数据点过于分散，不容易看出数据走势时，可以添加趋势线，使数据更易于理解。

趋势线用于问题预测研究，又称为回归分析。在图表中，趋势线是以图形的方式表示数据系列的趋势。Excel 中提供的趋势线类型有线性、指数、对数、多项式、乘幂和移动平均 6 种，用户可以根据需要选择合适的趋势线，从而查看数据的动向。各类趋势线的功能如下。

（1）线性趋势线：是适用于简单线性数据集的最佳拟合直线。如果数据点构成的图案类似于一条直线，则表明数据的趋势是线性的。线性趋势线通常表示事物是以恒定速率增加或减少。

（2）指数趋势线：是一种数据值以不断增加的速率上升或下降的情况下使用的曲线。如果数据中含有零值或负值，则不能创建指数趋势线。

（3）对数趋势线：如果数据的增加或减小速度很快，达到稳定后又迅速趋近于平稳，这种情况下使用对数趋势线是最佳的拟合曲线。对数趋势线可以同时使用负值和正值。

（4）多项式趋势线：是一种数据波动较大时使用的曲线。它可用于分析大量数据的偏差，例如，用于通过一个较大的数据集分析盈亏。多项式的阶数可由数据波动的次数或曲线中出现的拐点（峰和谷）的个数确定。二阶多项式趋势线通常仅有一个峰或谷。三阶多项式趋势线通常有一个或两个峰或谷。四阶多项式趋势线通常多达 3 个峰或谷。

（5）乘幂趋势线：是一种适用于以特定速率增加的测量值进行比较的数据集的曲线。如果数据中含有零值或负值，则不能创建乘幂趋势线。

（6）移动平均趋势线：可平滑处理数据中的微小波动，从而更清晰地显示图案或趋势。移动平均使用特定数目的数据点（由【周期】选项设置），取其平均值，然后将该平均值用作趋势线中的一个点。

例如，要为前面列举的网站商品销量情况分析的象限图例子添加趋势线，具体操作步骤如下。

步骤 01 添加趋势线。打开"同步学习文件\素材文件\第 8 章\象限图 .xlsx"，选择图表，在【图表工具 设计】选项卡中单击【添加图表元素】按钮，在弹出的下拉菜单中选择【趋势线】→【线性】命令，即可为图表添加线性趋势线，如下图所示。

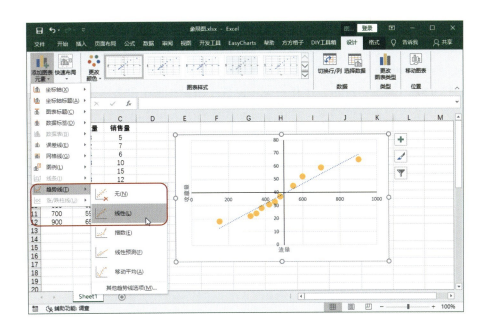

步骤 02 添加公式。双击添加的趋势线，在【设置趋势线格式】任务窗格中选中【显示公式】和【显示 R 平方值】复选框。此时，在图表区域中趋势线的附近可以得到一个 "y=0.0749x + 1.5705" 的公式，如下图所示。x 即流量，y 即收藏量，这是否意味着流量变化 1 个单位，收藏量就能变化 0.0749 个单位呢？如果单看这个回归公式，答案是肯定的。但为了避免犯低级错误，做回归时一定要看 R 平方值是否足够大。没有统计类书籍明确说 R 平方多少以上才可以，笔者认为，一般情况下只有在 R 平方值大于 0.6 时，这个回归公式才是有意义的。当然要先看回归方程的显著性是否达到要求。R 平方值代表了回归公式对现实数据的可解释度。本例中，R 平方值是 0.9412，也就是说，这两组数据间的关系有 94% 的信息可由该回归公式解释，是比较理想的拟合趋势线。

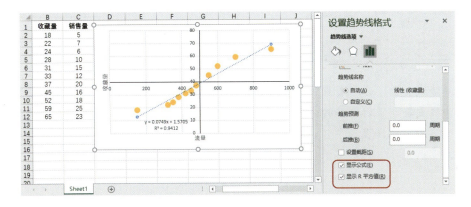

步骤 03 公式模拟计算。复制趋势线上生成的趋势线公式，将其放置于 L6 单元格中；在 M8 单元格中模拟输入一个非 A 列中的产品参数，如 1500；在 M9 单元格中参照趋势线公式，输入函数公式"=0.0749*M8+1.5705"。执行计算后，可在 M9 单元格中查看到预测模拟的计算结果为 113.9205，如下图所示。这样一来，便通过已知数据生成散点图的方式，生成了预估趋势线及其公式，再通过模拟公式计算的方式得到了未知情况下的预估数据。

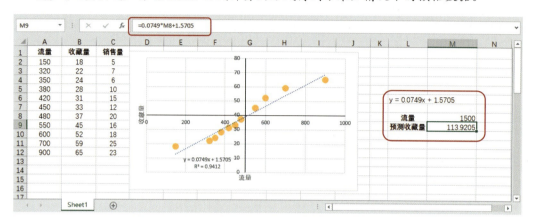

步骤 04 更改趋势线类型。为了判断数据拟合程度是否最佳，还可以更改其他的趋势线类型，并运用公式对模拟数据进行预测。例如，选中【多项式】单选按钮，利用模拟公式计算出流量为 1500 时，预测收藏量为 114.5729，如下图所示。

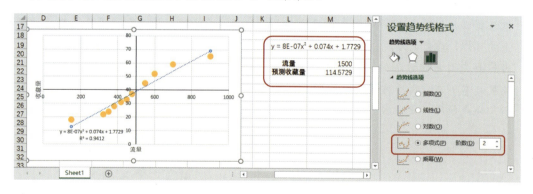

步骤 05 更改趋势线类型。选中【多项式】单选按钮，并在其后的数值框中设置【阶数】为"3"，虽然曲线更符合当前数据的分布，R 平方值也高达 0.9979，但利用模拟公式计算出流量为 1500 时，预测收藏量为负值，如下图所示。很明显，这个数据拟合是不符合常理的，不能采用。

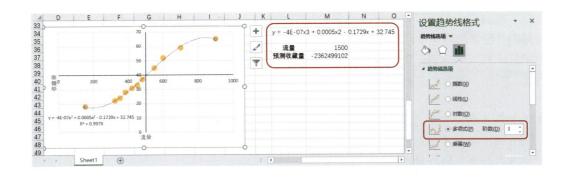

8.2.3 科学图表，不要忘记误差线

使用 Excel 图表直观表达数据信息时，所引用的原始数据不一定完全准确，尤其是在市场统计、科学实验或实际测量中得到的数据都难免会有误差。为了使图表更加准确地传递信息，可以为数据点添加误差线，用以表明相对序列中的每个数据标记的潜在误差或不确定度。

在图表中，误差线是代表数据系列中每一数据标记潜在误差的图形线条，可形象地表现所观察数据的随机波动。Excel 中误差线的类型有标准误差、百分比误差、标准偏差 3 种。

（1）标准误差：是各测量值误差的平方和的平均值的平方根。标准误差用于估计参数的可信区间，进行假设检验等。

（2）百分比误差：与标准误差基本相同，也用于估计参数的可信区间，进行假设检验等，只是百分比误差中使用百分比的方式来估算参数的可信范围。

（3）标准偏差：是用于描述各数据偏离平均数的距离（离均差）的平均数，它是离差平方和平均后的方根。因此，标准偏差可以与均数结合估计参考值范围，计算变异系数，计算标准误差等。

为图表添加的误差线一般为标准误差或标准偏差，虽然只有一字之别，但标准误差和标准偏差的计算方式有本质上的不同，具体计算公式如下。

标准误差：$$S.E.=\frac{s}{\sqrt{n}}$$

标准偏差分为总体标准偏差与样本标准偏差，总体标准偏差是针对总体数据的偏差，而样本标准偏差则是从总体中抽样，利用样本来计算总体偏差。常用的是样本标准偏差，其计算公式如下。

样本标准差：$$S.D.=s=\sqrt{\frac{\sum_{i=1}^{n}(x_i-\bar{x})^2}{n-1}}=\sqrt{\frac{\sum_{i=1}^{n}x_i^2-\left(\sum_{i=1}^{n}x_i\right)^2}{n-1}}$$

与样本含量的关系不同，当样本含量 n 足够大时，标准偏差趋向稳定；而标准误差会随 n 的增大而减小，甚至趋近于 0。

由于散点图常用于显示和比较成对的科学数据、统计数据和工程数据，所以经常需要为其添加误差线。例如，要为前面案例中的流量数据添加误差线，具体操作步骤如下。

步骤 01　添加误差线。打开"同步学习文件\素材文件\第 8 章\象限图.xlsx"，选择图表，单击图表右侧出现的【图表元素】按钮，在弹出的快捷菜单中选中【误差线】复选框，即可为图表添加默认的标准误差线，如下图所示。

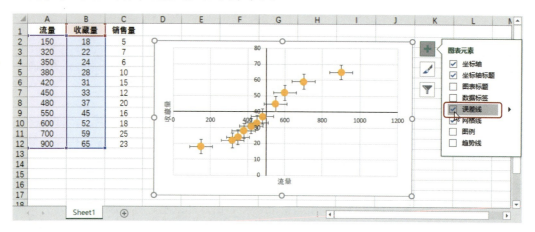

步骤 02　删除误差线。因为统计的收藏量数据是没有误差的，所以不需要添加误差线。选择纵向上代表收藏量数据的误差线，直接按【Delete】键将其删除，如下图所示。

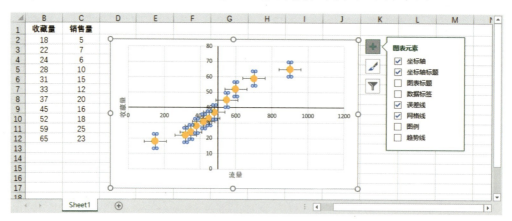

步骤 03 设置误差线。双击横向上代表流量数据的误差线,在【设置误差线格式】任务窗格中选中【自定义】单选按钮,并单击其后的【指定值】按钮,在打开的【自定义错误栏】对话框中即可手动设置误差估值,如下图所示。

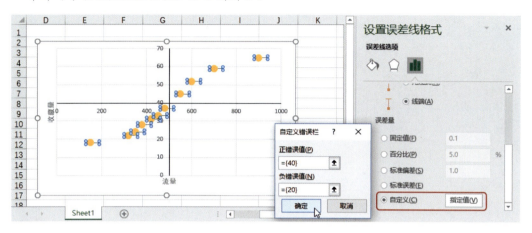

高手自测 19 你知道下图所示的象限图是如何制作的吗?

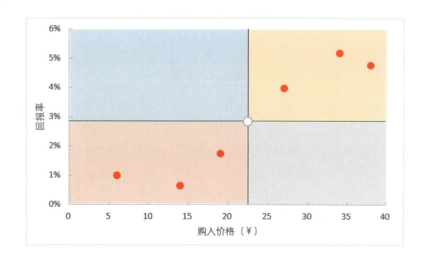

第 9 章

技术升级：
用高级图表惊艳四座

　　在进行数据汇报工作时，结合动态图表展示数据，是一种高级演示方式。动态图表也称为交互式图表，可以随选择的源数据不同而变化图表效果。相比普通的静态图表，动态图表的数据展示效率更高，只在一张图表中，通过数据的动态展示，便可灵活地读取数据，分析出更多有价值的信息。
　　动态图表的制作并没有想象中那么困难，也不需要具备编程知识，只需通过简单的函数编写，或者结合使用控件、数据验证、透视图等功能就能实现。
　　当下，BI 看板的制作也比较热门，只因这些效果确实太酷炫了。本章就来介绍这些高级图表的制作方法。

请带着下面的问题走进本章

1. 如何使用控件让商业图表动起来？

2. 使用函数也可以让商业图表动起来？

3. 还能用数据验证控制商业图表？

4. 透视图如何实现动态演示？

5. Power BI 是什么？

9.1 用控件让商业图表动起来

相比普通的静态图表，动态图表的分析效率和效果都得到了极大的提升。一个好的动态图表，可以让人从大量的数据中快速发现内在联系、数据趋势等关键信息。在 Excel 中制作动态图表最常用的方法，就是结合控件和函数来实现动态交互。在图表中使用控件可以为用户提供更加友好的操作界面。控件具有丰富的属性，并且可以被不同的事件激活以执行相关代码。

制作动态图表要用到的控件，全部集中在【开发工具】选项卡的【控件】组中。而默认情况下，功能区并没有显示出【开发工具】选项卡，需要先打开【Excel 选项】对话框，单击【自定义功能区】选项卡，在右侧的列表框中选中【开发工具】复选框，单击【确定】按钮，如下图所示。

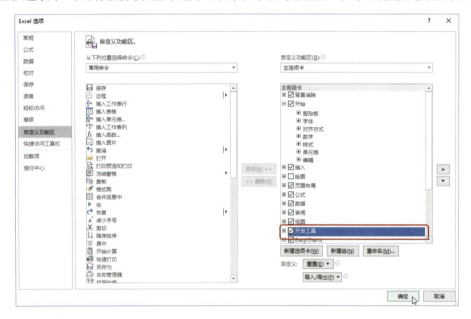

9.1.1 使用列表框控制图表

列表框是图表中最常用的控件，可以在一组列表中进行选择。当图表中的数据太多时，就可以将所有内容设置为预置选项，后期根据需要来动态选择图表的呈现效果。

简单来说，就是将作图数据中的每一（几）行或每一（几）列分开，然后当需要显示哪一（几）行或哪一（几）列的数据时，Excel 图表中就会直接显示出对应的数据。例如，要为某公司销售统计图表添加列表框控件，实现不同月份数据单独查看的动态效果，具体操作步骤如下。

步骤 01 选择列表框控件。打开"同步学习文件\素材文件\第 9 章\某公司销售统计表 .xlsx"，单击【开发工具】选项卡【控件】组中的【插入】按钮，在弹出的下拉列表中选择【列表框 (窗体控件)】选项，如左下图所示。

技术看板

Excel 中提供了两种控件，一种是表单控件，也被称为"窗体控件"，可以用于普通工作表和 MS Excel 5.0 对话框工作表中；另一种是 ActiveX 控件，也被称为"控件工具箱控件"，它是用户窗体中控件的子集。单击【开发工具】选项卡中的【插入】按钮后，在弹出的下拉列表中就可以看到这两种控件的命令列表。这两组控件中，部分控件从外观上看几乎是相同的，功能也非常相似。与表单控件相比，ActiveX 控件拥有更丰富的控件属性，并且支持多种事件。但需要在【属性】对话框中设置属性值，建议刚接触控件的读者先使用表单控件，设置上更容易理解一些。

步骤 02 绘制控件并进行设置。在表格中拖动鼠标绘制一个列表框控件窗体，然后在其上右击，在弹出的快捷菜单中选择【设置控件格式】命令，进行控件设置，如右下图所示。

步骤 03 设置控件。在【设置对象格式】对话框中单击【控制】选项卡，设置【数据源区域】为事先准备的月份数据区域，再设置一个空白单元格（如 G1 单元格）作为链接单元格，因为后面它会给出一个数据，代表我们选择的内容是列表框中的第几项，单击【确定】按钮，如左下图所示。

步骤 04 查看效果。完成控件设置后，此时控件中出现了表格中的月份数据，调整控件到合适的大小，单击任意空白单元格，退出控件的设置状态，再在列表框控件中选择不同的月份，G1 链接单元格内就会出现编号的变化，如右下图所示。

 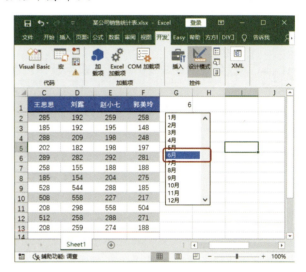

步骤 05 输入公式。在表格中空白处（如 I1:N1 单元格区域）将表头复制一份，然后在"月份"下方的单元格（I2 单元格）中输入公式"=INDEX(A2:A13,$G$1)"，表示从 A2:A13 单元格区域内返回排在"G1 单元格中数据"位置的对应数据，如 G1 单元格为"6"时，对应的月份是"6月"，如左下图所示。

步骤 06 复制公式，制作图表。向右拖动填充控制柄，将 I2 单元格的公式复制到 J2:N2 单元格区域，依次返回 B、C、D、E、F 列排在"G1 单元格中数据"位置的对应数据，得到当月各销售员的销售数据。然后选择 I2:N2 单元格区域的数据，制作一个柱形图，并调整柱形图的格式，如右下图所示。

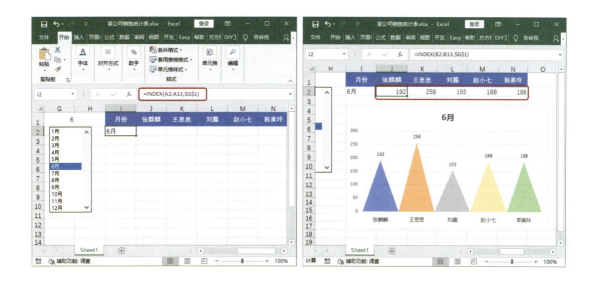

步骤 07 查看动态图表效果。此时便完成了动态图表的制作,在列表框控件中切换月份,如下图所示,切换到"9月",柱形图的数据会随之发生改变。

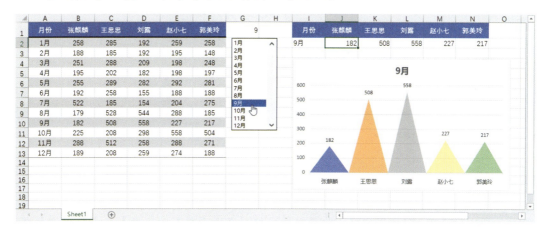

9.1.2 使用组合框控制图表

组合框控件与列表框控件非常相似,也可以在一组列表中进行选择。二者的区别在于列表框控件可以选中单个或多个选项,而组合框控件一次只能选中一个选项。但是,组合框控件的占用面积比较小，除可以在预置选项中进行选择外，还可以接受用户输入列表中不存在的值。

使用组合框控制图表的方法与列表框控件的制作步骤相同。这里就不再详述操作步骤，简单将上个案例中的图表修改为组合框控件，看看效果，操作步骤如下。

步骤 01 复制工作表，选择组合框控件。复制工作表，并对两个工作表的名称进行修改。删除新工作表中的列表框控件。单击【开发工具】选项卡【控件】组中的【插入】按钮，在弹出的下拉列表中选择【组合框（窗体控件）】选项，如左下图所示。

步骤 02 绘制控件并进行设置。在图表左上角拖动鼠标绘制一个组合框控件窗体，然后在其上右击，在弹出的快捷菜单中选择【设置控件格式】命令，进行控件设置，如右下图所示。

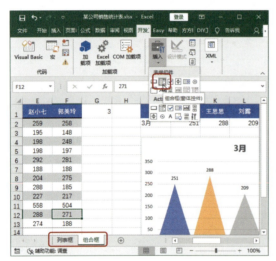 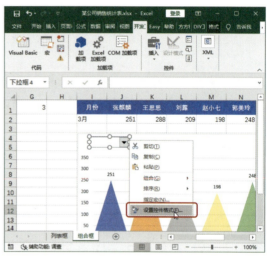

步骤 03 设置控件。在【设置对象格式】对话框中单击【控制】选项卡，设置【数据源区域】为月份数据区域，再设置一个空白单元格作为链接单元格，这里因为要使用之前建立的函数公式，所以还是选择 G1 单元格作为链接单元格。在【下拉显示项数】文本框中设置合适的下拉显示项数（与具体的图表数据行数相同），这里输入"12"，选中【三维阴影】复选框，单击【确定】按钮，如左下图所示。

步骤 04 查看效果。完成控件设置后，单击任意空白单元格，退出控件的设置状态，此时就可以使用组合框控件中的下拉按钮了。单击下拉按钮，在弹出的下拉列表中切换月份，即可看到对应月份各销售员的销售数据（其本质上是因为 G1 单元格和作图数据都会根据选择的列表选项实时联动起来），如右下图所示。

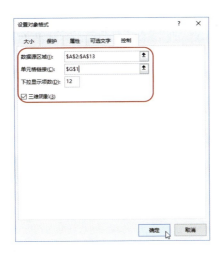
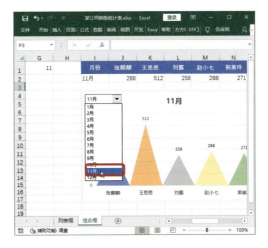

9.1.3 使用选项按钮控制图表

选项按钮是图表中最常用的控件,用于进行二元选择,控件的返回值为 True 或 False。具体使用中,选项按钮控件也就是实现日常称作"单项选择"的功能。在多个选项按钮成为一组时,选中其中某个选项按钮后,同组的其他选项按钮的值将自动设置为 False。

因此,在使用 Excel 创建动态图表时,如果遇到图表中存在多个数据系列,而每次只需要显示其中的一个数据系列时,除可以使用组合框控件来实现外,还可以通过选项按钮控件来实现。

例如,要为某物流公司收入统计图表添加选项按钮控件,以便从不同的收入组成成分中查看各分公司的收入业绩,具体操作步骤如下。

步骤 01 输入公式。打开"同步学习文件\素材文件\第 9 章\某物流公司收入统计表.xlsx",在表格中空白处(如 A10:A15 单元格区域)复制需要在动态图表中一直显示的数据系列名称,也就是第一列数据,并在其上方(A9 单元格)输入数据"2",用于模拟触发器结果,并设置填充色区别于普通单元格。然后在其右侧的第一个单元格(B10 单元格)中输入公式"=OFFSET(A1,0,$A$9)",表示从 A1 单元格开始向右查找并返回排在"A9 单元格中数据"位置的对应数据,如 A9 单元格为"2"时,从 A1 单元格开始向右查找并返回排在第 2 位的数据,即 B1 单元格中的数据。复制公式到 B11:B15 单元格区域,如左下图所示。

步骤 02 创建图表。选择 A10:B15 单元格区域,制作一个柱形图,并调整柱形图的格式如右下图所示。

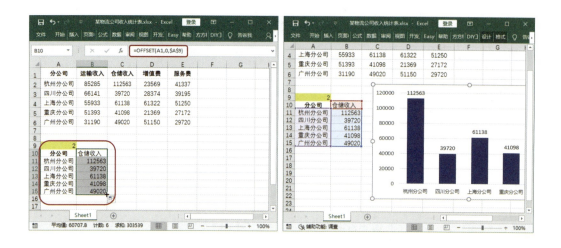

步骤 03 选择选项按钮控件。调整图表大小,使绘图区右侧留出放置选项按钮控件的位置。单击【开发工具】选项卡【控件】组中的【插入】按钮,在弹出的下拉列表中选择【选项按钮(窗体控件)】选项,如左下图所示。

步骤 04 绘制控件并进行设置。在图表中合适位置处拖动鼠标绘制一个选项按钮控件窗体,然后修改其中的文字为"运输收入",并在其上右击,在弹出的快捷菜单中选择【设置控件格式】命令,进行控件设置,如右下图所示。

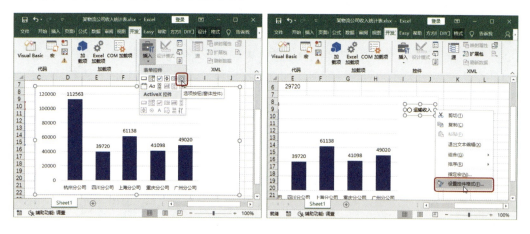

步骤 05 设置控件。 在【设置对象格式】对话框中单击【控制】选项卡,设置【值】为"未选择"状态,再设置事先用于模拟触发器结果的单元格(A9 单元格)作为链接单元格,选中【三维阴影】复选框,单击【确定】按钮,如左下图所示。

步骤 06 复制控件。完成一个控件设置后，按住【Ctrl+Shift】组合键的同时，向下复制 3 个选项按钮控件。再选择这 4 个控件，单击【绘图工具 格式】选项卡【排列】组中的【对齐】按钮，在弹出的下拉菜单中选择【纵向分布】命令，使它们均匀分布开来，如右下图所示。

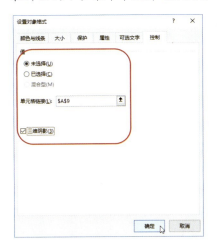
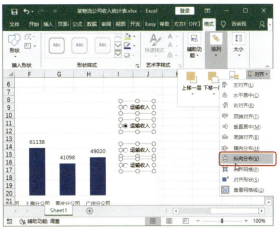

步骤 07 编辑控件文字内容。分别将后 3 个控件的文字内容修改为"仓储收入""增值费"和"服务费"，如果不容易修改，可以在控件上右击，在弹出的快捷菜单中选择【编辑文字】命令，进入编辑状态再修改，如左下图所示。

步骤 08 查看动态图表效果。此时便完成了动态图表的制作，在选项按钮控件中选择不同的选项，如右下图所示，切换到"增值费"项目，柱形图的数据会随之发生改变。

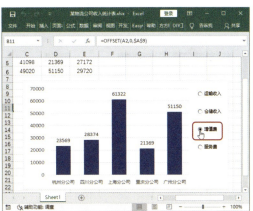

9.1.4 使用复选框控制图表

复选框控件同样用于进行二元选择，控件的返回值为 True 或 False。与选项按钮控件的不同之处在于，复选框控件用于多项选择，在多个复选框控件成为一组时，某个复选框控件是否被选中，并不影响其他复选框控件的勾选状态。

如果遇到数据比较多的制图情况，不妨试试利用 Excel 中的复选框来制作一个可选性动态图表。例如，要对比分析各地区上半年销售情况，就可以为图表添加复选框控件，这样想对比什么数据，就勾选什么数据，让数据更加清晰，具体操作步骤如下。

步骤 01 输入辅助数据，选择复选框控件。打开"同步学习文件\素材文件\第 9 章\各地区上半年销售走势.xlsx"，在表格中空白处（如 A9:G14 单元格区域）复制原数据的表格框架，具体的数据不用复制。单击【开发工具】选项卡【控件】组中的【插入】按钮，在弹出的下拉列表中选择【复选框 (窗体控件)】选项，如左下图所示。

步骤 02 复制复选框控件，进行控件设置。在工作表中合适位置处拖动鼠标绘制一个复选框控件窗体，然后向下复制 4 个复选框，并修改其中的文字为相应的内容。选择第一个复选框控件，并在其上右击，在弹出的快捷菜单中选择【设置控件格式】命令，进行控件设置，如右下图所示。

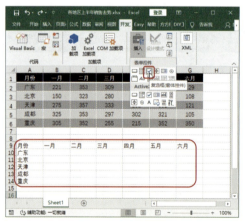 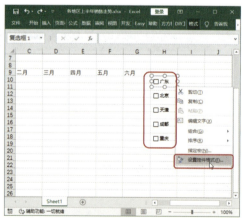

步骤 03 设置复选框控件。在【设置对象格式】对话框中单击【控制】选项卡，选中【已选择】单选按钮，再设置原数据表中"广东"数据的最后一个单元格（H2 单元格）作为链接单元

格，选中【三维阴影】复选框，单击【确定】按钮，如左下图所示。

步骤 04 设置第 2 个复选框控件。选择第 2 个复选框控件窗体，然后用相同的方法设置原数据表中"北京"数据的最后一个单元格（H3 单元格）作为链接单元格，单击【确定】按钮，如右下图所示。

步骤 05 设置其他复选框控件。使用相同的方法，依次设置其他复选框控件。完成设置后，单击任意空白单元格，退出控件的设置状态，再在复选框控件中勾选不同的地区，看看 H2:H6 单元格区域的变化，如左下图所示。

步骤 06 输入公式并复制。在 B10 单元格中输入公式"=IF($H2,B2,NA())"，表示将根据 H2 单元格中的值判断是返回 B2 单元格中的值，还是让数据变成 NA（在折线图里面 NA 相当于什么都没有）。复制公式到 C10:G10 单元格区域，如右下图所示。

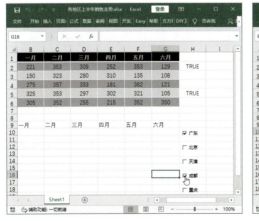
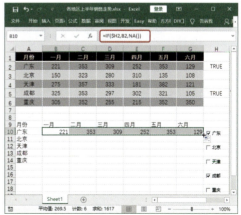

步骤 07 复制公式。选择 B10:G10 单元格区域,向下复制公式到 B11:G14 单元格区域,如左下图所示。

步骤 08 插入图表。选择 A9:G14 单元格区域,制作一个折线图,并调整折线图的格式如右下图所示。主要是选中所有的复选框,对每一条折线都进行合理的设置。

 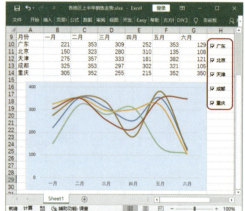

步骤 09 设置复选框格式。按住【Ctrl】键不放,依次选择插入的几个复选框控件,单击【绘图工具 格式】选项卡【排列】组中的【上移一层】按钮,在弹出的下拉菜单中选择【置于顶层】命令,如左下图所示。

步骤 10 调整复选框位置,查看动态图表效果。调整图表的大小,在绘图区右侧留出放置复选框的位置。然后将几个复选框控件拖动到图表中的合适位置。此时便完成了动态图表的制作,在复选框控件中选择不同的选项,如右下图所示,选中"广东""北京"和"成都"3 个复选框,查看图表中显示对应折线的效果。

 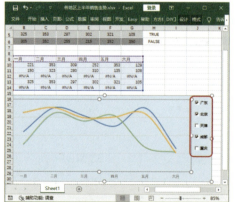

9.1.5 使用滚动条控制图表

当图表中的数据很多时，可以为其添加滚动条控件，控制图表绘图区中显示数据的范围，然后通过拖动滚动条来显示更多的数据。这有点像 PPT 中的遮罩动画，明明有很多数据，但是每次就让你看一部分。

例如，要为数据量比较大的多年销售数据统计图表添加滚动条，使其每次只在图表中显示 10 个数据点，具体操作步骤如下。

步骤 01 输入辅助数据。打开"同步学习文件\素材文件\第 9 章\多年销售数据统计.xlsx"，在表格中空白处（如 D1:E1 单元格区域）复制原数据的表头，并在其左下侧第一个单元格（C2 单元格）中输入用于设定行数的辅助数据，这里在 C2 单元格中输入模拟触发器结果的数据"81"。在下一个单元格（C3 单元格）中输入公式"=C2+1"，并复制公式到 C4:C11 单元格区域，如左下图所示。

步骤 02 输入公式制作作图数据。为了使制作的公式更简单，在第一列中插入编号数据，然后在 E2 单元格中输入公式"=VLOOKUP(D:D,A:C,2,0)"，表示从 A 列中查找与 D 列相同数据所在行对应在 B 列的数据。复制公式到 E3:E11 单元格区域，如右下图所示。

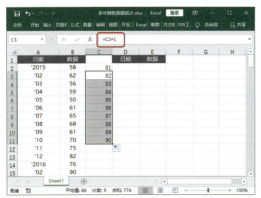 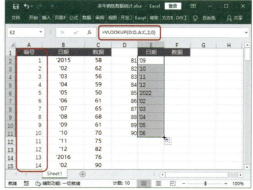

步骤 03 输入公式制作作图数据。在 F2 单元格中输入公式"=VLOOKUP(D:D,A:C,3,0)"，表示从 A 列中查找与 D 列相同数据所在行对应在 C 列的数据。复制公式到 F3:F11 单元格区域，如左下图所示。

步骤 04 创建图表。选择E1:F11单元格区域,制作一个折线图,并调整折线图的格式如右下图所示。

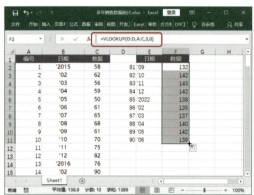 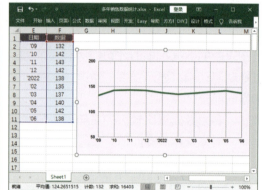

步骤 05 选择滚动条控件。调整图表大小,使绘图区下方留出放置滚动条控件的位置。单击【开发工具】选项卡【控件】组中的【插入】按钮,在弹出的下拉列表中选择【滚动条(窗体控件)】选项,如左下图所示。

步骤 06 绘制控件并进行设置。在图表中绘图区的下方拖动鼠标绘制一个滚动条控件窗体,并在其上右击,在弹出的快捷菜单中选择【设置控件格式】命令,进行控件设置,如右下图所示。

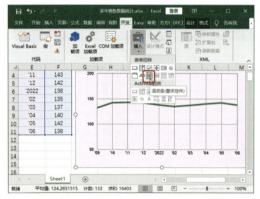 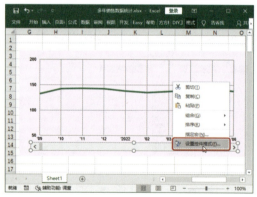

步骤 07 设置控件。在【设置对象格式】对话框中单击【控制】选项卡,设置【最小值】为"1",【最大值】为"125",【步长】为"1",【页步长】为"10",再设置事先用于模拟触发器结果的单元格(D2单元格)作为链接单元格,选中【三维阴影】复选框,单击【确定】按钮,如左下图所示。

> **技术看板**
>
> 滚动条控件参数设置的原理如下。
>
> 最小值和最大值：顾名思义，就是滚动条可容纳的最小值和最大值。本例中，设置了1～125之间，最大值确定为125，是因为需要显示的数据一共有132项，而图表中每次会显示10项，为保证最后的数据也能在图表中显示出大部分的折线效果，又能提示已经到末尾数据了，所以为最后一页图表的数据设置了显示为8项，即显示到134项（最后两项为0），通过计算后得到125（134-10+1）。
>
> 步长：代表每次单击控件左右两侧的调节钮时增减的数量。
>
> 页步长：代表在滚动条区域中单击一次增减的数量。

步骤 08 查看动态图表效果。此时便完成了动态图表的制作，在滚动条控件中拖动滑块，或者单击控件左右两侧的调节按钮，查看图表的动态效果，如右下图所示，折线图的数据会随之发生改变。

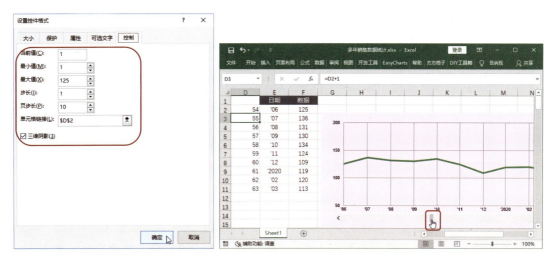

9.1.6 使用数值调节钮控制图表

数值调节钮控件可以实现用户单击控件中的箭头按钮来选择一个值的功能，该控件具有两个箭头按钮，一个箭头用于增加值，另一个箭头用于减少值。数值调节钮控件与滚动条控件的功能有些类似，但是滚动条有两种设置步长的方式，还能拖动滑块大幅度改变控件的值，而数值调节钮控件只有一种设置步长的方式，无论增加还是减少都要以设定的这个步长值进行增减。

例如，要将上个案例中的图表修改为数值调节钮控件，具体操作步骤如下。

步骤 01 复制工作表，选择数值调节钮控件。复制工作表，并对两个工作表的名称进行修改。删除新工作表中的滚动条控件。单击【开发工具】选项卡【控件】组中的【插入】按钮，在弹出的下拉列表中选择【数值调节钮(窗体控件)】选项，如左下图所示。

步骤 02 绘制控件并进行设置。调整图表大小，使绘图区右侧留出放置数值调节钮控件的位置。在图表右上角拖动鼠标绘制一个数值调节钮控件窗体，然后在其上右击，在弹出的快捷菜单中选择【设置控件格式】命令，进行控件设置，如右下图所示。

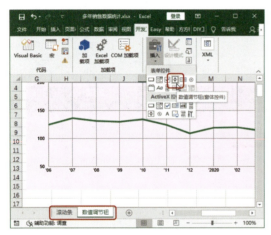 

步骤 03 设置控件。在【设置对象格式】对话框中单击【控制】选项卡，设置【最小值】为"1"，【最大值】为"125"，【步长】为"1"，再设置事先用于模拟触发器结果的单元格（D2单元格）作为链接单元格，选中【三维阴影】复选框，单击【确定】按钮，如左下图所示。

步骤 04 查看动态图表效果。此时便完成了动态图表的制作，在数值调节钮控件中单击控件上下的调节按钮，查看图表的动态效果，如右下图所示，折线图的数据会随之发生改变。

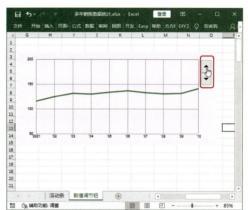

> 高手自测 20
>
> 小汪根据收集的各地区半年销售数据绘制了如下图所示的折线图，可是其中的折线比较多，而且有些地方不容易查看。现在，需要将所有的折线显示为灰色，通过插入控件，让图表每次只根据需要重点显示一根折线，应该如何操作呢？

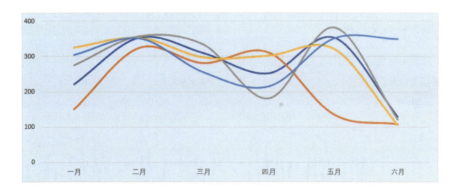

9.2 让商业图表动起来的其他技术

除控件外，在 Excel 中制作动态图表的方法还有很多种。例如，使用函数来控制图表，使用数据验证、定义名称来实现图表的动态展示，以及利用交互性本来就很好的数据透视图来展示动态数据等。

9.2.1 使用函数控制图表

在 9.1 节中，使用控件制作动态图表时，大家应该看到了，很多效果都需要结合函数才能实现。所以，使用函数控制图表的强大功能也不用再多介绍了。

制作动态图表时，常常会使用辅助单元格区域，再利用 Excel 中的查询函数来实现数据的检索和筛选。Excel 中提供了诸如 OFFSET、MATCH、INDEX、CHOOSE、VLOOKUP 等函数来进行相应的数据查找。

本小节主要介绍另外一种函数——随机函数，使用随机函数可以实现简单的动态图表效果。例如，在 A 列单元格中输入公式"=RANDBETWEEN(1,100)"，即可随机生成 1～100 之间的任意一个整数，如下图所示。设置完成后，针对该区域数据制作图表。如果按键盘上的【F9】键，就可以刷新执行 RANDBETWEEN 函数运算，这时每个单元格都会重新计算一次，从而实现了数值变化，对应到图表中就会出现切换和变动的效果。每次打开工作簿或保存工作簿也会进行刷新操作，得到的图表都是不一样的。

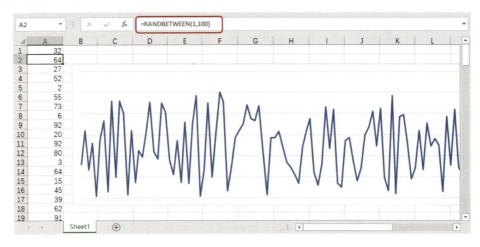

此外，还可以使用函数来模仿商业图表效果。例如，在很多报刊上，会看到一些简单的条形图，它们很小，却很精致，如《华尔街日报》中的下面两个示例图。

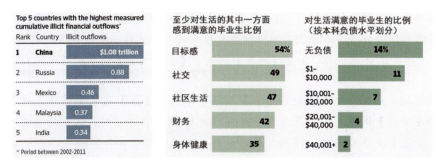

这类图可以使用 Excel 中的"迷你图"功能来制作，也可以使用 REPT 函数来实现。如下图所示，我们将数据放在 A 列单元格中，然后在 B1 单元格中输入公式如"=REPT("|",100*A1/$A$5)"并向下填充，即可让"|"字符的重复次数是它占总数的百分比，再对单元格进行字体颜色设置等，就完成了小数据条图的制作。

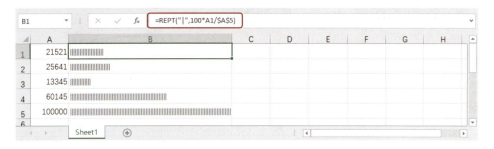

9.2.2　使用数据验证控制图表

前面在设置图表的动态效果时，主要是利用控件来作为触发器。实际上，"数据验证"功能也可以作为触发器。

数据验证是 Excel 中非常重要的一个功能，它可以对单元格或单元格区域中输入的数据进行限制，对于符合条件的数据，允许输入；对于不符合条件的数据，则禁止输入，从而保证数据输入的准确性。

要用"数据验证"功能来控制图表，主要是将需要选择的数据设置为"序列"类型的数据验证条件，然后结合函数来实现动态变化，这样制作出来的图表就会随着我们选择不同的数据而发生改变。例如，要为某公司销售统计表设置数据验证，实现不同员工销售数据单独查看的动态效果，具体操作步骤如下：

步骤 01 输入辅助序列。打开"同步学习文件\素材文件\第9章\某公司销售统计表2.xlsx",添加两列数据作为辅助数据,并按左下图所示输入相关数据。然后选择要作为触发器结果放置的单元格,这里选择I1单元格,单击【数据】选项卡【数据工具】组中的【数据验证】按钮。

步骤 02 设置数据验证条件。打开【数据验证】对话框,在【设置】选项卡的【允许】下拉列表框中选择【序列】选项,设置来源为B1:F1单元格区域中的数据,选中【忽略空值】和【提供下拉箭头】复选框,单击【确定】按钮,如右下图所示。即可设置该单元格可以输入的数据为B1:F1单元格区域中的数据。

步骤 03 输入公式。在I3单元格中输入公式"=VLOOKUP(H3,$A$1:$F$13,MATCH($I$1,$A$1:$F$1,0),FALSE)",表示从A1:F13单元格区域中查找与H3单元格相同数据所在行,同时对应在与I1单元格数据相同的列的数据。复制公式到I4:I14单元格区域,如下图所示。

步骤 04 查看选择效果。完成作图数据的设置后，此时可以在设置有数据验证的单元格中选择不同的选项查看相关数据的变化是否正确，如下图所示。当在 I1 单元格中选择不同的员工姓名时，I3:I14 单元格区域中会显示出对应的各月销售数据。

步骤 05 插入图表并查看效果。确定作图数据没有问题后，就可以创建图表了。选择 H2:I14 单元格区域，制作一个面积图，并调整面积图的格式如下图所示。单击 I1 单元格右下侧的下拉按钮，在弹出的下拉列表中切换员工姓名，即可看到图表与对应的各月份销售数据实时联动起来。

9.2.3 使用定义名称控制图表

名称是一种标识，它可以使公式更加容易理解和维护。所以，常常用于公式中。在 Excel 中，可以为单元格、单元格区域、函数、常量或表格定义名称。一旦采用了在工作簿中使用名称的做法，便可轻松地更新、审核和管理这些名称。

本小节主要介绍使用定义名称控制图表的操作。这类操作完全脱离了工作表的单元格存储限制，是运行在 Excel 后台的一组逻辑计算或单元格区域引用。定义的名称可以被图表直接调用，减少了辅助列的使用。使用定义名称控制图表，是动态图表中最为灵活的一类应用。

例如，某销售统计表中统计了很多月份的销售数据，而且随着时间的增加数据会不断增多，想让图表根据其中的数据自动显示最近 5 个月的数据，具体操作步骤如下。

步骤 01 执行"定义名称"命令。打开"同步学习文件\素材文件\第 9 章\销售统计表.xlsx"，单击【公式】选项卡【定义的名称】组中的【定义名称】按钮，如下图所示。

步骤 02 新建名称。打开【新建名称】对话框，在【名称】文本框中输入"数据"，在【引用位置】文本框中输入公式"=OFFSET(Sheet1!$B$2,(COUNTA(Sheet1!$B:$B)-6),0,5,1)"，表示永远返回 B 列最后 5 个有效数据，单击【确定】按钮，如左下图所示。

步骤 03 新建名称。使用相同的方法打开【新建名称】对话框，在【名称】文本框中输入"坐标"，在【引用位置】文本框中输入公式"=OFFSET(Sheet1!$A$2,(COUNTA(Sheet1!$B:$B)-6),0,5,1)"，表示永远返回 A 列最后 5 个有效数据，单击【确定】按钮，如右下图所示。

技术看板

在 Excel 中定义名称时，应该尽量采用一些有特定含义的名称，这样有利于记忆。另外，不是任意字符都可以作为名称的，名称的定义有一定的规则。具体需要注意以下几点。

（1）名称可以是任意字符与数字的组合，但名称中的第一个字符必须是字母、下划线"_"或反斜线"/"，如"_AB2"。

（2）名称不能与单元格引用相同，如不能定义为"B3"和"C$12"等。也不能以字母"C""c""R"或"r"作为名称，因为"R""C"在 R1C1 单元格引用样式中表示工作表的行、列。

（3）名称中不能包含空格，如果需要由多个部分组成，则可以使用下划线或句点号来代替空格。

（4）不能使用除下划线、句点号和反斜线外的其他符号，允许用问号"？"，但不能作为名称的开头。例如，定义为"Holdle?"可以，但定义为"?Holdle"就不可以。

（5）名称字符长度不能超过 255 个字符。一般情况下，名称应该便于记忆且尽量简短，否则就违背了定义名称的初衷。

（6）名称中的字母不区分大小写，即名称"Blac"和"blac"是相同的。

步骤 04 插入图表。选择 A、B 列中任意一个有数据的单元格，创建一个柱形图，并调整柱形图的格式如左下图所示。单击【图表工具 设计】选项卡【数据】组中的【选择数据】按钮。

步骤 05 修改数据。打开【选择数据源】对话框，选择【图例项(系列)】列表框中的数据系列选项，单击上方的【编辑】按钮，在打开的【编辑数据系列】对话框中保持系列名称不变，修改【系列值】为"=Sheet1!数据"，单击【确定】按钮，如右下图所示。

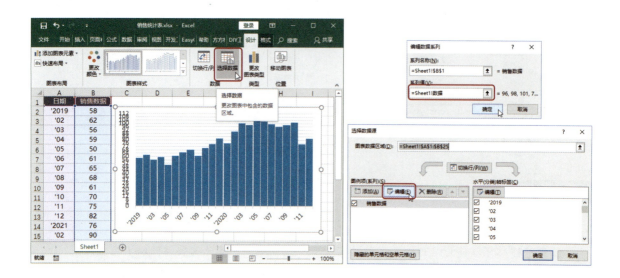

步骤 06 修改数据。返回【选择数据源】对话框,单击【水平(分类)轴标签】列表框上方的【编辑】按钮,在打开的【轴标签】对话框中修改【轴标签区域】为"=Sheet1!坐标",单击【确定】按钮,如下图所示。返回【选择数据源】对话框中就可以看到【水平(分类)轴标签】列表框中的数据已经更改了,单击【确定】按钮。

步骤 07 设置图表效果。返回工作表中,由于图表中显示的数据项减少了,原来的图表设置效果可能需要修改。这里重新设置图表坐标轴的刻度大小,使其合适,并显示出数据标签,如下图所示。

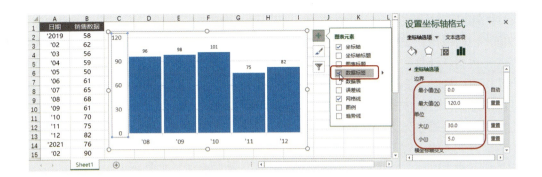

步骤 08 查看效果。完成图表格式设置后，就可以在 A 列和 B 列中添加或删除数据，查看图表的显示效果了。如下图所示，当删除 B 列中的部分数据时，会发现图表中始终显示的是有数据的最后 5 个月的销售额数据。

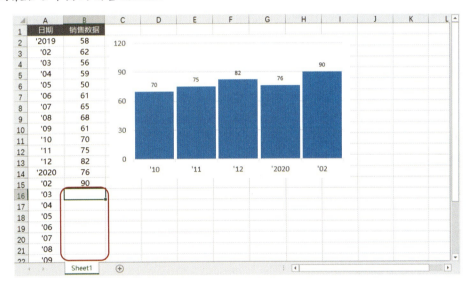

9.2.4 透视图动态演示

大多数的动态图表主要是实现部分数据的展示效果，其原理就是让整个数据划分为多个类别，每次只显示其中一个或几个类别。要实现这样的效果，利用数据透视图也可以做到。

Excel 中的数据透视表是一种交互式的表，可以动态地改变它们的版面布置，以便按照不同方式分析数据，也可以重新安排行号、列标和页字段。每一次改变版面布置时，数据透视表就会立即按照新的布置重新计算数据。另外，如果原始数据发生更改，还可以即时更新数据透视表。数据透视表不仅可以对数据源进行透视，还可以进行分类、汇总，对大量的数据进行筛选，并且可以方便地调整分类、汇总方式，灵活地满足用户的各种需求。

架构在数据透视表基础上的数据透视图，同样具有灵活的数据查询功能，是 Excel 中自带的最为直接的交互式图表。对于一般的动态图表数据分析，完全可以借助数据透视表，结合定义名称，使用常规图表来制作，方法更加简单快捷。例如，要用数据透视图动态展示销售表中的销售数据，具体操作步骤如下。

步骤 01 执行"数据透视图"命令。打开"同步学习文件\素材文件\第 9 章\各地区上半年销售走势 2.xlsx"，选择所有数据，单击【插入】选项卡【图表】组中的【数据透视图】按钮，如左下图所示。

步骤 02 创建数据透视图。打开【创建数据透视表】对话框，在【选择放置数据透视图的位置】栏中可以设置将数据透视图放置在新工作表或现有工作表中，这里选中【现有工作表】单选按钮，在下方的【位置】文本框中输入具体要放置数据透视图的单元格地址，单击【确定】按钮，如右下图所示。

技术看板

在 Excel 中，可以使用"数据透视图"功能一次性创建数据透视表和数据透视图。如果在工作表中已经创建了数据透视表，并添加了可用字段，也可以直接根据数据透视表中的内容快速创建相应的数据透视图。只需要选择数据透视表中的任意单元格，单击【数据透视图工具 分析】选项卡【工具】组中的【数据透视图】按钮，在打开的【插入图表】对话框中还可以像普通图表一样设置图表类型。

根据已有的数据透视表创建出的数据透视图两者之间的字段是相互对应的，如果更改了某一报表的某个字段，这时另一个报表的相应字段也会随之发生变化。

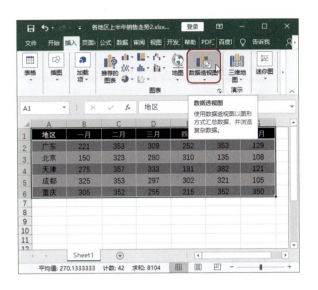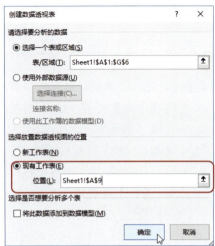

步骤 03 创建数据透视图。经过上步操作,即可在现有工作表中创建一个空白数据透视图,并显示出【数据透视图字段】任务窗格。在任务窗格中的【字段列表】列表框中选中需要添加到数据透视图中的字段对应的复选框,这里选中所有复选框,系统会根据默认规则,自动将选择的字段显示在数据透视表的各区域中,如下图所示。

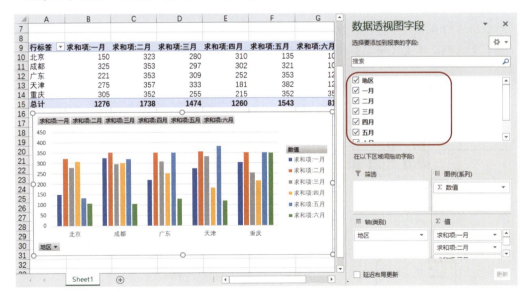

第9章 技术升级:用高级图表惊艳四座 411

技术看板

对数据透视图的透视方式进行设置的大部分操作都需要在【数据透视图字段】任务窗格中完成。该任务窗格分为两部分显示，下部分是用于重新排列和定位字段的4个列表框。选择不同列表框中的选项，通过拖曳即可将其移动到其他列表框中。

（1）【筛选】列表框：移动到该列表框中的字段即为报表筛选字段，将在数据透视表的报表筛选区域显示。报表筛选字段又称为页字段，用于筛选表格中需要保留的项，项是组成字段的成员。

（2）【图例（系列）】列表框：移动到该列表框中的字段即为列字段，将在数据透视表的列字段区域显示。列字段等价于表格中的列。

（3）【轴（类别）】列表框：移动到该列表框中的字段即为行字段，将在数据透视表的行字段区域显示。行字段等价于表格中的行。

（4）【值】列表框：移动到该列表框中的字段即为值字段，将在数据透视表的求值项区域显示。值字段会根据设置的求值函数对选择的字段项进行求值。数值和文本的默认汇总函数分别是 SUM（求和）和 COUNT（计数）。

步骤 04 筛选显示数据。创建的数据透视图中，会根据数据字段的类别不同，显示出相应的【报表筛选字段按钮】【图例字段按钮】【坐标轴字段按钮】和【值字段按钮】，单击这些按钮中带 图标的按钮时，在弹出的下拉菜单中可以对该字段数据进行排序和筛选，从而有利于对数据进行直观的分析。例如，本例中单击【地区】按钮，在弹出的下拉菜单中仅选中【成都】复选框，单击【确定】按钮，如下图所示。

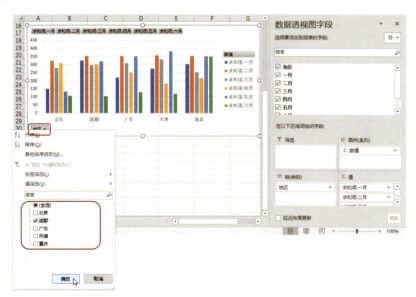

步骤 05 执行"插入切片器"命令。经过上步操作，即可筛选出成都的销售数据。保持数据透视图的选中状态，单击【数据透视表工具 分析】选项卡【筛选】组中的【插入切片器】按钮，如左下图所示。

步骤 06 插入切片器。打开【插入切片器】对话框，在列表框中选中需要插入切片器的字段，这里选中【地区】复选框，单击【确定】按钮，如右下图所示。

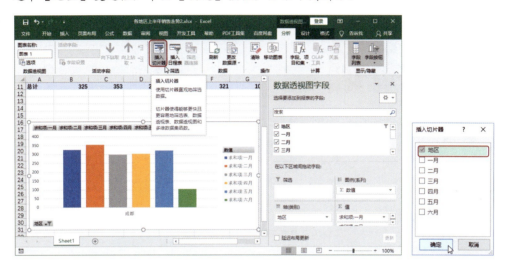

步骤 07 设置切片器。经过上步操作，将插入"地区"切片器。切片器提供了一种可视性极强的筛选方法来筛选数据透视表中的数据，这里选择【广东】选项，即可在数据透视图中筛选出"广东"的相关数据，如下图所示。

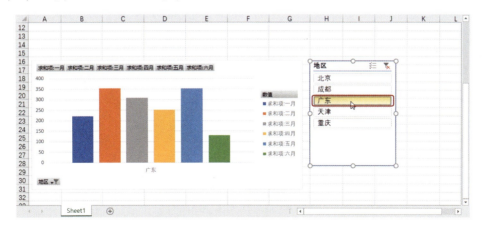

步骤 08 设置显示字段。在【数据透视图字段】任务窗格的【字段列表】列表框中，取消选中【一月】【二月】和【三月】复选框。可以看到，数据透视图中将取消 1～3 月的数据显示，如下图所示。

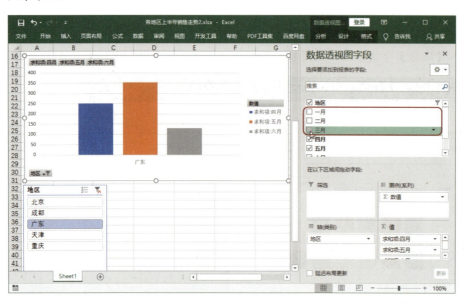

> **高手自测 21** 小胡收集了某公司各地区 4 个季度的销售数据，想要制作成如下图所示的动态复合条饼图，可以根据地区或季度来显示主饼图中的内容，然后在条形图中显示关键数据的明细内容，你知道应该如何实现吗？

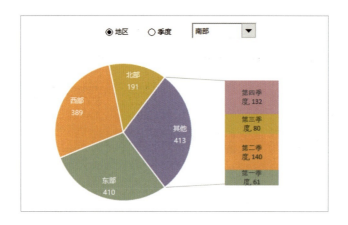

9.3 用 Power BI 做图表可视化分析

在互联网时代，随着大数据分析的热潮日益高涨，各行业不仅需要数据分析，对数据的呈现方式、可视化程度要求也更高了。为了让更多的人能快速制作出形式多样、神形兼备的图表，Power BI 应运而生。Power BI 以其绚丽的数据呈现功能、人性化的交互式分享、多种类的数据源支持、便捷的数据编辑与共享功能吸引了一批又一批的用户。

Power BI 是 Power Map、Power View、Power Query、Power Pivot 的总和，它是商业洞察的重要工具。微软在 2013 版以上的 Excel 中都内嵌了 Power BI，其中 Power Map 在 Excel 中以"插入三维地图"功能存在；首次使用 Power View、Power Pivot 时需要通过自定义功能区加载 Power View/Power Pivot 下的子项；Power Query 在 Excel 中以"新建查询"功能存在。

Power BI 功能的亮点较多，本节主要介绍它最大的亮点——强大的数据呈现方式，即 Power View 的使用。

9.3.1 BI 看板

使用 Excel 2013 以上的版本，可以通过 Power View 实现图表的交互展示效果。在 Power View 中，可以快速创建各种可视化效果，从表格和矩阵到饼图、条形图和气泡图，以及多张图表的集合。而它区别于普通图表，也是它最常运用的功能是制作如下图所示的 BI 看板。

BI 看板实际上就是实时数据看板，它是一组动态的、实时更新数据的图表集合。在企业销售、人事、财务、市场、制造等诸多管理环节中，我们都可能使用到多张交互式图表集合的报表，其实这些图表都可以归属为 BI 看板的范畴。但你可千万别认为按照前面介绍的方法制作多个动态图表"堆砌"一下就成了 BI 看板了。类似于飞机上的仪表板，可以在天气、气候不佳时指导飞行员进行飞行操作一样，BI 看板也是一套完整的解决方案，用来将企业中现有的数据进行有效的整合，快速准确地提供报表并提出决策依据，帮助企业做出明智的业务经营决策。

在目前的信息化管理系统行业中，BI 看板也常常被称为"管理驾驶舱""商业智能图表""大数据地图""BI 大屏数据可视化看板"等。由于这类 BI 系统会对管理者关注的核心数据进行可视化的呈现，提高商务决策效率，是一般商业智能都拥有的实现数据可视化的模块，是向企业展示度量信息和关键业务指标现状的数据虚拟化工具。所以，市场上推出了很多商业 BI 工具可以制作 BI 看板，但价格昂贵，需要大量技术人员根据企业搭建一套完备的数据平台，并针对不同个性化要求进行定制化的开发，灵活性上不够。

对于日常办公人员来说，使用 Power BI 就可以灵活处理日常的工作数据，实现从数据到图表，从图表到管理的演变。

9.3.2 精心布局页面

如果只是将制作好的多个正确表格、图表、文字等元素放置在一起，还不能称为合格的 BI 看板，因为它不具备实用性，更像是一个图形垃圾堆。真正的 BI 看板，在制作时都具有明确的主题和目标，会以此来着手准备数据，再从使用者需求和习惯入手布局页面上的各元素效果，以便他们能在第一时间得到自己最关心的信息。

也就是说，BI 看板中的各元素之间应该存在一定关系，是一系列反映关键信息的表格、图表等。通过交互的方式，可以在各元素间建立彼此的联系，又呈现在一个页面上，有利于信息的整合，使诉求信息的表达更完整，甚至启发其他人提出和回答新问题。

经过精心设计的 BI 看板，各类与业务目标相关的关键信息，会以表格、图表、文字等不同的形式进行综合反映，而且是以"渐近明细"的方式，一层一层进行梳理的，从大到小、从整体到局部逐渐聚焦。这要求制作者对业务非常熟悉，对关键信息的把握要到位，在此基础上进行精心的选择图/表的类型、布局设计。最终呈现的效果才能既有战略上的高度，又有局部的细节，起到决策辅助的作用。

2017 年 2 月，微软举办的首届 Power BI 可视化大赛中，由崔涤夫制作的"Powbier Boom

公司人力资源分析"作品（如下图所示），获得了最佳可视化展现奖。这份作品，不仅是图、文、表、色样样俱到，关键信息还一目了然，在制作时融入了作者的分析、思考结论，能更直观地反映一些问题和规律。

BI看板的用途是引导读者查看多个可视化信息，讲述每个有见解的故事，揭示见解之间的联系。更多地采用更好的元素设计，使读者可以发现正在发生的事情，了解最重要的信息及其重要性。想要制作出优秀的BI看板，可以多看别人制作的效果，通过模仿优秀的作品一步一步形成自己的风格。在专业设计网站上就能看到很多优秀的BI看板，通过总结，发现它们大都从页面布局设计和用色上下了功夫，具有以下共同的特性。

（1）主题明确。

优秀的BI看板在设计之初，就有明确的制作目标，即有确定的需求——这个看板最终的使用者是谁？他需要了解什么？需要用什么业务指标来体现……总之，看板整体有一个核心的主题，围绕主题来构建整个页面元素，并且一般会在顶部位置标识出整个看板的主标题，尽量以最少的字数传达最有价值的观点、信息或故事。

（2）内容展现形式的选择。

BI看板中的元素形式多样，可以是表格、图表、文字等。具体的业务指标数据无论以什么形式来展现，这种展现方式都必须直观。

（3）在页面布局中会考虑引导读者的视线。

要组织渐近明细的图表，可以分别制作不同层次的图表，然后从左到右按顺序排列在一起。也可以在一张图表中包含多个层次的数据。主要分为以下几种布局模式。

下图所示为故事性 BI 看板布局,在制作之前,首先需要知道读者的习惯和阅读需求。一般来说,读者看一个 BI 看板或读一个可视化作品时,会像看书一样,遵循从上到下、从左到右的原则。

所以,这类 BI 看板会将最重要的核心指标分析放在左上方或顶部,一般可以选择使用较大的数字进行关键业绩指标汇总显示,它们似乎在大声引导用户说:"从这里开始!"。这些数字不仅能让读者一眼就能得到他最关心的信息,还能为旁边的图表提供上下文。如果需要添加过滤控件进行页面级的辅助数据筛选,控件的位置一般放在顶部位置。

其他一些次重要的指标分析可以放到左下方,最后是一些相对不那么重要的数据或引导式分析最末尾的数据、明细数据、需要查看精准的数据(如需要反复查对的统计数据)等可以放到仪表板的右下方位置。通常数据可以和颜色相结合,以便更进一步直观显示出数据的数值大小分布。

另外,在做一些管理驾驶舱或大屏 BI 看板时,由于常常展现的是一个企业全局的业务,就会把一些比较重要的数据(一般来说,可能是地图或核心的数据可视化分析等)放到中部进行展示。在这类 BI 看板中,一般分为主要指标和次要指标两个层次,主要指标反映核心业务,次要指标用于进一步阐述分析。在制作时基于不一样的侧重,可以有不一样的布局版式,下面推荐几种常见的主次分布版式,能让信息一目了然,如下图所示。

上面几个版式不是金科定律，只是通常推荐的主次分布版式。实际项目中，不一定使用主次分布，也可以使用平均分布，或者可以二者结合进行适当调整。总之，这些看板元素不是随意堆放在一起的，布局的底层逻辑是根据具体的业务逻辑来设定的，以便让读者能迅速了解到相关业务数据。

（4）底部位置配备图表注解，说明数据来源、制作信息等。

当完成看板的数据可视化统计和组合布局之后，还只是将一些元素组合拼接成了一个仪表板，可能会让读者难以阅读和理解。为了增加看板的可读性，除添加标题外，还常常会在看板底部位置配备图表的注解，对数据进行讲述，突出显示具体见解，提供其他背景信息，将所有这些元素整合到一个顺畅的演示中。通过这些信息让人们能够以更加有序的方式，深入探索每个可视化中的指标和见解。

（5）颜色搭配保持一致。

颜色是最有效的美学特征之一。目前，BI 看板的整体配色分为白底素色的清爽风和深蓝色背景的科技风两种。千万不要选择太过复杂的配色方案，并把调色盘里的每种颜色都用一遍。如果你的 BI 看板是放置在电子屏、会议室的大屏幕上进行展示的，选择"深色底纹 + 浅色字体"的配色方案可能会更好一些。

BI 看板中的细节用色一般是以数据为基础进行设置的,而且会针对某一个指标的数值大小使用渐变色,方便读者理解浅色为数值小的数据,深色为数值较大的数据。

另外,因为一个 BI 看板中常常涉及多张图表,为避免使用过多的颜色对读者造成干扰,应该为同一个分析指标或同一类数据系列使用一个色系的颜色方案。例如,在做销售看板分析时,通常分析指标会有销售额和回款额,那么即使我们在对同一个指标做不同维度的数据可视化分析时,对于销售额和回款额建议分别使用相同的色系进行配色,如销售金额尽量用黄绿色系,回款金额尽量用蓝色系。这样,读者就能够快速地根据颜色区分来理解看板中各图表所要表达的含义。

(6)一点注意事项。

BI 看板虽然是各种信息元素的组合,但优秀的看板不会对同样维度和指标的数据进行重复的可视化呈现。例如,在统计各地区的销售额占比分布情况时,可以使用折线图、柱形图、饼图来进行展现,但无论选择哪种图表类型,也只会选择一种表达方式进行呈现,所以只需要选择最佳的表达方式即可。

9.3.3 制作 BI 看板

Power BI 可以在很大程度上帮助没有设计基础的人员实现合理配色。同时还能根据数据源自动进行各个维度的分析和展示,然后让使用者挑选对数据分析目标有价值的图表放到仪表盘中,让数据的呈现既丰富又专业。

Power View 的操作有点类似数据透视表,可以在不更改数据源的基础上对数据图表进行筛选查看。所以,要创建各种可视化效果,首先要从表格开始着手,表格可以轻松转换为其他可视化效果,从而找到能最佳阐述数据的可视化效果。下面举例讲解使用 Power View 制作 BI 看板的具体操作步骤。

步骤 01 设计布局草图。首先应根据业务指标确定制作目标,本例要分析某公司各卖场的销售数据。管理层需要快速了解各卖场在不同销售方式下的销量情况,确定各种盈利模式下的收益;然后查看不同品牌,不同产品种类的销量情况,并统计各品牌的销售额占比,分析哪些产品销量好,哪些产品滞销。于是,根据需求预先想好看板中各个组成部分要用什么形式来展现,并设计看板的布局草图。可以先在纸上手绘出来,下图所示为在 Excel 表格中设计的大致布局效果。

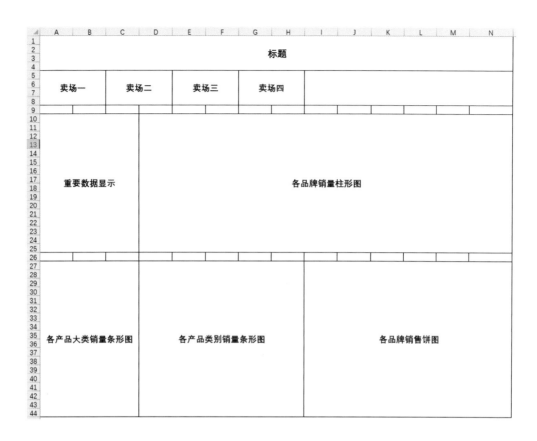

步骤 02 准备素材文件。接下来就是根据目标处理原始数据了。一般来说，原始数据是直接从数据库提取或从相关部门获取到的，并没有经过处理。与制作图表一样，需要对数据进行局部或整体的处理后，才能进行看板的制作。本例中，提供了已经处理好的作图素材文件，打开"同步学习文件\素材文件\第9章\销售记录表.xlsx"，如下图所示。

步骤 03 添加 Power View 功能。Power View 在 Excel 2013、Excel 2016、Excel 2019 和 Excel 2021 中均有自带。在 Excel 2013 的【插入】选项卡中可以直接使用，而在 Excel 2016、Excel 2019 和 Excel 2021 中并没有放到选项卡中，需要手动添加。如下图所示，在【Excel 选项】对话框中单击【自定义功能区】选项卡，在右侧列表框中【插入】选项卡下方新建一个组并重命名，然后在左侧列表框中选择【插入 Power View 报表】命令，将其添加到功能区的新建组中，单击【确定】按钮。

步骤 04 插入 Power View。返回 Excel 工作界面，选择数据后单击【插入】选项卡下的【Power View】按钮，如左下图所示。

步骤 05 设置 Power View Fields 区。Power View 中分为 3 个区域，从左到右依次是画面区（用来展示看板效果）、Power View Fields 区（类似于数据透视表的字段设置窗格，设置图表中要显示的数据项）和 Filters 区（进行数据筛选）。要创建表格，先在最右边的字段设置区域单击字段列表中的表格或字段，或者将字段列表中的字段拖动到视图中。Power View 会在视图中绘制出表格，显示实际数据并自动添加列标题。这里仅选中【商场】复选框，如右下图所示。

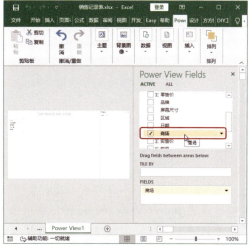

步骤 06 调整图块大小。经过上步操作后，在画面区会显示出一个图块。在图块四周有拖动按钮，将鼠标指针移动到该图块的右下角，当其变为双向箭头形状时，拖动鼠标可以调整图块的大小。这里需要将图块设置为整个看板的选项卡模式，所以调整图块到最大化，如下图所示。

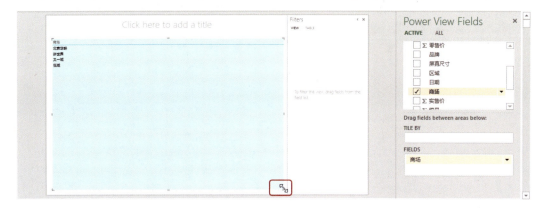

步骤 07 调整字段位置。Power View Fields 区的具体操作与数据透视表的操作类似，都是在上方的列表框中先选中要在表格中显示的数据项目名称复选框，然后拖动到下方对应的列表框中，切换到矩阵类型后更能发现其中的类似操作，大家可以试一试，单击【设计】选项卡【切换可视化效果】组中的【表】按钮，在弹出的下拉列表中选择【矩阵】选项即可。这里要将"商场"字段设置为筛选字段，所以将"商场"字段拖动到【TILE BY】文本框中，如下图所示。

步骤 08 继续设置 Power View Fields 区。经过上步操作后,"商场"字段会以选项卡模式显示在整个看板的上方位置。在字段设置列表框中选中【销量】和【销售方式】复选框,在下方的【FIELDS】列表框中拖动调整两个字段名称的位置,使"销售方式"显示在上方,如下图所示。然后更改可视化对象类型,将表格样式修改为卡,单击【设计】选项卡【切换可视化效果】组中的【表】按钮,在弹出的下拉列表中选择【卡】选项。

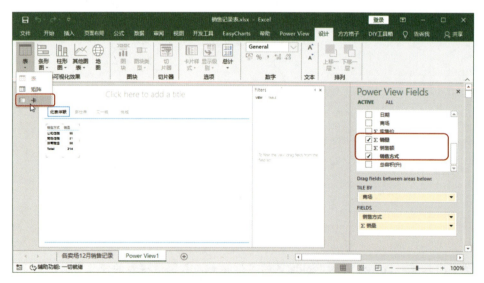

步骤 09 继续设置 Power View Fields 区。经过上步操作后,新建的图块将以卡的形式呈现,调整图块到合适的大小。单击图块外侧的任意空白处,在字段设置列表框中选中【品牌】和【销量】复选框,建立新的图块,如下图所示。然后更改可视化对象类型,将表格样式修改为图表,单击【设计】选项卡【切换可视化效果】组中的【柱形图】按钮,在弹出的下拉列表中选择【簇状柱形图】选项。

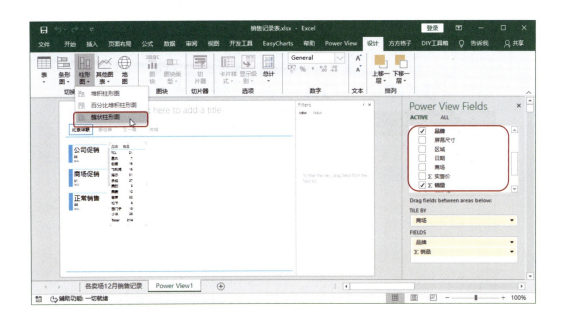

步骤 ⑩ 调整图块大小。经过上步操作后，新建的图块将以柱形图的形式呈现，调整图块到合适的大小，如下图所示。

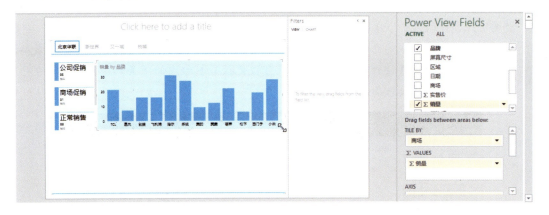

技术看板

【FIELDS】列表框中的值字段同样可以设置统计汇总的方式，如求和、平均值、最大值、最小值、计数等。只需在【值】列表框中单击字段选项右侧的下拉按钮，在弹出的下拉列表中进行选择即可。

步骤 ⑪ 继续设置 Power View Fields 区。单击图块外侧的任意空白处，在字段设置列表框中选中【大类】和【销量】复选框，建立新的图块，如下图所示。然后更改可视化对象类型，将表格样式修改为图表，单击【设计】选项卡【切换可视化效果】组中的【条形图】按钮，在弹出的下拉列表中选择【簇状条形图】选项。

步骤 ⑫ 继续设置 Power View Fields 区。经过上步操作后，新建的图块将以条形图的形式呈现，调整图块到合适的大小。单击图块外侧的任意空白处，在字段设置列表框中选中【产品类型】和【销量】复选框，建立新的图块，如下图所示。然后更改可视化对象类型，将表格样式修改为图表，单击【设计】选项卡【切换可视化效果】组中的【条形图】按钮，在弹出的下拉列表中选择【簇状条形图】选项。

步骤 ⑬ 继续设置 Power View Fields 区。经过上步操作后，新建的图块将以条形图的形式呈现，调整图块到合适的大小。单击图块外侧的任意空白处，在字段设置列表框中选中【品牌】和【销售额】复选框，建立新的图块，如下图所示。然后更改可视化对象类型，将表格样式修改为图表，单击【设计】选项卡【切换可视化效果】组中的【其他图表】按钮，在弹出的下拉列表中选择【饼图】选项。

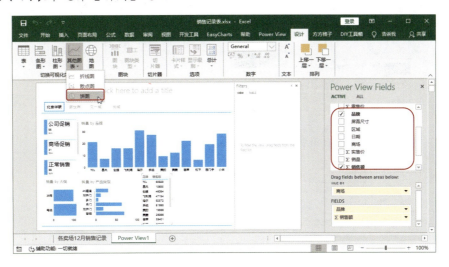

步骤 ⑭ 设置看板标题。经过上步操作后，新建的图块将以饼图的形式呈现，调整图块到合适的大小。在看板最上方的文本框中输入标题文本，如下图所示。单击看板中的空白处，单击【Power View】选项卡【插入】组中的【图片】按钮。

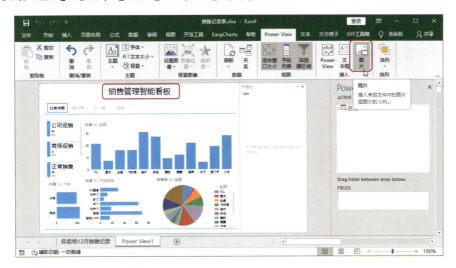

第9章 技术升级：用高级图表惊艳四座

步骤 15 插入标志图片，并设置看板背景。在打开的对话框中选择事先准备好的"企业标志"图片，将其插入到看板中，并调整图片图块的大小和位置至如下图所示的效果。单击【Power View】选项卡【主题】组中的【背景】按钮，在弹出的下拉列表中选择一种背景效果。

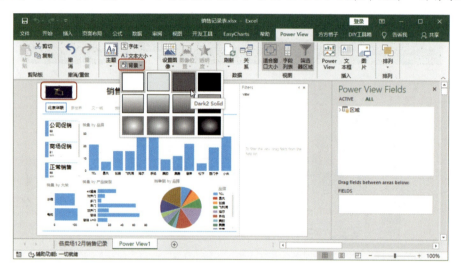

步骤 16 设置主题。单击【Power View】选项卡【主题】组中的【主题】按钮，在弹出的下拉列表中选择一种主题样式，即可快速改变看板的配色和字体效果，如下图所示。

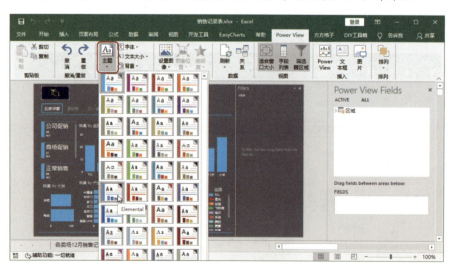

步骤 ⑰ 切换选项卡。在看板上部选择不同的筛选字段名称，即可切换到不同的商场看板数据。如下图所示，选择了"又一城"选项卡，看板中的数据就显示的是该商场的数据。

步骤 ⑱ 数据筛选。在 Filters 区可以设置数据显示的范围，即筛选数据。对于非数字字段，可以选中和取消选中复选框，与数据透视表中的自动筛选器相似。将鼠标指针移动到创建的每个图块上时，会在其右上角显示出【筛选】按钮，本例中单击"销量 by 品牌"图块右上角的【筛选】按钮，在【Filters】列表框的【CHART】选项卡中展开【品牌】栏，并在下方仅选中【美的】【美菱】【容声】和【西门子】复选框，如下图所示，可以看到图块中的图表效果将只显示选择的这几个品牌的销量柱形。

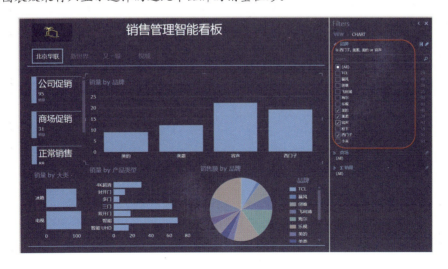

第9章 技术升级：用高级图表惊艳四座 429

步骤 **19** 数据筛选。在 Filters 区中，对于数值字段，可拖动滑块上的标记来选择标记之间的值。如下图所示，继续在上面的品牌筛选结果上，在【Filters】列表框的【CHART】选项卡中展开【销量】栏，拖动左侧的滑块到 17 的位置，可以选择显示美的、美菱、容声和西门子这 4 个品牌中销量大于 17 的数据，图块中的图表效果自动发生了变化。至此，本案例就制作完成了。

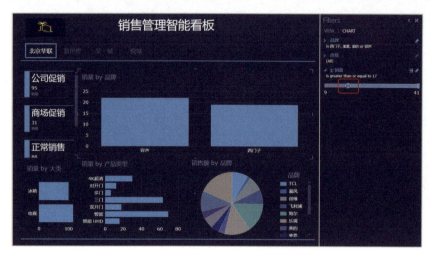

高手自测 22 除使用 Power BI 制作 BI 看板外，Excel 中还有哪些方法可以制作看板呢？例如，要制作下图所示的看板，应该如何完成？

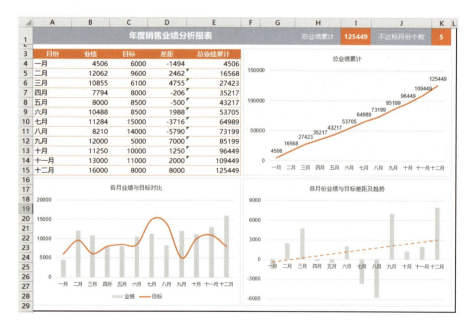

高手神器 10：

使用简道云制作仪表板

简道云严格来讲不是本地数据处理软件，与 Excel 相比，它更像一个数据库软件，方便数据存储与协作。简道云基础功能的搭建学习并不难，甚至可以说比较简单，但流程与函数的掌握却需要耗费比较多的时间来学习，难度相对较高。简道云可以在计算机端使用，也可以在移动端使用，更方便了企业/部门规范业务流程、促进团队协作、实现数据追踪，在很多团队管理的场景中都能做到游刃有余。

简道云中具有创建仪表盘的功能，制作也比较简单，但是需要在其平台上创建的表单才能使用仪表盘功能，具体操作步骤如下。

步骤 01 打开网页，创建应用。进入简道云官网，注册信息后登录自己的应用界面，单击【创建新应用】按钮，如下图所示。

步骤 02 选择创建模式。在新页面中提供了 3 种创建模式，一般选择【创建空白应用】选项即可，如右图所示。

步骤 03 创建表单。在新页面中提供了3种创建模式，一般选择【新建表单】选项即可，如下图所示。

步骤 04 选择新建表单模式。在新页面中提供了两种新建表单的模式，一种是创建空白的表单，在后续操作中依次输入数据；另一种是导入已经建好的Excel表格，后期通过简单的处理就能形成表单，这里选择第二种方式，如左图所示。

步骤 05 导入数据制作表单。在新页面中单击【选择或拖曳上传文件】按钮，并根据提示完成数据的上传，如下图所示。

步骤 06 添加字段并设置字段属性。在新页面左侧的字段面板中依次拖动所需要的字段，注意使用正确的字段。在中间区域选中字段后，可以在右侧的面板中设置该字段的相关属性，如修改字段的标题名称、添加描述信息、设置字段校验、设置字段的可见权限（流程表单需要在流程节点中设置）、设置字段宽度等，如下图所示。完成设置后，单击【保存】按钮。

步骤 07 创建仪表盘。返回应用中心，选择【新建仪表盘】选项，就可以基于刚刚制作的表单创建仪表盘了，如下图所示。

步骤 08 制作仪表盘。在新页面中，单击左上角的【+数据组件】按钮，在弹出的下拉列表中可以选择统计表、明细表、数据管理表格、日历这四大数据管理组件对数据源表单的数据进行分析与展示，如下图所示。其中，统计表就是以图表的形式创建仪表盘中的图块；明细表和数据管理表格就是以表格的形式创建图块，只不过"明细表"模式下可以自定义图块中要显示的内容；日历可以添加日历图块，以日历的形式去呈现数据并进行管理，会让工作变得更加有秩序。单击【+文本组件】按钮，可以在仪表板中创建文本型的图块。单击【+筛选组件】按钮，可以添加筛选组件或过滤条件。

步骤 09 查看效果。在简道云中制作仪表盘的方法与 Power BI 中的方法类似，只需要将各个图块制作好，再调整版面布局即可，这里不再详细讲解。下图所示为一个制作好的仪表板效果。